빠르게 찾아 바로 적용하는

엑셀

에센스 사전

— 한은숙 지음 —

100

한빛미디어
Hanbit Media, Inc.

지은이 한은숙

숭실대 정보과학대학원을 졸업했으며 삼성전자, 하나로통신 등의 기업체와 농림수산식품연수원 등의 공무원 연수원 및 대학에서 회사원, 공무원, 취업 준비생 등을 대상으로 오피스를 강의했습니다. 캠퍼스21, 교원캠퍼스에서 온라인 교육 콘텐츠를 제작하고 온라인 강의를 진행했으며, 현재 프리랜서로 기업체, 공무원 연수원과 대학에서 오피스 전문 강사로 활동하고 있습니다. 저서로는 《회사에서 바로 통하는 실무 엑셀》(한빛미디어, 2019), 《회사에서 바로 통하는 엑셀 2016》(한빛미디어, 2017), 《회사에서 바로 통하는 엑셀 2013》(한빛미디어, 2014), 《직장인을 위한 실무 엑셀》(길벗, 2012), 《회사에서 바로 통하는 엑셀 2010》(한빛미디어, 2011), 《한은숙의 Must Have 엑셀 2007을 가져라》(성안당, 2009), 《IT CookBook 엑셀과 파워포인트 2007 실무와 활용》(한빛미디어, 2009) 등이 있습니다.

이메일 exceltutor@naver.com

빠르게 찾아 바로 적용하는 **엑셀 에센스 사전 100**

초판 1쇄 발행 2021년 11월 25일

지은이 한은숙 / **펴낸이** 김태헌
펴낸곳 한빛미디어(주) / **주소** 서울특별시 서대문구 연희로 2길 62 한빛미디어(주) IT출판부
전화 02-325-5544 / **팩스** 02-336-7124
등록 1999년 6월 24일 제25100-2017-000058호 / **ISBN** 979-11-6224-494-4 13000

총괄 전정아 / **책임편집** 배윤미 / **기획** 박은경 / **교정** 오시정
디자인 표지 박정우 내지 윤혜원 / **전산편집** 김보경
영업 김형진, 김진불, 조유미 / **마케팅** 박상용, 송경석, 한종진, 이행은, 고광일, 성화정 / **제작** 박성우, 김정우

이 책에 대한 의견이나 오탈자 및 잘못된 내용에 대한 수정 정보는 한빛미디어(주)의 홈페이지나 아래 이메일로 알려주십시오.
잘못된 책은 구입하신 서점에서 교환해 드립니다. 책값은 뒤표지에 표시되어 있습니다.

한빛미디어 홈페이지 www.hanbit.co.kr / 이메일 ask@hanbit.co.kr / 자료실 www.hanbit.co.kr/src/10494

지금 하지 않으면 할 수 없는 일이 있습니다.
책으로 펴내고 싶은 아이디어나 원고를 메일(writer@hanbit.co.kr)로 보내주세요.
한빛미디어(주)는 여러분의 소중한 경험과 지식을 기다리고 있습니다.

엑셀을 공부할 때는 알았는데 나중에 실무에서 사용하려면 그때 배웠던 기능이 무엇이었는지 잘 생각나지 않는다는 분들이 많습니다. 물론 인터넷 검색을 통해 지식인이나 블로그, 유튜브 등에서 엑셀 기능을 찾아볼 수도 있습니다. 그러나 인터넷에는 오히려 너무 많은 정보가 있어 적절한 실무 활용 예를 찾는 데 오래 걸리기도 하고, 찾다 보면 다른 정보의 알고리즘에 빠져들어 시간을 허비하기도 합니다. 이럴 때 항상 책상에 꽂아두고 언제든지 찾아볼 수 있는 무겁지 않은 엑셀 사전이 하나 있으면 좋겠다고 생각합니다.

이 책은 엑셀 초보자는 물론, 혼자서 인터넷을 뒤적이며 독학하던 분들까지 실무에 필요한 엑셀 기능들을 쉽고 빠르게 찾아 활용할 수 있도록 기능과 예제 중심으로 간결하게 구성했습니다.

엑셀의 기본 문서 작성과 서식에 관한 내용은 PART 01에서 대부분 찾을 수 있고, 수식이나 함수 활용의 기초도 익힐 수 있습니다. 엑셀 입문자라면 PART 01만 마스터해도 엑셀 문서 작성을 위한 기초 단계는 넘을 수 있습니다. 기초 단계에서 더 나아가 다양한 조건부 서식, 차트, 데이터 종류별 함수 활용 등의 엑셀 실무 기능은 PART 02에서 찾아볼 수 있습니다. 함수의 고급 활용과 데이터 관리 분석에 관한 내용은 PART 03에서 찾아볼 수 있습니다. 엑셀의 기초 기능은 물론 데이터 계산 및 관리 요약 분석을 통해 업무 자동화 기능까지 익혀보길 바랍니다.

반복해서 해보는 것만큼 좋은 학습법은 없습니다. 실습 예제를 따라 해보고 자신의 업무에 다양하게 적용해보는 과정을 반복해보길 바랍니다. 이 책이 여러분의 책상에서 엑셀 업무의 든든한 길잡이가 될 것입니다.

이 책을 집필하는 동안 응원해준 가족에게 감사드리고, 항상 좋은 책이 완성되기까지 최선을 다하는 한빛미디어 관계자 분들, IT활용서 팀원 분들과 배윤미 팀장님, 박은경 대리님께도 감사드립니다.

2021년 11월
한은숙

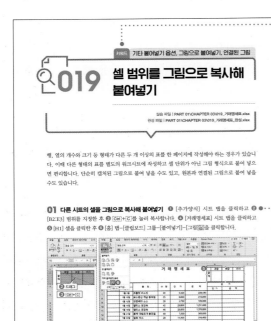

키워드

어떤 엑셀 기능을 활용해 실습을 진행하는지 확인할 수 있고, 키워드를 통해 필요한 기능을 빠르게 찾을 수 있습니다.

상세한 따라 하기 실습

엑셀 기능을 쉽고 빠르게 익힐 수 있도록 따라 하기 실습 과정을 단계별로 자세하게 안내합니다.

실습 파일 & 완성 파일

실습에 필요한 예제 파일과 결과를 비교해 볼 수 있는 완성 파일을 제공합니다.

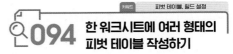

한눈에 이해되는 실습

불필요한 설명과 과정을 최소화해 작업 내용을 한눈에 파악할 수 있게 하고, 학습 시간도 단축해줍니다. 눈으로만 봐도 쏙쏙 이해되는 실습으로 필요한 엑셀 기능을 더욱 빠르게 익혀 바로 활용해보세요!

TIP

예제 실습 중 헷갈리거나 놓칠 수 있는 부분, 추가 설명이 필요한 부분 등을 보충해줍니다.

인덱스

현재 학습하고 있는 지점이 엑셀의 어떤 주요 기능을 다루고 있는지 바로 확인할 수 있습니다.

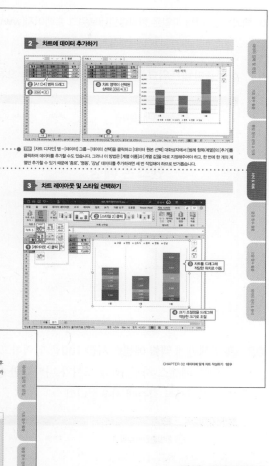

2 차트에 데이터 추가하기

② [A1:D4] 범위 드래그
③ Ctrl + C

⑤ 차트 영역이 선택된 상태로 Ctrl + V

> **TIP** [차트 디자인] 탭 – [데이터] 그룹 – [데이터 선택]을 클릭하고 [데이터 원본 선택] 대화상자에서 [범례 항목(계열)]의 [추가]를 클릭하여 데이터를 추가할 수도 있습니다. 그러나 이 방법은 [계열 이름]과 [계열 값]을 따로 지정해주어야 하고, 한 번에 한 개의 계열만 추가할 수 있기 때문에 '종로', '명동', '강남' 데이터를 추가하려면 세 번 작업을해야 하므로 번거롭습니다.

3 차트 레이아웃 및 스타일 선택하기

① [레이아웃 4] 클릭
② [스타일 7] 클릭
③ 차트를 드래그해 적당한 위치로 이동
④ 크기 조절점을 드래그해 적당한 크기로 조절

CHAPTER 02 데이터에 맞게 차트 작성하기 189

02 IFS 함수로 다중 조건 결과 구하기 ① [F2:F22] 범위를 지정하고 ② **=IFS**를 입력한 후 Ctrl + A를 눌러 [함수 인수] 대화상자를 불러옵니다. ③ [Logical_test1]부터 [Value_if_true4]까지 네 세트의 조건과 결과를 다음과 같이 입력한 후 ④ Ctrl을 누른 채 [확인]을 클릭합니다.

② 입력 후 Ctrl + A

③ 입력

④ Ctrl + 클릭 확인

> **엑셀 2019** IFS 함수는 엑셀 2019 버전부터 추가된 함수로, IF 함수보다 읽기 쉽고 조건과 결과를 최대 127개까지 입력할 수 있습니다. 2016 이하 버전에서는 IF 함수를 사용해 **=IF(B2="일반",D2*1%,IF(B2="실버",D2*2%,IF(B2="골드",D2*3%,D2*5%)))** 와 같이 입력합니다.

효율 UP 능률 UP 기초 다지기   IFS 함수식의 인수, 조건 및 결과 자세히 알아보기

02에서 입력한 IFS 함수식의 인수, 조건 및 결과를 자세히 살펴보겠습니다.

인수	조건 및 결과	설명
조건1(Logical_test1)	B2="일반"	첫 번째 조건으로 [B2] 셀의 '회원등급'이 '일반'인지 확인
결과1(Value_if_true1)	D2*1%	첫 번째 조건이 참이면 [D2] 셀의 '금액'에 1%를 곱함
조건2(Logical_test2)	B2="실버"	두 번째 조건으로 [B2] 셀의 '회원등급'이 '실버'인지 확인
결과2(Value_if_true2)	D2*2%	두 번째 조건이 참이면 [D2] 셀의 '금액'에 2%를 곱함
조건3(Logical_test3)	B2="골드"	세 번째 조건으로 [B2] 셀의 '회원등급'이 '골드'인지 확인
결과3(Value_if_true3)	D2*3%	세 번째 조건이 참이면 [D2] 셀의 '금액'에 3%를 곱함
조건4(Logical_test4)	D2="VIP"	네 번째 조건으로 [B2] 셀의 '회원등급'이 'VIP'인지 확인
결과4(Value_if_true4)	D2*5%	네 번째 조건이 참이면 [D2] 셀의 '금액'에 5%를 곱함

CHAPTER 02 조건과 논리를 판단하는 함수 활용하기 249

엑셀 버전별 안내

모든 버전에서 학습할 수 있도록 버전에 따른 차이점과 따라 하기 실습 과정을 상세하게 알려줍니다.

효율 UP 능률 UP 기초 다지기

엑셀을 다루는 데 필요한 기본 개념이나 엑셀 기능 활용 방법, 함수식 등을 상세하게 알려줍니다.

이 책의 모든 예제 파일은 한빛출판네트워크 홈페이지(www.hanbit.co.kr)에서 다운로드할 수 있습니다.

01 한빛출판네트워크 홈페이지에 접속합니다. 오른쪽 아래에 있는 [자료실]을 클릭합니다.

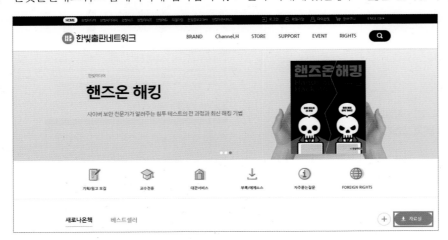

02 ❶ 검색란에 **엑셀 에센스 사전 100**을 입력하고 Enter 를 눌러 검색합니다. 《빠르게 찾아 바로 적용하는 엑셀 에센스 사전 100》 도서가 나타나면 ❷ [예제소스]를 클릭합니다. 다운로드한 예제 파일을 압축 해제하여 실습에 사용합니다.

빠르게 다운로드하기 www.hanbit.co.kr/src/10494로 접속하면 《빠르게 찾아 바로 적용하는 엑셀 에센스 사전 100》의 예제 파일 다운로드 페이지로 바로 이동할 수 있습니다.

키워드 목차를 통해 필요한 엑셀 기능을 빠르게 찾을 수 있습니다. 어떤 엑셀 작업이 필요한지 파악해보고 적절한 기능을 찾아 사용해보세요. 키워드 목차는 검색할 수 있도록 PDF 파일로도 제공합니다. 오름차순으로 정렬된 키워드는 297쪽의 '찾아보기'를 참고합니다.

데이터 입력 & 편집

데이터 표시 형식

통합 문서 관리 & 인쇄

키워드 목차

목차

PART 01   엑셀 기본 기능 익히기

CHAPTER 01   작업 속도를 빠르게 하는 데이터 입력 및 가공

CHAPTER 02   작업을 편리하게 하는 셀 선택

CHAPTER 07   통합 문서 관리 및 인쇄

PART 02   엑셀 실무 기능 익히기

CHAPTER 01   데이터 조건에 따라 서식 지정하기

PART
01

엑셀 기본 기능 익히기

CHAPTER

01

작업 속도를
빠르게 하는
데이터 입력 및 가공

엑셀에서 다루는 문자, 숫자, 날짜, 시간 데이터는 입력 방식에 따라 다르게 표시
되기도 하고 계산할 수 없게 되기도 합니다. 이번 CHAPTER에서는 셀과 워크시
트에 많은 양의 데이터나 긴 문장을 입력할 때 효율적으로 입력하고 변경하는 방
법을 알아보겠습니다.

001 다양한 방법으로 셀에 데이터 입력 완료하기

실습 파일 | PART 01\CHAPTER 01\001_견적서.xlsx
완성 파일 | PART 01\CHAPTER 01\001_견적서_완성.xlsx

셀에 데이터를 입력한 후 Enter 를 누르면 입력이 완료되며 셀 포인터가 아래로 이동합니다. 다음과 같이 다른 키와 함께 Enter 를 누르면 다양한 방식으로 입력을 완료할 수 있습니다.

1 셀 안에서 줄 바꾸기

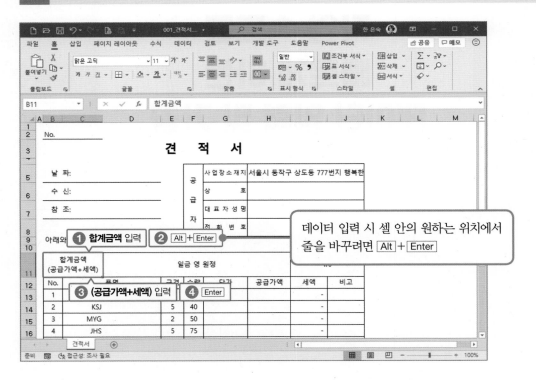

2 자동으로 줄 바꾸기

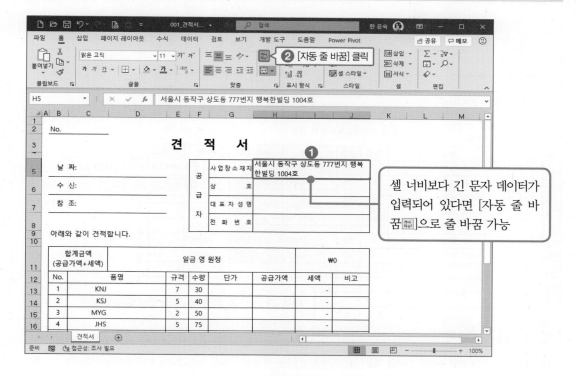

셀 너비보다 긴 문자 데이터가 입력되어 있다면 [자동 줄 바꿈 <kbd>가나다란</kbd>]으로 줄 바꿈 가능

3 지정한 범위에 같은 데이터를 한번에 입력하기

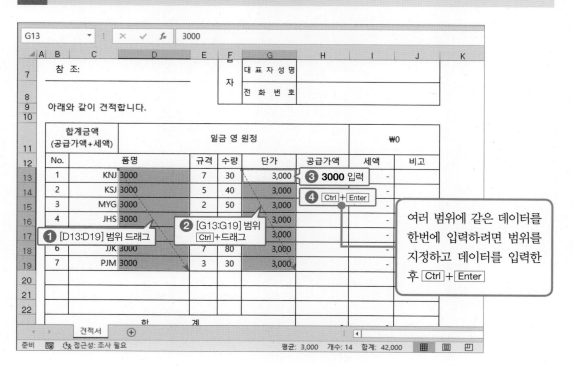

여러 범위에 같은 데이터를 한번에 입력하려면 범위를 지정하고 데이터를 입력한 후 <kbd>Ctrl</kbd> + <kbd>Enter</kbd>

4 ▶ 배열 수식 입력하기

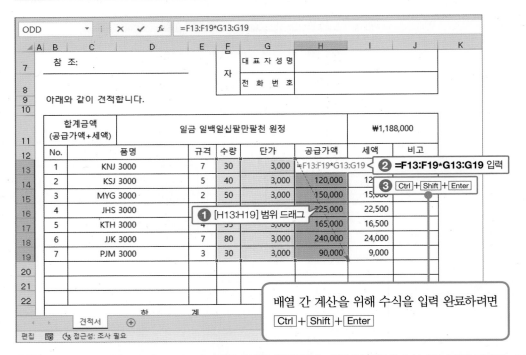

TIP 배열 간 계산을 위한 수식을 입력할 때는 Ctrl + Shift + Enter 를 눌러 입력을 완료합니다. 배열 수식에 대해서는 095쪽의 '030 가로, 세로 범위 한번에 참조하여 계산하기'에서 더 자세히 설명합니다.

🔍 **엑셀 Microsoft 365** 엑셀 Microsoft 365 버전에서는 Enter 만 눌러도 배열 수식으로 입력됩니다.

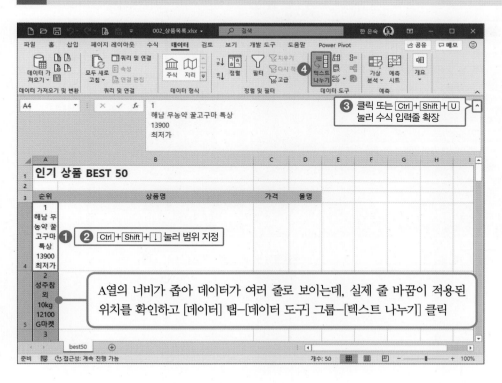

데이터 입력 & 편집

기초 함수 활용

통합 문서 관리 & 인쇄

서식 & 차트

중급 함수 활용

고급 함수 활용

데이터 관리 & 분석

키워드 텍스트 나누기, 줄 바꿈 기호

002 한 셀에 여러 줄로 입력된 데이터를 열로 나누기

실습 파일 | PART 01\CHAPTER 01\002_상품목록.xlsx
완성 파일 | PART 01\CHAPTER 01\002_상품목록_완성.xlsx

워드나 웹페이지, 데이터베이스 등 다른 시스템에서 가져온 로우 데이터(Raw Data)를 엑셀에서 열어 살펴보면 데이터가 한 셀 안에 여러 줄로 입력되어 있는 경우가 있습니다. 셀 안에서 데이터의 줄 바꿈 위치를 구분 기호로 삼아 각 열에 데이터를 분리해보겠습니다.

1 셀 내용 확인하고 텍스트 나누기

2 ▶ 텍스트 나누기 유형과 구분 기호 설정하기

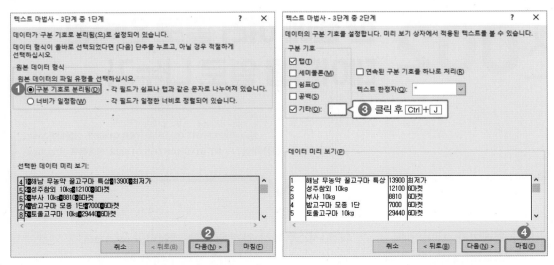

TIP Ctrl + J 를 누르면 보이지는 않지만 줄 바꿈 기호가 입력됩니다. Ctrl + J 대신 Alt + 1, 0(숫자 키패드의 1과 0을 순서대로 누르기)을 눌러도 됩니다.

3 ▶ 데이터를 열로 나누어 행 높이 자동으로 맞추기

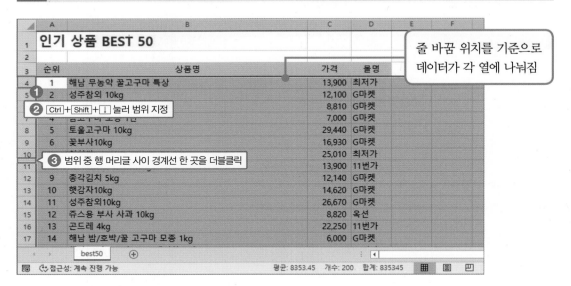

003 한 셀에 있는 긴 데이터를 행으로 나누기

실습 파일 | PART 01\CHAPTER 01\003_품의서.xlsx
완성 파일 | PART 01\CHAPTER 01\003_품의서_완성.xlsx

셀의 너비보다 긴 텍스트가 한 셀에 입력되면 넘친 텍스트는 옆의 셀 위에 이어서 표시됩니다. 양쪽 맞춤 채우기를 활용하면 원하는 열 범위 이후의 텍스트를 아래 행으로 손쉽게 나눌 수 있습니다. 반대로 여러 행에 나눠져 있는 텍스트를 한 셀에 다시 모을 수도 있습니다.

1 한 셀에 있는 긴 텍스트를 선택 범위에 맞춰 행으로 나누기

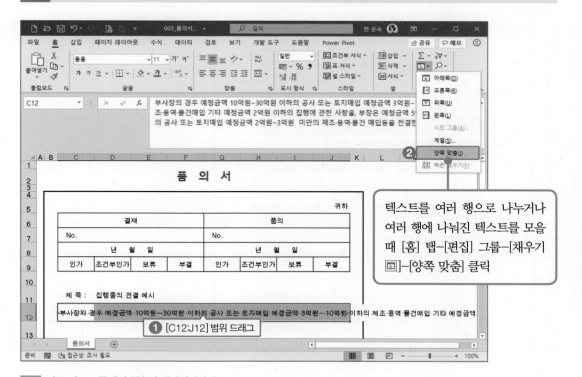

텍스트를 여러 행으로 나누거나 여러 행에 나눠진 텍스트를 모을 때 [홈] 탭-[편집] 그룹-[채우기 🔽]-[양쪽 맞춤] 클릭

1 [C12:J12] 범위 드래그

TIP 바로 뒤 024쪽에서 실습이 이어집니다.

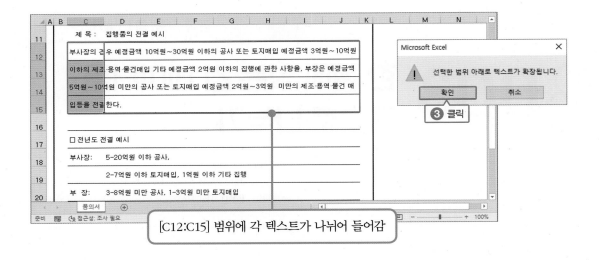

[C12:C15] 범위에 각 텍스트가 나뉘어 들어감

2 여러 셀에 있는 텍스트를 첫 번째 셀에 합치기

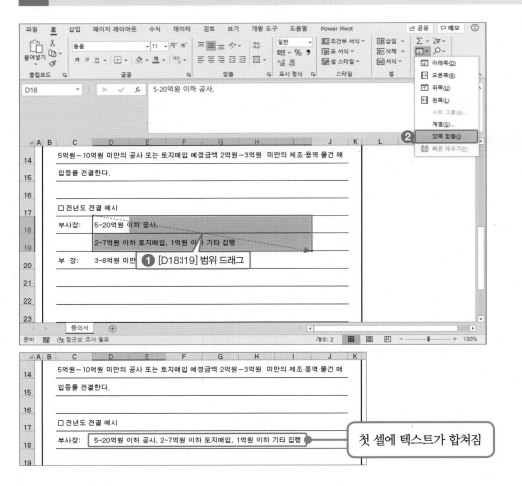

첫 셀에 텍스트가 합쳐짐

3 한 셀에 있는 긴 텍스트를 범위에 맞춰 행으로 나누기

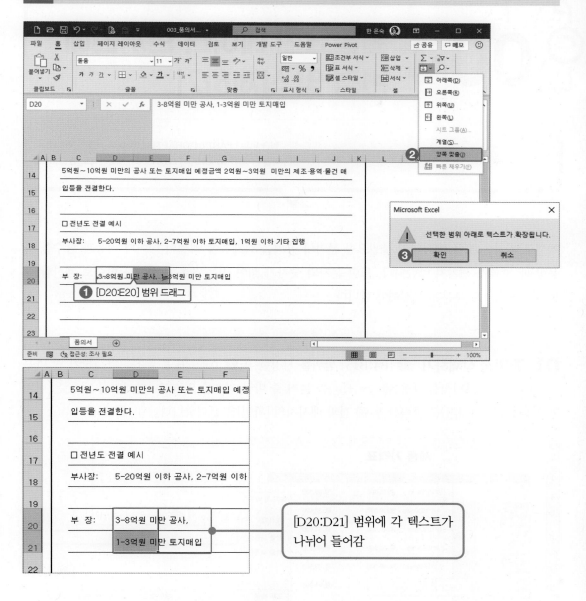

① [D20:E20] 범위 드래그

② 양쪽 맞춤(J)

③ 확인

Microsoft Excel
선택한 범위 아래로 텍스트가 확장됩니다.

[D20:D21] 범위에 각 텍스트가 나뉘어 들어감

004 불필요한 데이터 한꺼번에 변경 및 삭제하기

실습 파일 | **PART 01\CHAPTER 01\004_제품가격표.xlsx**
완성 파일 | **PART 01\CHAPTER 01\004_제품가격표_완성.xlsx**

엑셀로 가져온 로우 데이터의 불필요한 문자나 공백을 삭제해야 엑셀의 데이터 기능과 함수를 사용할 때 오류가 생기지 않습니다. 또한 문자와 숫자가 섞여 있는 셀은 수식이나 함수로 계산할 수 없으므로 텍스트 부분을 삭제해야 합니다.

01 줄 바꿈 삭제하기 ❶ [B4:B15] 범위를 지정한 후 ❷ Ctrl+H를 누릅니다. [찾기 및 바꾸기] 대화상자의 ❸ [찾을 내용]에 Ctrl+J를 눌러 줄 바꿈 기호를 입력합니다. [바꿀 내용]은 비워두고 ❹ [모두 바꾸기]를 클릭한 후 ❺ 결과 메시지의 [확인]을 클릭합니다.

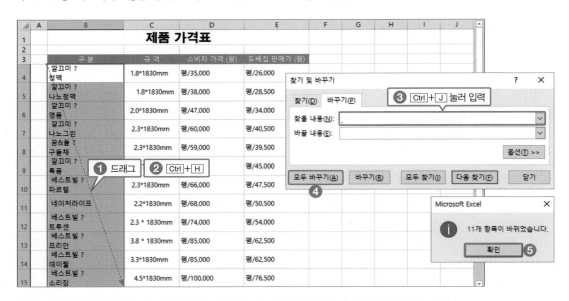

TIP 단축키 Ctrl+H를 누르는 대신 [홈] 탭-[편집] 그룹-[찾기 및 선택]-[바꾸기]를 클릭해도 됩니다.

TIP [홈] 탭-[맞춤] 그룹-[자동 줄 바꿈]을 클릭하면 줄 바꿈이 해제된 것처럼 보이지만, 이 방법으로는 줄 바꿈 기호가 삭제되지 않습니다.

02 물음표(?)를 하이픈(─)으로 변경하기

[찾기 및 바꾸기] 대화상자의 ❶ [찾을 내용]을 클릭하고 줄 바꿈 기호를 삭제하기 위해 Delete 를 누른 후 ~?를 입력합니다. ❷ [바꿀 내용]에는 ─(하이픈)을 입력하고 ❸ [모두 바꾸기]를 클릭한 후 ❹ 결과 메시지의 [확인]을 클릭합니다.

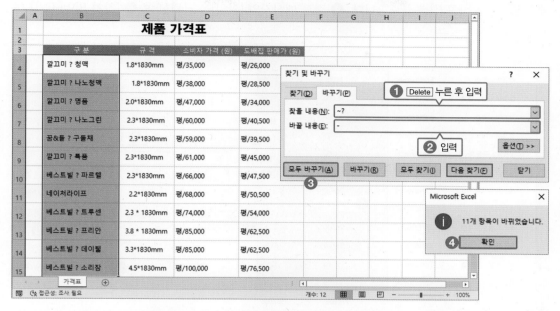

TIP [찾을 내용]에 ?가 아니라 반드시 ~?를 입력해야 합니다. 와일드카드 문자에 대해서는 028쪽에서 더 자세히 설명합니다.

03 규격 범위의 공백 삭제하기

텍스트 앞뒤에 있는 공백을 한꺼번에 삭제하겠습니다. ❶ [C4:C15] 범위를 지정한 후 [찾기 및 바꾸기] 대화상자의 ❷ [찾을 내용]에 있는 기존 문자는 삭제하고 Spacebar 를 한 번 눌러 공백을 입력합니다. ❸ [바꿀 내용]에 있는 기존 문자도 삭제하고 ❹ [모두 바꾸기]를 클릭한 후 ❺ 결과 메시지의 [확인]을 클릭합니다.

04 가격 범위의 문자 삭제하기 가격 범위 가장 아래에 있는 합계가 계산될 수 있도록 '가격' 데이터에 입력된 문자 데이터를 삭제하겠습니다. ❶ [D4:E15] 범위를 지정한 후 [찾기 및 바꾸기] 대화상자의 ❷ [찾을 내용]에 있는 기존 문자는 삭제하고 **평/**를 입력합니다. [바꿀 내용]은 비워둔 채로 ❸ [모두 바꾸기]를 클릭합니다. ❹ 결과 메시지의 [확인]을 클릭한 후 ❺ [찾기 및 바꾸기] 대화상자의 [닫기]를 클릭합니다.

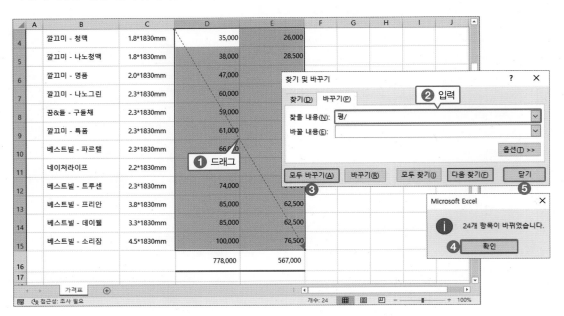

 효율 UP 능률 UP 기초 다지기   **와일드카드 문자(대표 문자)인 ?, *, ~ 알아보기**

❶ **물음표(?)** | 문자 한 개를 대체합니다.

❷ **별표(*)** | 모든 문자열을 대체합니다.

❸ **틸드(~)** | 와일드카드 기능을 해제합니다.

와일드카드 문자는 데이터를 검색하거나 조건식을 작성할 때 문자열 일부를 대체하기 위해 사용합니다. 예를 들어 **기초***라고 검색하면 '기초'로 시작하는 모든 문자를 찾고, **기초?**라고 입력하면 '기초'로 시작하는 세 글자 문자를 찾습니다. 와일드카드 문자 자체를 찾을 때는 와일드카드 문자 앞에 틸드(~) 기호를 입력해야만 검색됩니다. 즉, 물음표(?) 문자 자체를 찾을 때 [찾을 내용]에 **~?**가 아니라 **?**만 입력하면 모든 문자를 찾습니다. 또한 별표(*) 문자 자체를 찾을 때는 **~***라고 검색하고, 틸드(~) 문자 자체를 찾을 때는 **~~**라고 검색해야 합니다.

005 자동으로 셀에 데이터 채우기

실습 파일 | PART 01\CHAPTER 01\005_기간생산계획표.xlsx
완성 파일 | PART 01\CHAPTER 01\005_기간생산계획표_완성.xlsx

연속 범위의 셀 내용을 복사하거나 일정한 순서로 채우고 싶을 때 채우기 핸들을 사용하면 데이터 입력 작업을 손쉽게 할 수 있습니다. 데이터 종류에 따라 자동 채우기 결과가 달라지며 자동 채우기 옵션으로 채우기 결과를 변경할 수 있습니다.

01 연속 범위의 셀 복사하기 숫자 또는 문자만 입력된 셀을 채우기 핸들로 드래그하면 셀 내용이 복사됩니다. ❶ [C6] 셀을 클릭하고 ❷ 채우기 핸들 █을 [C25] 셀까지 드래그하면 숫자가 복사됩니다. ❸ [C5:E5] 범위를 지정하고 ❹ 채우기 핸들 █을 [W5] 셀까지 드래그하면 문자가 반복 복사됩니다.

02 연속 데이터 채우기

숫자와 문자가 함께 입력되어 있는 셀을 자동 채우기로 복사하겠습니다. ❶ [B10] 셀을 클릭하고 채우기 핸들을 더블클릭합니다. 숫자가 1씩 증가하면서 채워집니다. ❷ [B9:B10] 범위를 지정하고 ❸ 채우기 핸들을 더블클릭합니다. 두 셀에 있는 숫자의 차이가 5씩 증가하면서 채워집니다. ❹ [D6:D7] 범위를 지정하고 ❺ 채우기 핸들을 더블클릭합니다. 두 셀에 있는 숫자의 차이가 20씩 감소하면서 채워집니다.

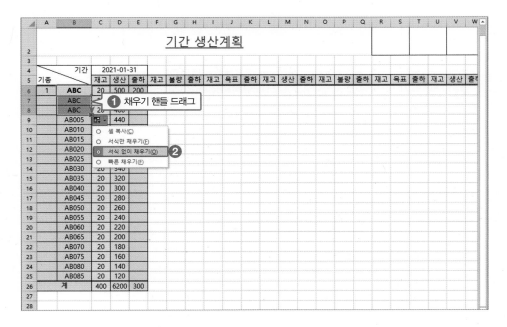

TIP 채우기 핸들을 더블클릭하면 인접 열의 데이터가 있는 곳까지 자동으로 데이터가 채워집니다.

03 자동 채우기 옵션으로 서식 없이 채우기

자동 채우기를 사용한 후 옵션을 사용해 채우기 결과를 변경하겠습니다. ❶ [B6] 셀을 클릭하고 채우기 핸들을 [B8] 셀까지 드래그합니다. ❷ [자동 채우기 옵션]을 클릭하고 [서식 없이 채우기]를 클릭합니다. 첫 번째 셀의 굵은 글꼴 서식이 함께 복사되었다가 서식 적용이 해제됩니다.

04 자동 채우기 옵션으로 연속 데이터, 같은 값 채우기 ❶ [A6] 셀을 클릭하고 채우기 핸들을 더블클릭합니다. ❷ [자동 채우기 옵션]을 클릭해 [연속 데이터 채우기]를 클릭합니다. 같은 숫자가 채워졌다가 숫자가 1씩 증가하며 채워집니다. ❸ [E6:E7] 범위를 지정하고 ❹ 채우기 핸들을 더블클릭합니다. ❺ [자동 채우기 옵션]을 클릭해 [셀 복사]를 클릭합니다. 숫자가 100 씩 감소하며 채워졌다가 두 셀의 숫자가 반복 복사됩니다.

05 월말 날짜 채우기 1월 말부터 7월 말까지 월 단위로 날짜를 채우겠습니다. ❶ [C4:E4] 셀을 클릭하고 채우기 핸들을 [W4] 셀까지 드래그합니다. ❷ [자동 채우기 옵션]을 클릭해 [월 단위 채우기]를 클릭합니다. 월 단위로 말일 날짜가 채워집니다. ❸ [C6:E26] 범위를 지정하고 ❹ 채우기 핸들을 [W26] 셀까지 드래그합니다. ❺ [자동 채우기 옵션]을 클릭하고 [서식만 채우기]를 클릭합니다. 선택한 범위 내의 숫자 패턴에 맞게 값이 증가했다가 값은 없어지고 서식만 남습니다.

TIP 날짜 데이터도 숫자와 마찬가지로 두 셀에 원하는 증감 날짜를 입력한 후 범위를 지정하고 채우기 핸들을 드래그하면 두 셀의 날짜 차이만큼 채워집니다.

006 날짜 데이터에 구분 기호 삽입하기

실습 파일 | PART 01\CHAPTER 01\006_계약목록.xlsx
완성 파일 | PART 01\CHAPTER 01\006_계약목록_완성.xlsx

엑셀에서 날짜를 입력할 때는 연월일 구분 기호로 하이픈(−) 또는 슬래시(/)를 입력해야 날짜 데이터로 인식해 날짜 서식을 지정하거나 날짜 계산을 할 수 있습니다. 구분 기호 없이 입력된 날짜를 구분 기호가 포함된 날짜 데이터로 변환할 때 텍스트 나누기를 활용하면 빠르고 간편합니다.

01 텍스트 마법사 실행하기 '납품일자'를 날짜 형식으로 변환하기 위해 텍스트 마법사를 실행하겠습니다. ❶ [G2:G25] 범위를 지정하고 ❷ [데이터] 탭−[데이터 도구] 그룹−[텍스트 나누기]를 클릭합니다. ❸ [텍스트 마법사−3단계 중 1단계] 대화상자의 [다음]을 클릭하고 ❹ [텍스트 마법사−3단계 중 2단계] 대화상자에서도 [다음]을 클릭합니다.

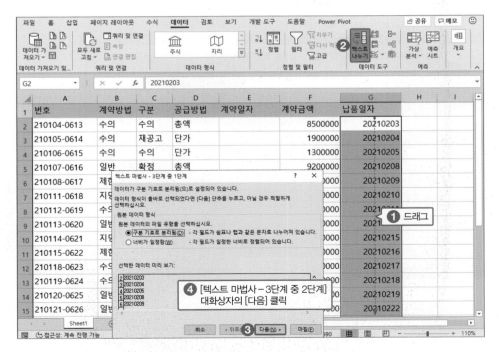

02 열 데이터 서식을 날짜로 선택하기 ❶ [텍스트 마법사—3단계 중 3단계] 대화상자에서 [열 데이터 서식]의 [날짜]를 클릭한 후 ❷ [마침]을 클릭합니다. 연월일 구분 기호가 나타나며 날짜 데이터로 변환됩니다.

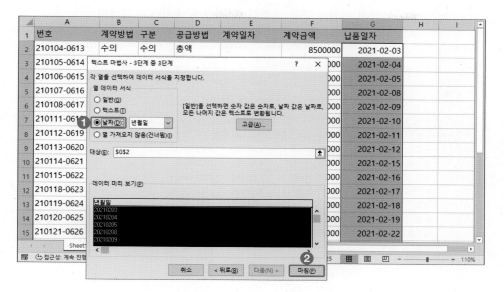

03 숫자에서 날짜 분리하기 '번호'에서 날짜 부분을 분리하겠습니다. ❶ [A2:A25] 범위를 지정하고 ❷ [데이터] 탭-[데이터 도구] 그룹-[텍스트 나누기]를 클릭합니다. ❸ [텍스트 마법사—3단계 중 1단계] 대화상자에서 [다음]을 클릭하고 ❹ [텍스트 마법사—3단계 중 2단계] 대화상자에서 [구분 기호]의 [기타]에 –(하이픈)을 입력한 후 ❺ [다음]을 클릭합니다.

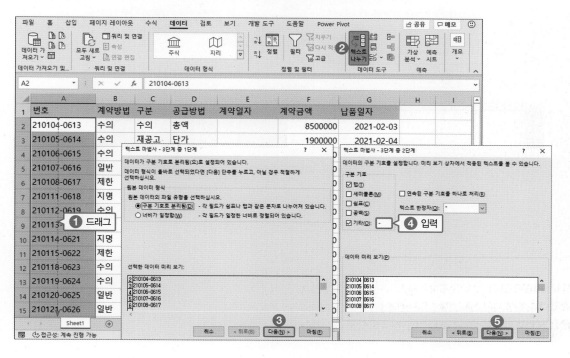

데이터 입력 & 편집

기초 함수 활용

통합 문서 관리 & 인쇄

서식 & 차트

중급 함수 활용

고급 함수 활용

데이터 관리 & 분석

04 대상 위치 선택 및 열 데이터 제외하기

① [텍스트 마법사–3단계 중 3단계] 대화상자에서 [열 데이터 서식]의 [날짜]를 클릭합니다. ② [대상]에 **$E$2**를 입력한 후 ③ [데이터 미리 보기]의 두 번째 열을 클릭합니다. ④ [열 데이터 서식]의 [열 가져오지 않음(건너뜀)]을 클릭하고 ⑤ [마침]을 클릭합니다. '계약일자' 범위에 연월일 구분 기호와 함께 날짜 데이터가 입력됩니다.

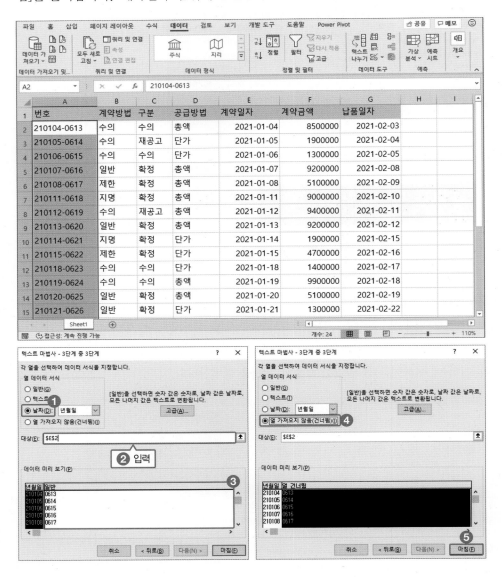

007 빠른 채우기로 텍스트 나누고 수정하기

실습 파일 | PART 01\CHAPTER 01\007_빠른채우기.xlsx
완성 파일 | PART 01\CHAPTER 01\007_빠른채우기_완성.xlsx

빠른 채우기는 사용자가 입력한 데이터의 일정한 패턴을 분석하여 자동으로 텍스트를 입력하거나 수정해줍니다.

1 주소 목록에서 학교명 분리하기

[데이터] 탭-[데이터 도구] 그룹-[빠른 채우기]를 클릭하면 학교명이 자동으로 입력됨

🔍 **엑셀 2013** 이 예제는 엑셀 2013 이상 버전에서만 원활하게 학습할 수 있습니다.

2 ▶ 홈페이지 주소 빠르게 채우기

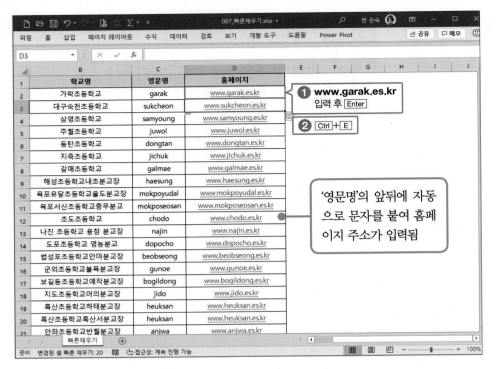

TIP 데이터를 홈페이지 주소 형식으로 입력하면 자동으로 하이퍼링크가 적용됩니다.

효율 UP 능률 UP 기초 다지기 　[빠른 채우기]가 실행되지 않을 때 확인하기

[빠른 채우기]는 첫 번째 셀에 데이터를 입력한 후 두 번째 셀에서 [데이터] 탭-[데이터 도구] 그룹-[빠른 채우기]를 클릭하거나 단축키 Ctrl+E를 눌러 실행합니다. [빠른 채우기]가 실행되지 않으면 데이터 목록에 일정한 규칙이 존재하지 않거나, 범위 내에 병합된 셀이 있다는 의미입니다. 또한 [Excel 옵션] 대화상자의 [고급] 탭에서 [편집 옵션]의 [빠른 자동 채우기]가 체크 해제되어 있는 경우에도 [빠른 채우기]가 실행되지 않습니다.

008 큰 단위 숫자 한번에 입력하기

실습 파일 | PART 01\CHAPTER 01\008_매출실적표.xlsx
완성 파일 | PART 01\CHAPTER 01\008_매출실적표_완성.xlsx

단위가 큰 숫자를 많이 입력해야 할 때 엑셀 옵션에서 미리 소수점 위치를 마이너스로 지정해 입력 단위를 설정한 후 입력하면 편리합니다. 이미 입력되어 있는 숫자들을 큰 단위로 변경해야 하는 경우에는 선택하여 붙여넣기의 곱하기 연산을 활용합니다.

01 고정 소수점 설정하기 ❶ Alt + F + T 를 눌러 [Excel 옵션] 대화상자를 엽니다. ❷ [고급] 탭을 클릭하고 ❸ [편집 옵션]의 [소수점 자동 삽입]에 체크합니다. ❹ [소수점 위치]에 **-4**를 입력한 후 ❺ [확인]을 클릭합니다.

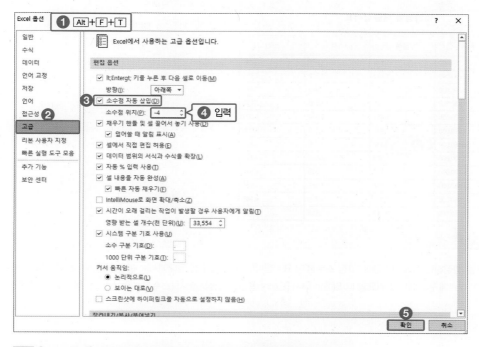

TIP [Excel 옵션] 대화상자를 불러오려면 [파일] 탭-[옵션]을 클릭해도 됩니다.

[소수점 위치]를 양수로 지정하면 입력한 값에서 지정한 자릿수만큼을 소수로 반환하고, [소수점 위치]를 음수로 지정하면 지정한 자릿수만큼 입력한 값에 0이 붙어 반환됩니다. [소수점 위치]에 따라 입력, 반환되는 예는 다음과 같습니다.

소수점 위치	입력한 값	반환된 값
2	1234	12.34
3	1234	1.234
-2	1234	123400
-3	1234	1234000

02 매출 입력하기 ❶ [B4] 셀에 **2375**를 입력합니다. ❷ [B5] 셀부터 [B15] 셀까지 차례로 **1760, 1021, 3698, 1922, 1997, 2946, 1790, 4817, 2518, 2706, 4171**을 입력합니다. 셀에 값을 입력하면 입력한 값에 0이 네 개씩 자동으로 더 입력됩니다.

TIP 고정 소수점을 설정하면 상태 표시줄에 '고정 소수점'이 표시됩니다. 고정 소수점 상태에서는 설정해둔 소수점 위치에 따라 셀에 입력하는 값이 다르게 반환되므로 필요할 때 외에는 다시 [Excel 옵션] 대화상자에서 [소수점 자동 삽입]을 체크 해제해두어야 합니다.

03 고정 소수점 해제하기 고정 소수점을 해제하기 위해 다시 ❶ Alt + F + T 를 눌러 [Excel 옵션] 대화상자를 엽니다. ❷ [고급] 탭을 클릭하고 ❸ [편집 옵션]에서 [소수점 자동 삽입]의 체크를 해제한 후 ❹ [확인]을 클릭합니다.

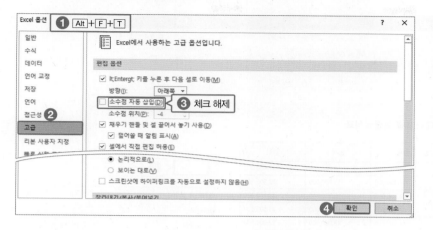

04 이미 입력되어 있는 값의 단위 바꾸기 이미 입력되어 있는 값의 단위를 바꾸고 싶다면 선택하여 붙여넣기의 곱하기 연산을 활용합니다. ❶ [G4] 셀에 **10000**을 입력합니다. ❷ [G4] 셀을 클릭하고 Ctrl + C 를 눌러 복사합니다. ❸ [C4:E15] 범위를 지정하고 ❹ [홈] 탭-[클립보드] 그룹-[붙여넣기]-[선택하여 붙여넣기]를 클릭합니다.

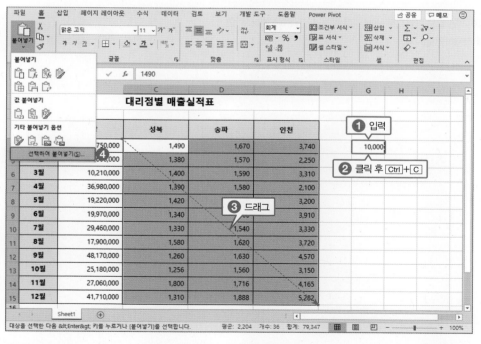

TIP 범위를 지정한 후 마우스 오른쪽 버튼을 클릭해 [선택하여 붙여넣기]를 클릭하거나 단축키 Ctrl + Alt + V 를 누릅니다.

데이터 입력 & 편집

기초 함수 활용

통합문서 관리 & 인쇄

서식 & 차트

종합 함수 활용

고급 함수 활용

데이터 관리 & 분석

05 선택하여 붙여넣기의 곱하기 연산하기 ❶ [선택하여 붙여넣기] 대화상자에서 [붙여넣기]의 [값]을 클릭합니다. ❷ [연산]의 [곱하기]를 클릭한 후 ❸ [확인]을 클릭합니다. 범위의 값이 만 원 단위씩 증가합니다. ❹ [G4] 셀을 다시 클릭한 후 Delete 를 눌러 값을 지웁니다.

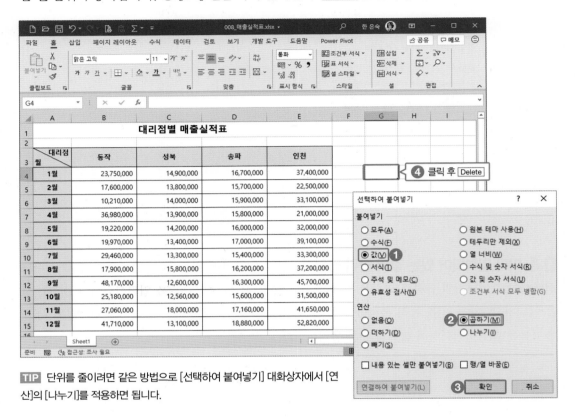

TIP 단위를 줄이려면 같은 방법으로 [선택하여 붙여넣기] 대화상자에서 [연산]의 [나누기]를 적용하면 됩니다.

02

작업을 편리하게 하는 셀 선택

데이터 입력이나 서식 지정, 수식 작성 등의 엑셀 작업을 하려면 우선 셀을 선택해야 합니다. 하나의 셀을 선택한 후 작업하기도 하고 연속된 여러 셀, 떨어져 있는 여러 셀을 선택해 작업하기도 합니다. 더욱 빠르고 편리하게 작업하기 위해 셀을 선택하는 방법을 알아보겠습니다.

009 한번에 합계 구하고 서식 지정하기

실습 파일 | PART 01\CHAPTER 02\009_매출요약.xlsx
완성 파일 | PART 01\CHAPTER 02\009_매출요약_완성.xlsx

편집이나 서식 작업, 수식 작성 등을 하기 전에 항상 셀이나 셀 범위를 먼저 선택해야 합니다. 연속된 범위를 선택하거나 떨어져 있는 위치의 범위를 다중 선택한 후 행을 삽입하고, 한번에 소계와 합계를 구해보겠습니다.

01 범위 지정하고 합계 구하기 넓은 범위를 지정할 때는 드래그보다 Shift를 활용하는 편이 더 정확하고 편리합니다. 또한 합계가 입력될 범위를 포함해 지정하면 한번에 합계를 입력할 수 있습니다. ❶ [B2] 셀을 클릭한 후 ❷ [H13] 셀을 Shift를 누른 채 클릭합니다. ❸ [홈] 탭-[편집] 그룹-[자동 합계 ∑]를 클릭합니다.

월별	서울	경기	대전	강원	부산	울산	합계
1월	192	524	195	1,474	857	1,085	4,327
2월	51	232		2,436	938		3,657
3월	621	267	505	2,427	557	175	4,552
4월	1,798	100	302	1,529	220	302	4,251
5월	60	1,132	225	938	948	55	3,358
6월	1,822	777	85	3,354	323	307	6,668
7월	636	1,707	338	4,198	786	623	8,288
8월	615	327	209	3,781	28	310	5,270
9월			342	3,071	281	384	4,078
10월	1,255	58	270	4,188	546	8	6,325
11월	354	597		242	2,004	22	3,219
12월	1,383	579	415	38	378	262	3,055
합계							

❷ Shift + 클릭

02 다중 범위 지정 후 한번에 행 삽입하기

Ctrl을 활용해 여러 범위를 지정한 후 한번에 분기별 소계를 구할 행들을 삽입하겠습니다. ❶ 5행 머리글을 클릭하고 ❷ **Ctrl**을 누른 채 8행 머리글을 클릭합니다. ❸ 이어서 **Ctrl**을 누른 채 11행 머리글을 클릭하고 ❹ **Ctrl**을 누른 채 14행 머리글을 클릭합니다. ❺ [홈] 탭-[셀] 그룹-[삽입]을 클릭합니다.

03 다중 범위 지정 후 한번에 소계 및 합계 입력하기

❶ [B2:H5] 범위를 지정하고 ❷ **Ctrl**을 누른 채 [B6:H9] 범위도 지정합니다. ❸ 이어서 **Ctrl**을 누른 채 [B10:H13] 범위를 지정하고 ❹ **Ctrl**을 누른 채 [B14:H17] 범위를 지정한 후 ❺ **Ctrl**을 누른 채 [B18:H18] 범위를 지정합니다. ❻ [홈] 탭-[편집] 그룹-[자동 합계 Σ]를 클릭합니다.

04 수식이 입력된 셀에만 채우기 색 지정하기 ❶ [A5], [A9], [A13], [A17] 셀에 각각 **1분기, 2분기, 3분기, 4분기**를 입력한 후 ❷ Ctrl + Shift + 8 을 눌러 표 전체 범위를 지정합니다. ❸ [홈] 탭-[글꼴] 그룹-[테두리]-[모든 테두리▦]를 클릭하고 ❹ [홈] 탭-[편집] 그룹-[찾기 및 선택 🔎]-[수식]을 클릭합니다. ❺ [홈] 탭-[글꼴] 그룹-[채우기 색▧]-[회색, 강조 3, 60% 더 밝게]를 클릭합니다.

효율 UP 능률 UP 기초 다지기 **표 선택 단축키 알아보기**

표 전체 범위를 지정하는 단축키는 Ctrl + A 또는 Ctrl + Shift + 8 (Ctrl + *)입니다. 표 안의 셀을 선택하면 상관없지만 표 바깥쪽의 셀을 선택하면 결과가 달라집니다. 예를 들어 [I1] 셀을 선택한 후 Ctrl + Shift + 8 을 누르면 선택한 셀을 기준으로 데이터 입력 범위를 확장한 [A1:I18] 범위가 지정되고, Ctrl + A 를 누르면 선택한 셀을 기준으로 데이터 입력이 안 되어 있는 행/열이 있기 때문에 워크시트 전체가 범위로 지정됩니다.

010 바로 위쪽 셀 값으로 빈 셀에 데이터 일괄 채우기

실습 파일 | PART 01\CHAPTER 02\010_제품목록.xlsx
완성 파일 | PART 01\CHAPTER 02\010_제품목록_완성.xlsx

실습 파일을 살펴보면 '공급업체'와 '제품분류'는 아래 셀이 같은 항목인 경우 첫 번째 셀에만 값이 입력되어 있고, 나머지는 빈 셀입니다. 이런 형태의 데이터 목록으로는 데이터 정렬이나 필터링 등을 제대로 할 수 없습니다. 빈 셀만 선택해 각 빈 셀의 바로 위쪽 셀의 값으로 일괄 채워보겠습니다.

01 빈 셀만 선택하기 ❶ [A1] 셀을 클릭하고 Ctrl + A 를 눌러 표 전체를 선택합니다. ❷ [홈] 탭-[편집] 그룹-[찾기 및 선택 🔎]-[이동 옵션]을 클릭합니다. ❸ [이동 옵션] 대화상자에서 [빈 셀]을 클릭하고 ❹ [확인]을 클릭합니다.

02 선택된 빈 셀에 바로 위쪽 셀을 수식으로 연결하기 선택된 빈 셀 중에서 [A3] 셀에 수식이 입력되므로 [A3] 셀 바로 위쪽 셀인 [A2] 셀을 참조 셀로 선택한 후 모든 셀에 데이터를 채우겠습니다. ❶ [A3] 셀에 =(등호)를 입력하고 ❷ [A2] 셀을 클릭한 후 ❸ Ctrl + Enter 를 누릅니다.

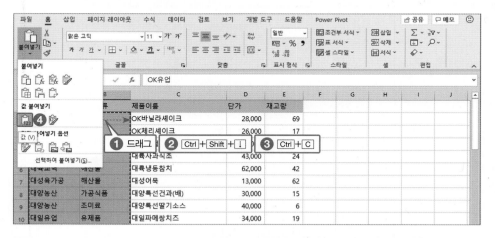

03 수식 지우고 값만 남기기 수식으로 연결된 값은 데이터를 정렬해 셀 위치가 바뀌면 값도 바뀌므로 수식을 지우고 값만 남겨야 합니다. ❶ [A2:B2] 범위를 지정하고 ❷ Ctrl + Shift + ↓ 를 누릅니다. ❸ Ctrl + C 를 눌러 복사하고 ❹ [홈] 탭–[클립보드] 그룹–[붙여넣기]–[값]을 클릭합니다.

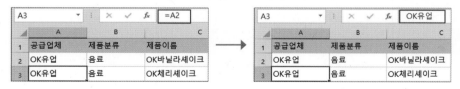

TIP 수식이 입력되어 있던 셀을 선택하고 수식 입력줄을 확인해보면 수식은 없어지고 값만 남아 있습니다.

키워드 | 상수 셀만 선택, 이름 정의하기

데이터 입력 & 편집

기초 함수 활용

통합 문서 편집 & 인쇄

서식 & 차트

중첩 함수 활용

고급 함수 활용

데이터 관리 & 분석

011 다중 셀 한번에 선택하고 테두리 및 이름 정의하기

실습 파일 | PART 01\CHAPTER 02\011_제품단가.xlsx
완성 파일 | PART 01\CHAPTER 02\011_제품단가_완성.xlsx

빈 셀과 데이터가 입력된 셀이 섞여 있는 범위에서 데이터가 입력된 셀만 선택해야 하거나 빈 셀을 제외한 다중 범위를 한번에 지정하려면 이동 옵션에서 상수를 선택합니다. 데이터 다중 범위를 한번에 선택한 후 테두리를 설정하고, 범위의 이름을 정의해보겠습니다.

01 데이터가 입력된 다중 셀 범위 선택하고 테두리 지정하기 ❶ [홈] 탭-[편집] 그룹-[찾기 및 선택🔍]-[상수]를 클릭하면 데이터가 입력된 셀 범위가 모두 지정됩니다. ❷ [홈] 탭-[글꼴] 그룹-[테두리]-[모든 테두리🔳]를 클릭합니다.

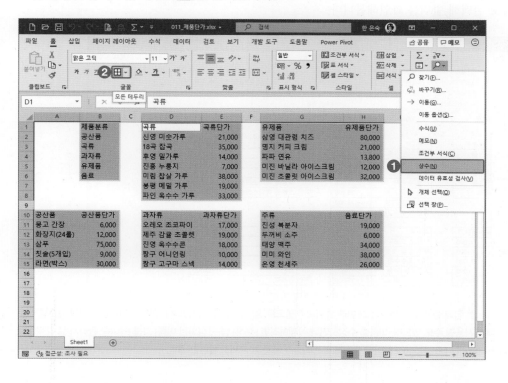

02 선택 영역의 첫 행 문자를 하위 범위 이름으로 정의하기 ❶ [수식] 탭-[정의된 이름] 그룹-[선택 영역에서 만들기]를 클릭합니다. ❷ [선택 영역에서 이름 만들기] 대화상자에서 [왼쪽 열]을 클릭해 체크를 해제하고 [첫 행]만 체크된 상태로 ❸ [확인]을 클릭합니다.

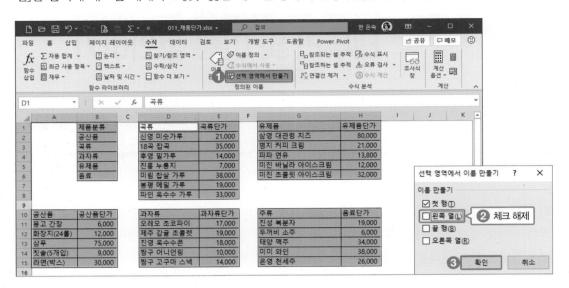

03 정의된 이름 목록 확인하고 이름으로 범위 선택하기 ❶ [E1] 셀을 클릭해 범위 지정을 해제합니다. ❷ 이름 상자의 목록 단추 ▾를 클릭하면 각 범위에서 첫 행의 셀에 있던 문자들이 이름으로 정의되어 있습니다. ❸ 이름 목록에서 [과자류단가]를 클릭하면 정의된 범위가 선택됩니다. 다른 이름도 선택해 범위를 확인해봅니다.

TIP 각 범위에서 첫 행의 셀에 있던 문자가 그 아래 범위의 이름으로 정의된 것이 확인됩니다. 정의된 이름은 수식과 함수를 작성할 때 셀 주소 대신 사용할 수도 있으며, 이름을 수정하거나 삭제하려면 [수식] 탭-[정의된 이름] 그룹-[이름 관리자]를 클릭합니다. 이름 정의에 대해서는 089쪽의 '028 이름 정의하고 관리하기'에서 더 자세히 설명합니다.

키워드 이동 옵션, 숫자 셀만 선택, 연산하여 붙여넣기

012 숫자 셀만 선택하고 값을 두 배로 바꾸기

실습 파일 | PART 01\CHAPTER 02\012_매출요약.xlsx
완성 파일 | PART 01\CHAPTER 02\012_매출요약_완성.xlsx

숫자, 문자, 수식, 빈 셀이 섞여 있는 표에서 숫자 셀만 선택하려면 이동 옵션에서 상수, 수식의 숫자를 선택하면 됩니다. 지금부터 숫자만 선택한 후 선택하여 붙여넣기의 곱하기 연산을 활용해 값을 모두 두 배로 바꿔보겠습니다.

01 **범위에서 숫자 셀만 선택하기** ❶ 셀의 값에 2를 곱하기 위해 임의의 빈 셀인 [J3] 셀에 **2**를 입력하고, Ctrl+C를 눌러 복사합니다. ❷ [A1] 셀을 클릭하고 Ctrl+A를 눌러 표 전체를 범위로 지정합니다. ❸ [홈] 탭-[편집] 그룹-[찾기 및 선택🔍]-[이동 옵션]을 클릭합니다. ❹ [이동 옵션] 대화상자에서 [상수]를 클릭하고 ❺ [수식]의 [숫자]만 체크하고 나머지는 모두 체크 해제한 후 ❻ [확인]을 클릭합니다.

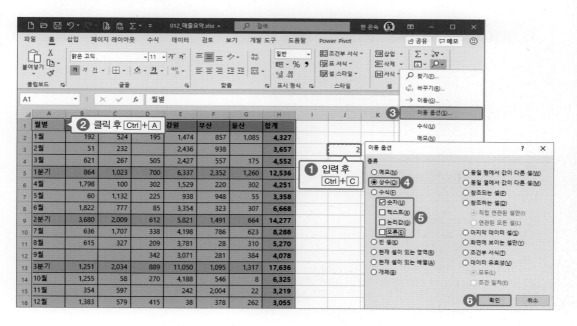

02 선택하여 붙여넣기의 곱하기 연산하기

❶ [홈] 탭-[클립보드] 그룹-[붙여넣기]-[선택하여 붙여넣기]를 클릭합니다. **❷** [선택하여 붙여넣기] 대화상자에서 [붙여넣기]의 [값]을 클릭하고 **❸** [연산]의 [곱하기]를 클릭한 후 **❹** [확인]을 클릭합니다.

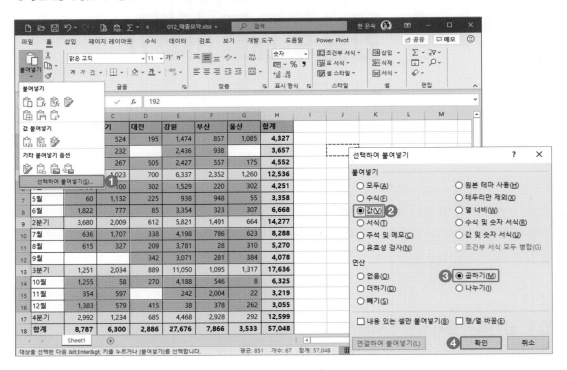

03 결과 확인하기

선택된 모든 셀의 값에 2가 곱해졌습니다. **❶** [J3] 셀을 클릭하고 **❷** Delete 를 눌러 값을 삭제합니다.

	A	B	C	D	E	F	G	H	I	J	K	L	M
1	월별	서울	경기	대전	강원	부산	울산	합계					
2	1월	384	1,048	390	2,948	1,714	2,170	8,654					
3	2월	102	464		4,872	1,876		7,314		❶ ❷ Delete			
4	3월	1,242	534	1,010	4,854	1,114	350	9,104					
5	1분기	1,728	2,046	1,400	12,674	4,704	2,520	25,072					
6	4월	3,596	200	604	3,058	440	604	8,502					
7	5월	120	2,264	450	1,876	1,896	110	6,716					
8	6월	3,644	1,554	170	6,708	646	614	13,336					
9	2분기	7,360	4,018	1,224	11,642	2,982	1,328	28,554					
10	7월	1,272	3,414	676	8,396	1,572	1,246	16,576					
11	8월	1,230	654	418	7,562	56	620	10,540					
12	9월			684	6,142	562	768	8,156					
13	3분기	2,502	4,068	1,778	22,100	2,190	2,634	35,272					
14	10월	2,510	116	540	8,376	1,092	16	12,650					
15	11월	708	1,194		484	4,008	44	6,438					
16	12월	2,766	1,158	830	76	756	524	6,110					
17	4분기	5,984	2,468	1,370	8,936	5,856	584	25,198					
18	합계	17,574	12,600	5,772	55,352	15,732	7,066	114,096					

TIP [선택하여 붙여넣기] 대화상자에서 [연산]의 [곱하기]를 빈 셀에 적용하면 셀 값이 0이 되고, 수식 셀에 적용하면 수식 뒤에 *2가 붙습니다.

키워드 | 이동 옵션, 문자 셀만 선택

013 목록에서 문자가 입력된 행만 삭제하기

실습 파일 | PART 01\CHAPTER 02\013_설문결과표.xlsx
완성 파일 | PART 01\CHAPTER 02\013_설문결과표_완성.xlsx

문자가 입력되어 있는 셀만 선택하려면 이동 옵션에서 상수, 수식의 텍스트를 선택합니다. 다음 실습 파일에서 '3항'의 문자 셀만 선택한 후 해당 행을 모두 삭제하겠습니다.

1 문자 셀만 선택하기

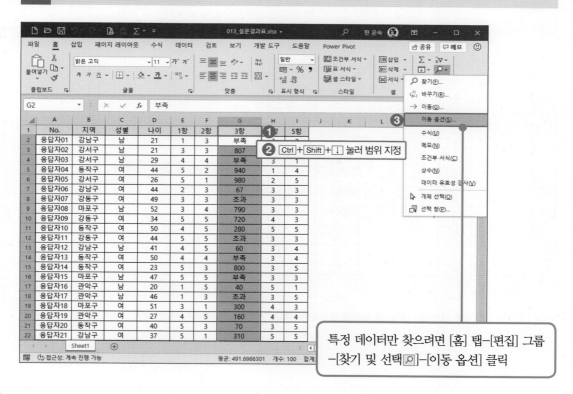

특정 데이터만 찾으려면 [홈] 탭-[편집] 그룹
-[찾기 및 선택 🔎]-[이동 옵션] 클릭

2 ▶ 이동 옵션 설정하기

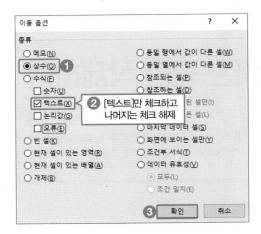

3 ▶ 선택된 셀이 포함된 행만 삭제하기

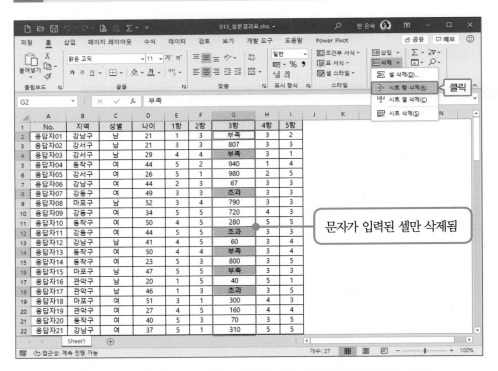

문자가 입력된 셀만 삭제됨

TIP [홈] 탭 – [셀] 그룹 – [삭제] – [시트 행 삭제]를 클릭하면 선택된 셀이 포함된 행들만 삭제됩니다.

03

엑셀 서식
지정하기

엑셀의 기본 작업 대상은 셀로 구성된 표이므로 셀 서식에 대해 알아야 엑셀 문서
를 빠르고 편리하게 작성하고 관리할 수 있습니다. 셀 서식에 대한 기본적인 사항
과 유용한 팁들을 살펴보겠습니다.

014 전체 병합하고 선택 영역 가운데 맞추기

실습 파일 | PART 01\CHAPTER 03\014_견적서.xlsx
완성 파일 | PART 01\CHAPTER 03\001_견적서_완성.xlsx

정해진 양식에 맞춰 문서를 작성하려면 여러 셀을 병합해야 할 때가 많습니다. 여러 행의 셀을 범위로 지정한 후 전체 병합을 하면 행 단위로 한번에 셀들이 병합됩니다. 실제로는 병합하지 않으면서 병합한 것처럼 표시하려면 범위를 지정하고 가운데로 맞추는 설정을 활용하면 됩니다.

1 ▶ 전체 병합 및 균등 분할 맞춤 설정하기

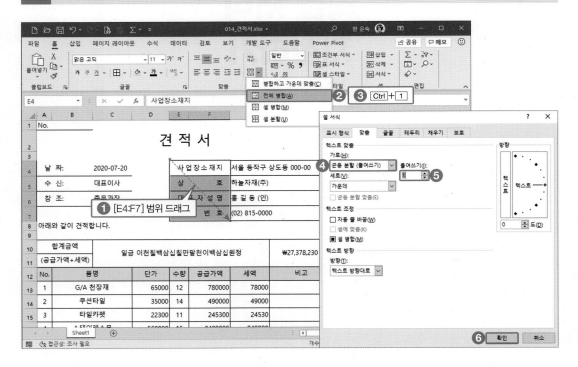

2 셀 병합 해제하고 선택 영역 가운데 맞추기

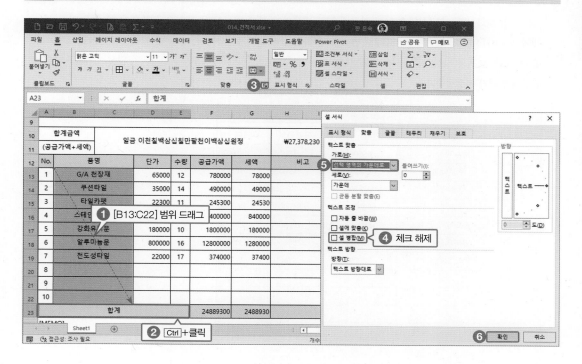

3 숫자 셀 범위에 쉼표 스타일 지정하기

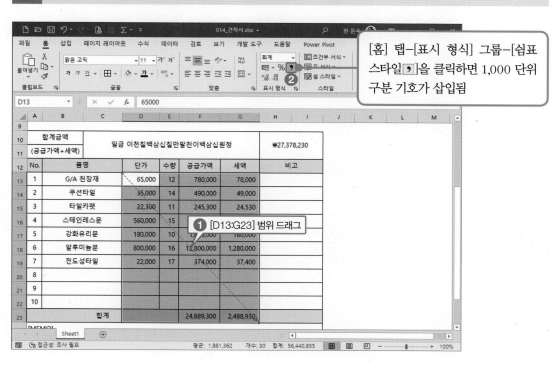

[홈] 탭-[표시 형식] 그룹-[쉼표 스타일[,]]을 클릭하면 1,000 단위 구분 기호가 삽입됨

[셀 서식] 대화상자에서 [선택 영역의 가운데로]를 적용하기 전에 반드시 셀 병합을 해제해야 합니다. 앞서 예제에서는 [B13:C22] 범위와 [A23:E23] 범위의 셀 병합을 미리 해제했습니다. 만약 이 범위들이 병합된 상태로 [D13:G23] 범위를 지정해 가운데로 맞추려 하면 병합 셀들로 인해 원하는 범위가 지정되지 않고 강제로 [A13] 셀부터 범위가 지정됩니다.

No.	품명		단가	수량	공급가액	세액
1	G/A 천장재		65000	12	780000	78000
2	쿠션타일		35000	14	490000	49000
3	타일카펫		22300	11	245300	24530
4	스테인레스문		560000	15	8400000	840000
5	강화유리문		180000	10	1800000	180000
6	알루미늄문		800000	16	12800000	1280000
7	전도성타일		22000	17	374000	37400
8						
9						
10						
합계					24889300	2488930

Sheet1

접근성: 조사 필요   평균: 1411022.75   개수:

015 고정된 열 너비에 맞춰 긴 데이터 맞춤 설정하기

실습 파일 | PART 01\CHAPTER 03\015_매입매출장.xlsx
완성 파일 | PART 01\CHAPTER 03\015_매입매출장_완성.xlsx

셀에 입력한 문자나 숫자의 길이가 열 너비보다 긴데, 문서의 전체 너비가 정해져 있어 열 너비를 더 이상 늘일 수 없을 때가 있습니다. 이때는 셀에 자동 줄 바꿈을 적용하거나 열 너비에 맞춰 자동으로 글꼴 크기가 줄어들도록 셀에 맞춤을 적용하면 됩니다. 참고로 숫자 데이터는 자동 줄 바꿈이 적용되지 않으니 셀에 맞춤을 활용합니다.

1 ▶ 셀에 맞춰 글꼴 크기를 줄일 범위 지정하기

① [A5:I17] 범위 지정

서식이 지정된 날짜와 숫자 데이터는 길이에 비해 열 너비가 좁으면 ######으로 채워짐

2 ▸ 셀에 맞춰 글꼴 크기 줄이기

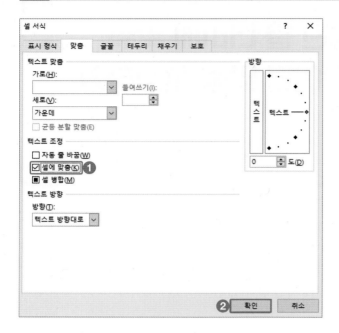

3 ▸ 긴 문자 데이터 범위에 자동 줄 바꿈 적용하기

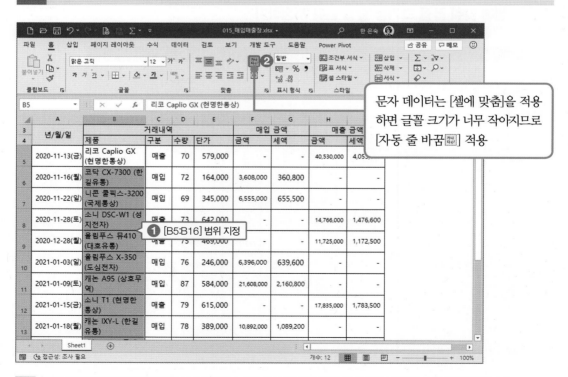

문자 데이터는 [셀에 맞춤]을 적용하면 글꼴 크기가 너무 작아지므로 [자동 줄 바꿈🈂️] 적용

TIP [자동 줄 바꿈]과 [셀에 맞춤]은 동시에 설정할 수 없으므로 [셀에 맞춤]이 해제되면서 [자동 줄 바꿈]이 적용됩니다.

016 클립보드로 다중 시트 범위 복사하기

실습 파일 | PART 01\CHAPTER 03\016_견적집계.xlsx
완성 파일 | PART 01\CHAPTER 03\016_견적집계_완성.xlsx

데이터를 복사하고 붙여 넣는 작업을 반복해야 할 때는 클립보드를 활용하면 편리합니다. 특히 여러 시트의 다중 범위를 복사한 후 한번에 붙여 넣을 때 활용하면 좋습니다.

01 다중 시트 범위 복사하기 ❶ [홈] 탭-[클립보드] 그룹-[클립보드 ⬛]를 클릭합니다. ❷ [견적서3] 시트 탭을 Shift를 누른 채 클릭합니다. ❸ [C14:F23] 범위를 지정하고 ❹ Ctrl + C를 눌러 복사합니다. ❺ [견적서2] 시트 탭을 클릭한 후 Ctrl + C를 눌러 복사합니다. ❻ [견적서3] 시트 탭을 클릭한 후 Ctrl + C를 눌러 복사합니다. 각 시트에서 복사한 데이터가 [클립보드] 작업 창에 차례로 추가됩니다.

TIP 세 개의 시트에서 복사할 범위의 위치가 같아 시트 그룹을 지정한 후 범위를 지정하고 복사했습니다. 범위의 위치가 동일하지 않다면 각 시트를 클릭하고 각각 범위를 새로 지정해 복사합니다.

02 복사한 항목 모두 붙여넣기 ❶ [매출집계] 시트 탭을 클릭하고 ❷ [A2] 셀을 클릭한 후 ❸ [클립보드] 작업 창의 [모두 붙여넣기]를 클릭합니다. ❹ 다음으로 [모두 지우기]를 클릭하고 ❺ [클립보드] 작업 창의 닫기 ⊠를 클릭합니다.

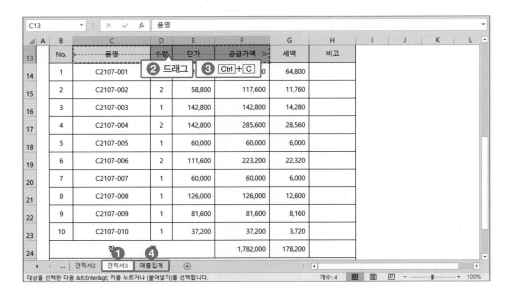

TIP [클립보드] 작업 창에서 [모두 붙여넣기]를 클릭하면 복사한 모든 항목이 아래 방향으로 차례로 붙여 넣어집니다. 항목을 붙여 넣을 위치가 따로 있다면, 붙여 넣고 싶은 셀 위치를 클릭한 후 붙여 넣을 항목을 따로 클릭하면 됩니다.

03 제목 행 복사하기 제목 행은 따로 복사하겠습니다. ❶ [견적서3] 시트 탭을 클릭하고 ❷ [C13:F13] 범위를 지정한 후 ❸ Ctrl + C를 눌러 복사합니다. ❹ [매출집계] 시트 탭을 클릭합니다.

04 붙여 넣은 후 원본 열 너비 유지하기 ❶ [A1] 셀을 클릭하고 ❷ Ctrl + V 를 눌러 복사한 데이터를 붙여 넣습니다. ❸ [붙여넣기 옵션🗐]을 클릭하고 [원본 열 너비 유지🗐]를 클릭합니다.

TIP [클립보드] 작업 창에 있는 항목에서 데이터를 붙여 넣으면 [붙여넣기 옵션]을 선택할 수 없습니다. [원본 열 너비 유지🗐]를 선택하기 위해 제목 행은 일반적인 복사, 붙여넣기 방법을 활용했습니다.

데이터 입력 & 편집

기초 함수 활용

통합문서 관리 & 인쇄

서식 & 차트

중급 함수 활용

고급 함수 활용

데이터 관리 & 분석

017 데이터 범위의 행/열 방향 바꾸기

실습 파일 | PART 01\CHAPTER 03\017_조사결과표.xlsx
완성 파일 | PART 01\CHAPTER 03\017_조사결과표_완성.xlsx

데이터 범위의 행과 열을 바꾸려면 범위를 복사한 후 붙여넣기 옵션의 행/열 바꿈을 활용합니다.
리본 메뉴의 붙여넣기 목록에서 행/열 바꿈을 선택해도 되고, 다른 붙여넣기 옵션을 함께 사용하려
면 선택하여 붙여넣기를 활용합니다.

1 다중 범위 복사하기

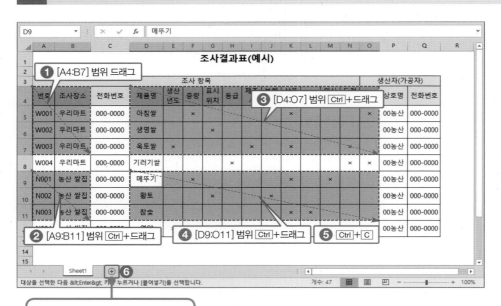

시트 탭의 [새 시트🞥]를 클릭
하면 새 시트가 생성됨

데이터 입력 & 편집

기초 함수 활용

통합 문서 관리 & 인쇄

서식 & 차트

중첩 함수 활용

고급 함수 활용

데이터 관리 & 분석

2 테두리 제외하고 행/열 바꿔서 붙여넣기

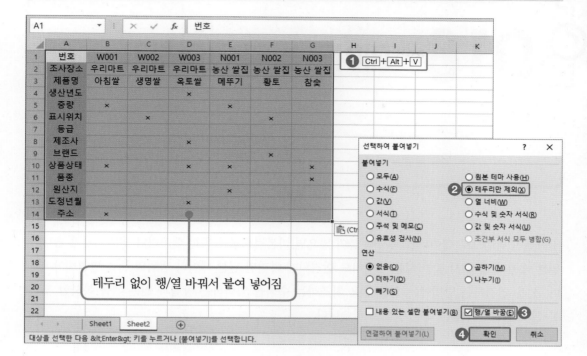

테두리 없이 행/열 바꿔서 붙여 넣어짐

효율 UP 능률 UP 기초 다지기   **리본 메뉴에서 [행/열 바꿈]만 적용하기**

[행/열 바꿈]만 적용하려면 [선택하여 붙여넣기] 대화상자를 열지 않아도 [홈] 탭-[클립보드] 그룹-[붙여넣기]- [행/열 바꿈]을 클릭하면 됩니다. 단축키를 사용하지 않고 [선택하여 붙여넣기] 대화상자를 열려면 [홈] 탭-[클립보드] 그룹-[붙여넣기]-[선택하여 붙여넣기]를 클릭합니다.

018 데이터 범위 연결하기

실습 파일 | PART 01\CHAPTER 03\018_매출결산.xlsx
완성 파일 | PART 01\CHAPTER 03\018_매출결산_완성.xlsx

일반적인 방법으로 데이터를 복사해 붙여 넣으면 기본적으로는 원본 데이터와 연결되지 않습니다. 원본 데이터 변경 시 붙여 넣은 데이터도 변경되게 하려면 원본 데이터 범위의 셀을 연결해야 합니다. 셀을 연결하는 방법에는 원본 셀을 참조하는 수식을 입력하는 방법과 원본 셀을 복사한 후 원본 셀과 연결하여 붙여 넣는 방법이 있습니다.

1 수식 입력으로 원본 데이터 연결하기

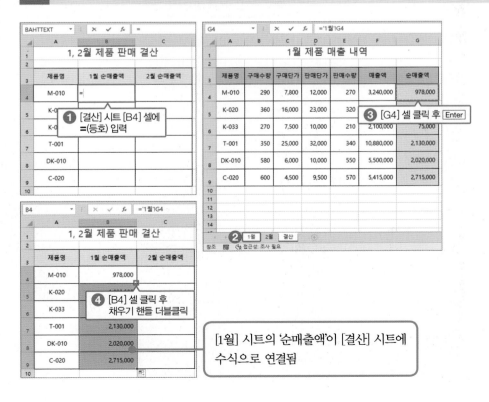

2 ▶ 복사하고 원본 셀과 연결하여 붙여넣기

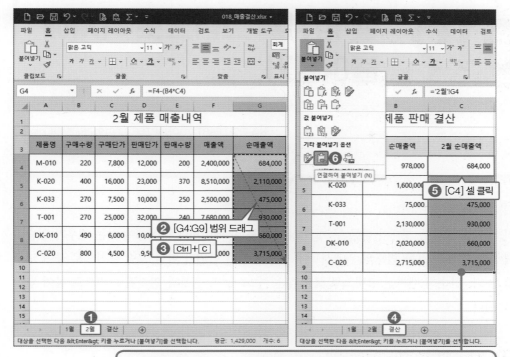

[연결하여 붙여넣기🖼️]로 [2월] 시트의 '순매출액'이 [결산] 시트에 연결됨

TIP [1월] 시트와 [2월] 시트에서 '매출액'과 '순매출액'은 수식이 입력되어 있어서 '판매수량'이나 '판매단가'를 수정하면 '순매출액'이 바뀌고, [결산] 시트에서도 금액이 바뀝니다.

019 셀 범위를 그림으로 복사해 붙여넣기

실습 파일 | PART 01\CHAPTER 03\019_거래명세표.xlsx
완성 파일 | PART 01\CHAPTER 03\019_거래명세표_완성.xlsx

행, 열의 개수와 크기 등 형태가 다른 두 개 이상의 표를 한 페이지에 작성해야 하는 경우가 있습니다. 이때 다른 형태의 표를 별도의 워크시트에 작성하고 셀 단위가 아닌 그림 형식으로 붙여 넣으면 편리합니다. 단순히 캡처된 그림으로 붙여 넣을 수도 있고, 원본과 연결된 그림으로 붙여 넣을 수도 있습니다.

01 **다른 시트의 셀을 그림으로 복사해 붙여넣기** ❶ [추가양식] 시트 탭을 클릭하고 ❷ [B2:E3] 범위를 지정한 후 ❸ Ctrl + C 를 눌러 복사합니다. ❹ [거래명세표] 시트 탭을 클릭하고 ❺ [H1] 셀을 클릭한 후 ❻ [홈] 탭-[클립보드] 그룹-[붙여넣기]-[그림📋]을 클릭합니다.

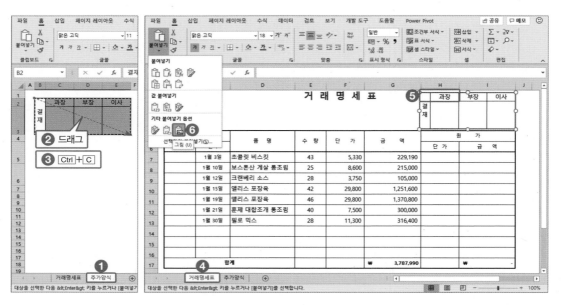

TIP 삽입된 '결재란' 그림을 드래그하여 표 위치에 맞추고, 필요한 경우 그림에 표시된 크기 조절점을 드래그하여 그림의 크기를 조절합니다.

02 다른 시트의 셀을 연결된 그림으로 복사해 붙여넣기

❶ [추가양식] 시트 탭을 클릭하고 ❷ [G5:O6] 범위를 지정한 후 ❸ Ctrl + C 를 눌러 복사합니다. ❹ [거래명세표] 시트 탭을 클릭하고 ❺ [B18] 셀을 클릭한 후 ❻ [홈] 탭-[클립보드] 그룹-[붙여넣기]-[연결된 그림📋]을 클릭합니다.

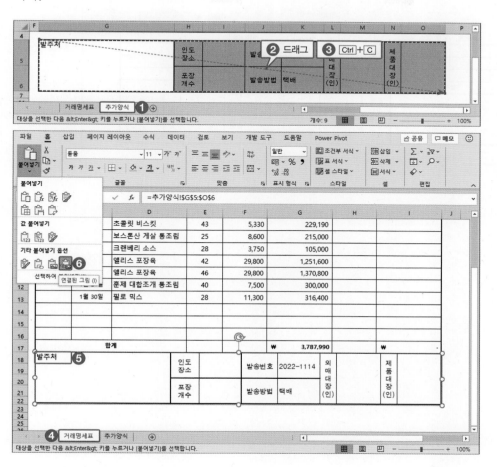

03 연결된 그림 원본 수정하기

❶ 그림을 더블클릭하면 원본이 있는 [추가양식] 시트로 이동됩니다. ❷ [K6] 셀에 **퀵발송**을 입력한 후 ❸ Enter 를 누릅니다. ❹ [거래명세표] 시트 탭을 클릭합니다. 연결된 그림에도 '퀵발송'으로 변경된 것을 확인할 수 있습니다.

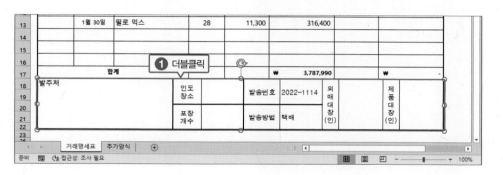

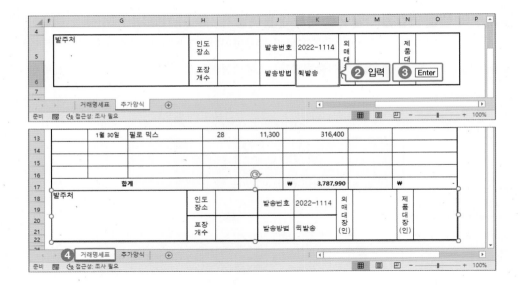

CHAPTER

04

데이터 종류별 유용한 표시 형식

엑셀에서 다루는 데이터는 숫자와 날짜/시간처럼 계산할 수 있는 데이터와 계산할 수 없는 문자 데이터로 나뉩니다. 데이터 종류에 따른 표시 형식과 데이터 조건에 따라 서식을 지정하는 방법 등에 대해 알아보겠습니다.

020 숫자 앞에 0 표시하기

실습 파일 | PART 01\CHAPTER 04\020_국제전화요금.xlsx
완성 파일 | PART 01\CHAPTER 04\020_국제전화요금_완성.xlsx

셀에 001, 002와 같이 앞자리가 0인 숫자를 입력하면 숫자 앞의 0은 유효하지 않은 값이므로 셀에는 1, 2만 표시됩니다. 앞자리가 0인 상태로 숫자를 표시하려면 텍스트 형태로 입력하거나 사용자 지정 표시 형식을 지정해야 합니다.

01 숫자를 텍스트 형태로 입력하기 셀 범위의 표시 형식을 텍스트로 설정한 후에 입력하겠습니다. ❶ [A2:A4] 범위를 지정하고 ❷ [홈] 탭-[표시 형식] 그룹-[표시 형식]을 [텍스트]로 선택합니다. ❸ [A2], [A3], [A4] 셀에 각각 **00365, 00727, 00345**를 입력합니다. ❹ [A2:A4] 범위를 지정하고 ❺ [오류 검사 옵션⬇]을 클릭한 후 [오류 무시]를 클릭합니다.

TIP [표시 형식]을 [텍스트]로 지정하지 않아도 데이터 입력 시 '**00365**와 같이 작은따옴표(')를 앞에 입력하면 텍스트 형식으로 입력됩니다.

02 사용자 지정 서식 코드 지정하기 '서비스번호'에 서식 코드를 지정하여 숫자 앞에 0이 두 개씩 표시되게 하겠습니다. ❶ [C2:C15] 범위를 지정하고 ❷ [홈] 탭-[표시 형식] 그룹-[표시 형식 🖾]을 클릭합니다. ❸ [셀 서식] 대화상자의 [범주]에서 [사용자 지정]을 클릭하고 ❹ [형식]에 **00###**을 입력한 후 ❺ [확인]을 클릭합니다.

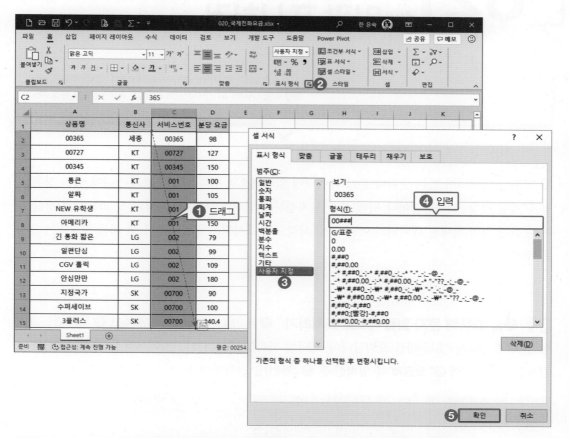

TIP 서식 코드 0은 유효하지 않은 숫자 자리에도 0을 표시하게 하고, #은 유효하지 않은 자리는 표시되지 않게 합니다. '서비스번호'에서 가장 긴 번호는 숫자 다섯 개이므로 앞 두 자리는 0을 표시하게 하고 나머지 자리는 숫자가 없는 경우 표시되지 않게 하려고 #은 세 개를 조합해 **00###**이란 서식 코드를 지정했습니다.

021 데이터에 특정 텍스트 일괄 표시하기

실습 파일 | PART 01\CHAPTER 04\021_국제전화요금.xlsx
완성 파일 | PART 01\CHAPTER 04\021_국제전화요금_완성.xlsx

셀 범위에 입력되어 있는 숫자나 문자 데이터에 일괄적으로 원하는 문자를 추가해야 하는 경우 사용자 지정 서식 코드의 앞이나 뒤에 문자를 지정하면 됩니다. 사용자 지정 서식 코드로 지정한 문자는 셀에 직접 입력된 데이터가 아니라 셀 서식으로 표시되는 문자이므로 셀 계산 결과에는 영향을 주지 않습니다.

01 **@을 활용해 문자 일괄적으로 표시하기** ❶ [A2:A15] 범위를 지정하고 ❷ [홈] 탭−[표시 형식] 그룹−[표시 형식 🔳]을 클릭합니다. ❸ [셀 서식] 대화상자의 [범주]에서 [사용자 지정]을 클릭하고 ❹ [형식]에 **@" 요금제"**를 입력한 후 ❺ [확인]을 클릭합니다.

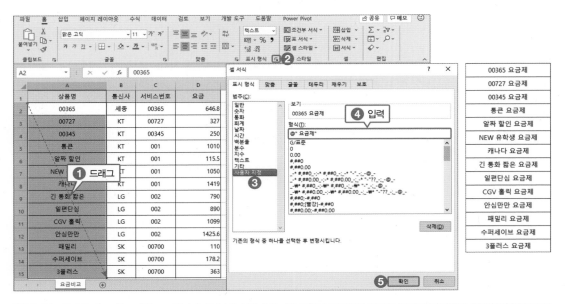

TIP @는 문자를 대표하는 서식 코드입니다. @ 앞이나 뒤에 큰따옴표(")를 사용하여 연결할 문자를 입력하면 셀에 입력한 문자의 앞이나 뒤에 서식 코드로 지정한 문자가 표시됩니다.

02 #과 0을 활용해 문자 일괄적으로 표시하기 ❶ [D2:D15] 범위를 지정하고 ❷ Ctrl + 1 을 누릅니다. ❸ [셀 서식] 대화상자의 [범주]에서 [사용자 지정]을 클릭하고 ❹ [형식]에 **#,##0.0"원/분"**를 입력한 후 ❺ [확인]을 클릭합니다.

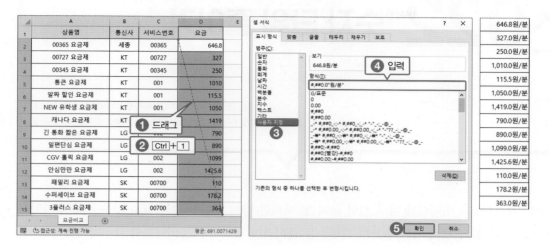

03 가운데 맞춤 및 데이터 자리 맞추기 ❶ [홈] 탭-[맞춤] 그룹-[가운데 맞춤 ≣]을 클릭하고 ❷ [홈] 탭-[표시 형식] 그룹-[표시 형식 ⬚]을 클릭합니다. ❸ [셀 서식] 대화상자의 [범주]에서 [사용자 지정]을 클릭하고 ❹ [형식]에 **?,??0.0"원/분"**를 입력한 후 ❺ [확인]을 클릭합니다.

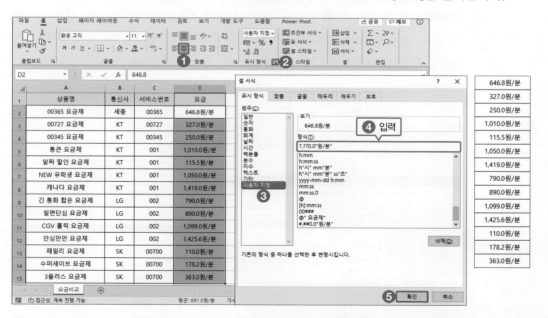

TIP 서식 코드 0은 유효하지 않은 자리를 0으로 채우며, 서식 코드 #은 유효하지 않은 자리에는 아무것도 표시하지 않습니다. 숫자 서식 코드 #,##0.0을 지정하면 천 단위 구분 기호로 쉼표(,)를 표시하고 소수는 한 자리를 표시합니다. 앞부분을 #으로 지정해서 유효하지 않은 앞자리의 0은 표시하지 않습니다. 끝자리는 0을 지정해서 셀에 0만 입력했을 때는 0을 표시합니다. 만약 #,###으로 지정했다면 셀에 0만 입력했을 때 0을 표시하지 않습니다. 서식 코드 ?는 유효하지 않은 자리를 공백으로 채웁니다. 그러므로 자릿수가 제각각인 데이터를 가운데로 맞추면서도 소수점 자리를 기준으로 자릿수를 맞출 때 사용할 수 있습니다.

022 숫자 단위 줄이기

실습 파일 | PART 01\CHAPTER 04\022_순자산.xlsx
완성 파일 | PART 01\CHAPTER 04\022_순자산_완성.xlsx

셀에 입력된 숫자 데이터가 너무 길면 표의 열 너비를 많이 차지할 뿐 아니라 값을 정확히 파악하기 어렵습니다. 셀에 입력된 숫자의 자릿수를 줄이려면 선택하여 붙여넣기의 나누기 연산으로 셀의 값을 직접 줄이는 방법과 서식 코드를 사용해 화면에서만 줄여서 표시하는 방법이 있습니다.

01 나누기 연산으로 단위 줄이기 숫잣값을 10억으로 나누어 숫자 단위를 줄이겠습니다. ❶ [G4] 셀에 **1000000000**을 입력한 후 ❷ Ctrl + C 를 누릅니다. ❸ [B4:C17] 범위를 지정하고 ❹ [홈] 탭−[클립보드] 그룹−[붙여넣기]−[선택하여 붙여넣기]를 클릭합니다. ❺ [선택하여 붙여넣기] 대화상자에서 [붙여넣기]의 [값]을 클릭하고 ❻ [연산]의 [나누기]를 클릭한 후 ❼ [확인]을 클릭합니다.

02 숫자 서식 코드 쉼표(,)로 단위 줄이기

실제 셀의 값을 줄이지 않고 자릿수만 줄여 표시해보겠습니다. ❶ [B19:C31] 범위를 지정하고 ❷ [홈] 탭-[표시 형식] 그룹-[표시 형식 ⬚]을 클릭합니다. ❸ [셀 서식] 대화상자의 [범주]에서 [사용자 지정]을 클릭하고 ❹ [형식]에 **#,##0,,,**를 입력한 후 ❺ [확인]을 클릭합니다.

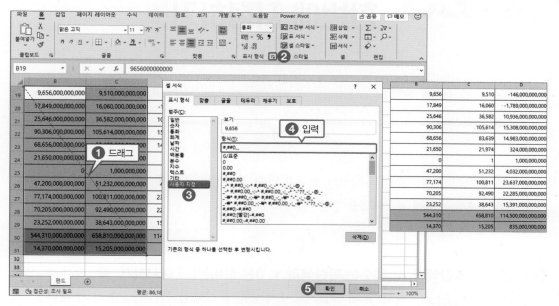

> **TIP** 서식 코드 **#,##0**의 끝에 쉼표를 세 개(**,,,**) 입력했습니다. 이렇게 숫자 서식 코드 끝에 쉼표를 입력하면 쉼표 한 개당 숫잣값을 세 자리씩 생략하여 표시합니다. 여기서는 쉼표를 세 개 입력했으므로 숫자 아홉 자리를 생략해 표시합니다.

> **TIP** [B19:C31] 범위의 값이 실제로 바뀐 것은 아니므로 [D19:D31] 범위의 값도 변하지 않았습니다.

03 방금 전에 지정했던 서식을 다른 셀 범위에도 지정하기

[B19:C31] 범위의 실제 값은 바뀌지 않았으므로 수식이 입력되어 있는 [D19:D31] 범위의 자릿수는 그대로입니다. 방금 전에 지정한 서식을 다른 곳에도 지정하겠습니다. ❶ [D19:D31] 범위를 지정하고 ❷ [F4]를 누릅니다. 방금 전에 [B19:C31] 범위에 지정했던 표시 형식이 [D19:D31] 범위에도 바로 지정됩니다.

A	B	C	D	E	F
19 (3) 혼합주식형	9,656	9,510	-146	-1.5%	
20 (4) 혼합채권형	17,849	16,060	-1,789	-10.0%	
21 (5) 재간접	25,646	36,582	10,936	42.6%	
22 (6) 단기금융(MMF)	90,306	105,614	15,308	17.0%	
23 ㄴ(법 인)	68,656	83,639			
24 ㄴ(개 인)	21,650	21,974	324	1.5%	
25 ㄴ(구 법)	0	1	1	-	
26 (7) 파생상품	47,200	51,232	4,032	8.5%	
27 (8) 부동산	77,174	100,811	23,637	30.6%	
28 (9) 특별자산	70,205	92,490	22,285	31.7%	
29 (10) 혼합자산	23,252	38,643	15,391	66.2%	
30 순자산총계	544,310	658,810	114,500	21.0%	
31 펀드수	14,370	15,205	835	5.8%	

> **TIP** 수식을 작성 중일 때 [F4]는 수식의 셀 참조를 상대, 절대, 혼합 참조로 변환하기 위해 사용되지만 그 외의 서식이나 셀 편집 등의 작업 중에는 마지막으로 실행한 명령이나 작업을 반복하기 위해 사용됩니다.

023 양수, 음수, 0, 문자 표시 형식 한번에 지정하기

실습 파일 | PART 01\CHAPTER 04\023_펀드수익률.xlsx
완성 파일 | PART 01\CHAPTER 04\023_펀드수익률_완성.xlsx

사용자 지정 표시 형식으로 셀의 데이터 종류가 양수, 음수, 0, 문자 중 어느 것인지에 따라 각각 다른 색과 부호를 지정해 표시하겠습니다.

01 양수는 빨간색과 ▲, 음수는 파란색과 ▼, 0은 하이픈(−) 표시하기 ❶ [E6:E26] 범위를 지정하고 ❷ [홈] 탭-[표시 형식] 그룹-[표시 형식 🔽]을 클릭합니다. ❸ [셀 서식] 대화상자의 [범주]에서 [사용자 지정]을 클릭하고 ❹ [형식]에 **[빨강]▲#,##0;[파랑]▼#,##0;−**을 입력한 후 ❺ [확인]을 클릭합니다.

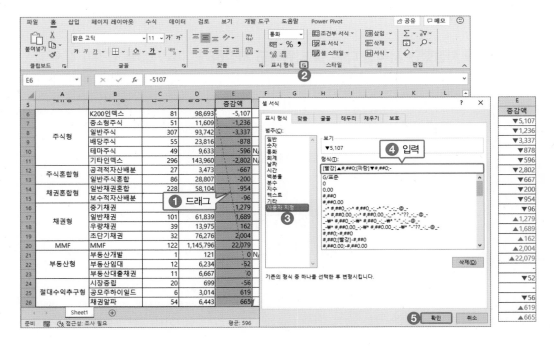

TIP 서식 코드 **[빨강]▲#,##0;[파랑]▼#,##0;−**으로 양수;음수;0 이렇게 세 개 구역의 서식을 지정했습니다. 양수는 빨간색으로 표시되고 ▲가 붙으며, 음수는 파란색으로 표시되고 ▼가 붙습니다. 0은 0 대신 하이픈(−)이 표시됩니다. 서식 코드는 입력 순서에 따라 양수;음수;0;문자 이렇게 네 개까지 구역을 지정할 수 있습니다. 각 구역을 구분하는 기호로 세미콜론(;)을 사용합니다. 색을 지정하려면 서식 코드 앞에 [색 이름]을 입력하면 됩니다. 지정할 수 있는 색은 **검정, 파랑, 녹청, 녹색, 자홍, 빨강, 흰색, 노랑** 이렇게 여덟 가지입니다. ▲, ▼는 한글 자음 ㅁ을 입력하고 [한자]를 누르면 찾아 입력할 수 있습니다.

02 양수는 빨간색, 음수는 파란색과 하이픈(−), 소수는 두 자리 표시, 문자는 숨기기 ❶

[F6:I26] 범위를 지정하고 ❷ [홈] 탭-[표시 형식] 그룹-[표시 형식 🔽]을 클릭합니다. ❸ [셀 서식] 대화상자의 [범주]에서 [사용자 지정]을 클릭하고 ❹ [형식]에 **[빨강]0.00;[파랑]−0.00;0.00;**을 입력한 후 ❺ [확인]을 클릭합니다.

TIP 서식 코드 **[빨강]0.00;[파랑]−0.00;0.00;**로 양수;음수;0;문자 이렇게 네 개 구역의 서식을 지정했습니다. 양수는 빨간색으로 표시되고, 음수는 파란색으로 표시되며 하이픈(−)이 붙습니다. 양수, 음수, 0 모두 **0.00** 서식 코드로 소수 두 자리까지 표시합니다. 마지막 세미콜론(;) 뒤에 문자 서식 코드를 비워두어 문자를 셀에서 숨겼습니다.

○024 숫자를 한글로 표시하기

실습 파일 | PART 01\CHAPTER 04\024_견적서.xlsx
완성 파일 | PART 01\CHAPTER 04\024_견적서_완성.xlsx

셀에 입력된 숫자를 문자로 표시하는 방법은 두 가지입니다. 표시 형식을 사용하면 셀에 입력된 숫자를 바로 문자로 표시할 수 있으며, NUMBERSTRING 함수를 사용하면 다른 셀에 입력된 숫자를 가져와 문자로 표시할 수 있습니다.

○1 표시 형식을 활용해 숫자를 한글로 표시하기 '단가' 범위를 한글로 표시해보겠습니다. ❶ [D13:D17] 범위를 지정하고 ❷ Ctrl + 1 을 누릅니다. ❸ [셀 서식] 대화상자의 [범주]에서 [기타]를 클릭하고 ❹ [형식]에서 [숫자(한글)]을 클릭합니다. ❺ 다시 [범주]에서 [사용자 지정]을 클릭하고 ❻ [형식]에 입력되어 있는 서식 코드 끝에 **"원"**를 입력한 후 ❼ [확인]을 클릭합니다.

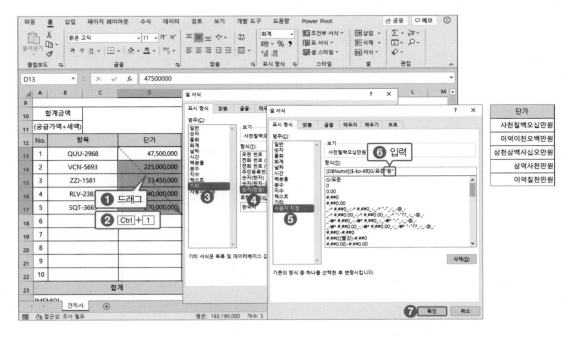

효율 UP 능률 UP 기초 다지기 · 문자 종류를 정하는 서식 코드 알아보기

앞서 입력된 서식 코드에서 **[DBNum4]**는 문자 종류를 정하는 코드이고, **[$-ko-KR]**는 위치이며 생략해도 됩니다. **G/표준**은 숫자 부분입니다. 예를 들어 **"일금"G/표준"원"**이라고 지정하면 숫자 앞에는 '일금', 숫자 뒤에는 '원'이 붙어서 표시됩니다. 숫자의 앞뒤로 붙여 표시할 문자가 없다면 **G/표준** 또한 생략해도 됩니다. 숫자 47,500,000에 지정한 표시 형식과 서식 코드별 적용 예는 다음과 같습니다.

표시 형식	서식 코드	적용 예
숫자(한자)	[DBNum1]	四千七百五十万
숫자(한자-갖은자)	[DBNum2]	四阡七百伍拾萬
숫자(단위만 한자)	[DBNum3]	4千7百5十万
숫자(한글)	[DBNum4]	사천칠백오십만

02 NUMBERSTRING 함수 사용하기 · 함수를 사용해 '합계금액'을 한글로 표시하겠습니다. ❶ [C10] 셀에 =**"일금 "&NUMBERSTRING(H10,1)&"원정"**를 입력하고 ❷ Enter 를 누릅니다.

C10		:	× ✓ fx	="일금 "&NUMBERSTRING(H10,1)&"원정"				
⊿	A	B	C	D	E	F	G	H	I

6	참 조:		총무과장		대 표 자 성 명		홍 길 동 (인)	
7					전 화 번 호		(02) 815-0000	
8	아래와 같이 견적합니다.		❶ 입력 ❷ Enter			
9							
10	합계금액		일금 일십억구천육백오십구만원정				₩1,096,590,000	
11	(공급가액+세액)							
12	No.	항목	단가	수량	공급가액	세액	비고
13	1	QUU-2968	사천칠백오십만원	2	95,000,000	9,500,000	
14	2	VCN-5693	이억이천오백만원	1	225,000,000	22,500,000	
15	3	ZZJ-1581	삼천삼백사십오만원	2	66,900,000	6,690,000	
16	4	RLV-2383	삼억사천만원	1	340,000,000	34,000,000	
17	5	SQT-3665	이억칠천만원	1	270,000,000	27,000,000	
18	6						

TIP 함수식 결과에 '일금'과 '원정'을 붙여 표기하기 위해 함수식 앞뒤에 **"일금 "**와 **"원정"**를 & 연산자로 연결했습니다.

효율 UP 능률 UP 기초 다지기 · NUMBERSTRING 함수의 형식과 인수 알아보기

NUMBERSTRING 함수는 지정한 셀의 숫자를 한글이나 한자로 표시해주는 함수입니다. 함수 구문은 **=NUMBERSTRING(셀 주소, 표시 형식)**입니다. 표시 형식은 세 가지가 있으며 적용 결과는 오른쪽과 같습니다.

표시 형식	결과
1	일십억구천육백오십구만
2	壹拾億九阡六百伍拾九萬
3	일영구육오구영영영

025 숫잣값 조건에 따라 숫자를 문자로 표시하기

실습 파일 | PART 01\CHAPTER 04\025_회원등급.xlsx
완성 파일 | PART 01\CHAPTER 04\025_회원등급_완성.xlsx

경우에 따라 셀에 입력되어 있는 실제 숫잣값을 숨기고 다른 문자로 표시해야 할 때가 있습니다. 다음 표에서 숫잣값 범위에 따라 숫자를 숨기고, 대신 특정 문자로 표시해보겠습니다. 사용자 지정 표시 형식에 조건을 입력하고 숫자 서식 코드 대신 표시할 문자를 입력합니다.

01 사용자 지정 표시 형식에 조건 지정하기 '거래실적(만원)'이 9,000 이상이면 빨간색으로 'VIP', 5,000 이상은 파란색으로 '골드', 나머지는 '일반'이라고 표시하겠습니다. ❶ [C4:C18] 범위를 지정하고 ❷ [홈] 탭-[표시 형식] 그룹-[표시 형식⛶]을 클릭합니다. ❸ [셀 서식] 대화상자의 [범주]에서 [사용자 지정]을 클릭하고 ❹ [형식]에 **[빨강][>=9000]VIP;[파랑][>=5000]골드;일반**을 입력합니다.

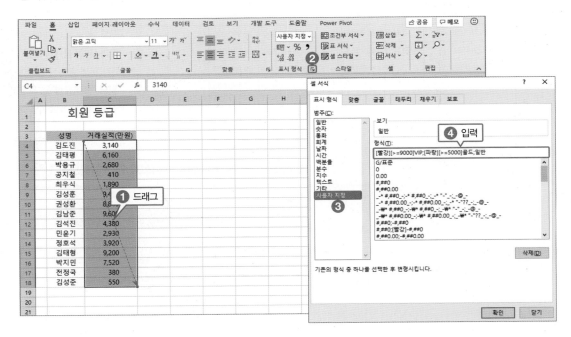

TIP 사용자 지정 표시 형식의 서식 코드 중 색과 조건은 대괄호([ ]) 안에 입력합니다. 색 이름을 먼저 입력하고 조건을 그 다음에 입력합니다. 참고로 조건은 세 개까지만 입력할 수 있습니다. 서식 코드 사이를 구분하는 기호는 세미콜론(;)을 사용합니다.

02 숨김 옵션 지정하기

셀을 선택했을 때 수식 입력줄에 셀 값이 표시되지 않도록 설정하겠습니다. ❶ [셀 서식] 대화상자에서 [보호] 탭을 클릭합니다. ❷ [숨김]에 체크하고 ❸ [확인]을 클릭합니다.

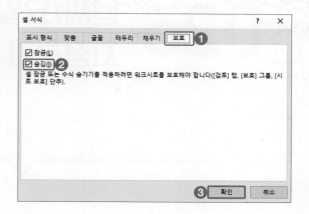

03 시트 보호하기

[셀 서식] 대화상자의 [보호] 탭에서 체크한 [숨김]을 적용하려면 시트를 보호해야 합니다. ❶ [검토] 탭-[보호] 그룹-[시트 보호]를 클릭합니다. ❷ [시트 보호] 대화상자의 [확인]을 클릭합니다. '거래실적'이 입력되어 있는 셀을 선택하고 수식 입력줄을 확인해보면 값이 보이지 않는 것을 확인할 수 있습니다.

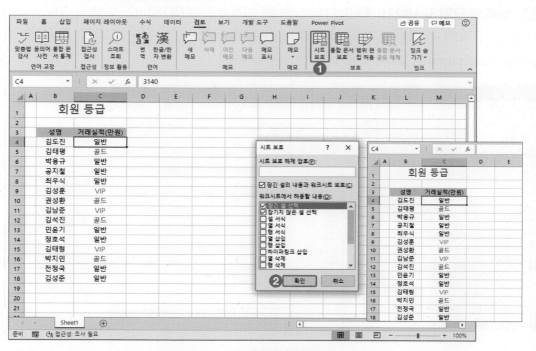

TIP 시트 보호 상태에서는 편집 작업을 할 수 없습니다. 편집 작업을 하려면 다시 [검토] 탭 – [보호] 그룹 – [시트 보호 해제]를 클릭해 시트 보호를 해제합니다. 시트 보호 설정 시 시트 보호 해제 암호를 지정할 수도 있으며, 시트 보호 상태에서도 워크시트에서 작업을 허용할 내용을 선택할 수도 있습니다.

026 날짜/요일/시간 표시 형식 지정하기

실습 파일 | PART 01\CHAPTER 04\026_근무시간.xlsx
완성 파일 | PART 01\CHAPTER 04\026_근무시간_완성.xlsx

날짜와 시간 데이터의 기본 구분 기호는 하이픈(–)과 콜론(:)입니다. 구분 기호를 다른 것으로 표시하고 싶거나 날짜에 요일을 표시하려는 경우 시간 데이터의 계산 결과를 경과 시간으로 표시하고 싶은 경우 서식 코드를 적절히 사용해 원하는 형식으로 표시할 수 있습니다.

01 날짜에 요일 표시하기 ❶ [B4:B11] 범위를 지정하고 ❷ [홈] 탭–[표시 형식] 그룹–[표시 형식 🔽]을 클릭합니다. ❸ [셀 서식] 대화상자의 [범주]에서 [사용자 지정]을 클릭하고 ❹ [형식]에 **yyyy.mm.dd(aaaa)**를 입력한 후 ❺ [확인]을 클릭합니다.

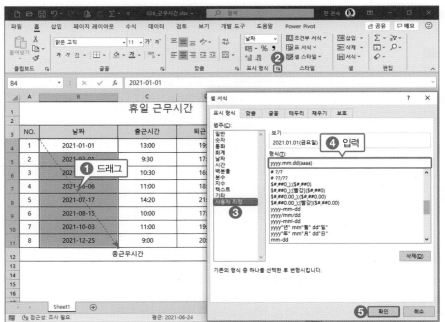

앞서 입력한 **yyyy.mm.dd(aaaa)**는 연도를 네 자리(yyyy), 월을 두 자리(mm), 일을 두 자리(dd)로 표시하고 구분 기호는 마침표(.)로 표시, 요일을 괄호 안에 한글 세 글자(aaaa)로 표시합니다. 날짜 서식 코드별 표시 형식은 다음과 같습니다. 각 코드 사이에 삽입할 구분 기호는 자유롭게 지정하면 됩니다.

서식 코드	표시 형식	서식 코드	표시 형식
YY	연도를 두 자리로 표시	DD	일을 두 자리로 표시
YYYY	연도를 네 자리로 표시	DDD	요일을 영문 약자로 표시(예 : MON)
MM	월을 두 자리로 표시	DDDD	요일을 영문으로 표시(예 : MONDAY)
MMM	월을 영문 약자로 표시(예 : SEP)	AAA	요일을 한글 약자로 표시(예 : 월)
MMMM	월을 영문으로 표시(예 : SEPTEMBER)	AAAA	요일을 한글로 표시(예 : 월요일)

02 12시간제로 시간 표시하기 ❶ [C4:D11] 범위를 지정하고 ❷ Ctrl + 1 을 누릅니다. ❸ [셀 서식] 대화상자의 [범주]에서 [시간]을 클릭하고 ❹ [형식]에서 [오후 1:30]을 클릭합니다. ❺ 다시 [범주]에서 [사용자 지정]을 클릭하고 ❻ [형식]에 입력되어 있는 서식 코드의 h를 **hh**로 수정한 후 ❼ [확인]을 클릭합니다.

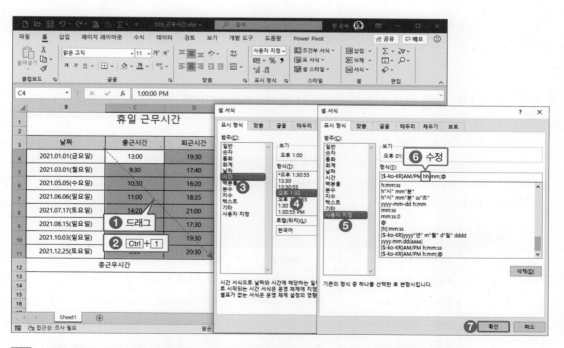

TIP 수정한 서식 코드는 오전/오후 표시(AM/PM)를 한글([**\$-ko-KR**])로, 시간은 두 자리(**hh**)로, 분도 두 자리(**mm**)로 표시하며 구분 기호는 콜론(**:**)으로 표시합니다.

03 **경과 시간 표시하기** ❶ [E4:E12] 범위를 지정하고 ❷ Ctrl + 1 을 누릅니다. ❸ [셀 서식] 대화상자의 [범주]에서 [사용자 지정]을 클릭하고 ❹ [형식]에 **[h]시간 m분**을 입력한 후 ❺ [확인]을 클릭합니다. 시와 분 뒤에 '시간'과 '분'이 표시되고 '총근무시간'은 24시간을 넘는 경과 시간으로 표시됩니다.

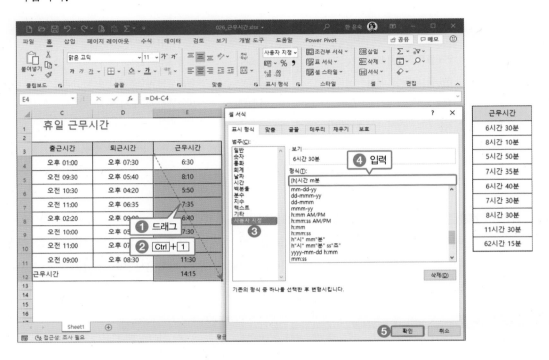

 효율 UP 능률 UP 기초 다지기   **시간 서식 코드 알아보기**

예제에서 '근무시간'에는 '퇴근시간'에서 '출근시간'을 뺀 수식이 작성되어 있고, '총근무시간'에는 합계 함수식이 작성되어 있습니다. '총근무시간'은 24시간을 넘기 때문에 경과 시간을 표시하는 서식 코드 **[h]**를 지정해주어야 합니다. 참고로 시간 서식 코드별 표시 형식은 다음과 같습니다. 각 코드 사이에 삽입할 구분 기호는 자유롭게 지정할 수 있습니다.

서식 코드	표시 형식	서식 코드	표시 형식
h	시간을 한 자리로 표시	AM/PM	AM/PM 표시로 12시간제 표시
hh	시간을 두 자리로 표시	A/P	A/P 표시로 12시간제 표시
m	분을 한 자리로 표시	[$-ko-KR]AM/PM	오전/오후 표시로 12시간제 표시
mm	분을 두 자리로 표시	[h]	24시간이 넘는 경과 시간 표시
s	초를 한 자리로 표시	[m]	경과 시간을 분으로 표시
ss	초를 두 자리로 표시	[s]	경과 시간을 초로 표시

수식과
함수 작성의
기본

수식과 함수를 사용한 계산 기능은 엑셀의 가장 핵심적인 기능이라고 할 수 있습니다. 이번 CHAPTER에서는 엑셀에서 수식과 함수를 작성할 때 꼭 알아두어야 할 기본적인 사항들을 알아보겠습니다

027 절대, 혼합 참조 수식 입력하기

실습 파일 | PART 01\CHAPTER 05\027_매출내역.xlsx
완성 파일 | PART 01\CHAPTER 05\027_매출내역_완성.xlsx

수식에서 계산할 데이터가 있는 셀을 참조할 때 셀 주소의 형태는 상대, 절대, 혼합 참조로 입력할 수 있습니다. 수식을 작성할 때 등호(=)를 입력하고 계산할 셀을 선택하면 처음에는 상대 참조로 입력됩니다. 수식이 작성된 셀을 다른 위치로 복사할 때 셀 주소가 변하지 않게 하려면 복사할 위치에 따라 절대 참조 또는 혼합 참조로 변환해주어야 합니다. 셀 참조를 변환할 때는 단축키 F4 를 누릅니다.

01 절대 참조 사용 수식 입력하기 여기서 '판매단가'는 '제품원가×(마진율+1)'로 계산합니다. ❶ [C7] 셀에 **=B7*($B$3+1)**를 입력하고 Enter 를 누릅니다. ❷ 다시 [C7] 셀을 클릭하고 채우기 핸들➕을 더블클릭하여 아래쪽에 수식을 복사합니다.

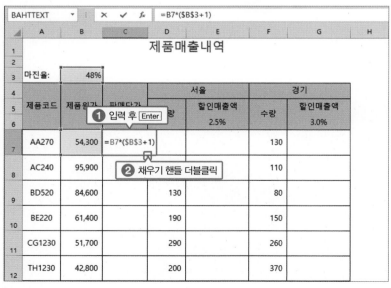

02 혼합 참조 사용 수식 입력하기

여기서 '할인매출액'은 '판매단가×수량×(1−할인율)'로 계산합니다. ❶ [E7] 셀에 **=$C7*D7*(1−E$6)**를 입력하고 Enter 를 누릅니다. ❷ 다시 [E7] 셀을 클릭하고 채우기 핸들 ➕을 더블클릭하여 아래쪽에 수식을 복사합니다.

| BAHTTEXT | ▼ | : | × | ✓ | fx | =$C7*D7*(1−E$6) |

제품매출내역

마진율: 48%

제품코드	제품원가	판매단가	서울		경기	
			수량	할인매출액 ❶ 입력 후 Enter	수량	할인매출액 3.0%
AA270	54,300	80,364	140	=$C7*D7*(1−E$6)		
AC240	95,900	141,932	210	❷ 채우기 핸들 더블클릭		
BD520	84,600	125,208	130		80	
BE220	61,400	90,872	190		150	
CG1230	51,700	76,516	290		260	
TH1230	42,800	63,344	200		370	

=$C7*D7*(1−E$6)
=$C8*D8*(1−E$6)
=$C9*D9*(1−E$6)
=$C10*D10*(1−E$6)
=$C11*D11*(1−E$6)
=$C12*D12*(1−E$6)

효율 UP 능률 UP 기초 다지기   상대 참조, 절대 참조, 혼합 참조 자세히 알아보기

01에서 [B3] 셀은 수식을 복사했을 때 셀 주소가 변경되지 않도록 절대 참조로 변환해야 합니다. **$B$3**을 직접 입력해도 되고, 수식 입력 시 [B3] 셀을 클릭한 후 F4 를 눌러도 됩니다. 수식 복사 후 수식이 채워진 각 셀을 선택하고 수식을 확인해보면 상대 참조로 입력한 셀은 셀 주소가 각 행에 맞게 변경됐지만 절대 참조로 입력한 셀은 변경되지 않았습니다.

02에서 '판매단가'인 [C7] 셀은 수식을 오른쪽으로 복사했을 때 열 이름이 변경되지 않도록 열 고정 혼합 참조로 변환해야 합니다. **$C7**을 직접 입력해도 되고, 수식 입력 시 [C7] 셀을 클릭한 후 F4 를 세 번 눌러도 됩니다. '할인율'인 [E6] 셀은 수식을 아래로 복사했을 때 행 번호가 변경되지 않도록 행 고정 혼합 참조로 변환해야 합니다. **E$6**을 직접 입력해도 되고, 수식 입력 시 [E6] 셀을 클릭한 후 F4 를 두 번 눌러도 됩니다. 수식 복사 후 수식이 채워진 각 셀을 선택하고 수식을 확인해보면 다른 셀 주소는 행 번호가 변경됐지만 행 고정 혼합 참조로 입력한 **E$6**의 행 번호 **6**은 변경되지 않았습니다.

셀 참조 종류	형태	설명
상대 참조	B7	수식을 복사하면 원본 셀을 기준으로 상대적 위치에 따라 셀 주소가 변경됨. 위나 아래로 복사하면 행 번호가 변경되고, 왼쪽이나 오른쪽으로 복사하면 열 이름이 변경됨
절대 참조	$B$3	수식을 어느 방향으로 복사해도 열 이름이나 행 번호가 바뀌지 않음
혼합 참조	$C7(열 고정) E$6(행 고정)	열 이름이나 행 번호 한 군데만 변경되지 않도록 고정한 참조 형태

03 열 고정 혼합 참조 수식 입력하기 '서울 할인매출액' 범위의 수식을 '경기 할인매출액' 범위에 복사하겠습니다. ❶ [E7:E12] 범위를 지정하고 ❷ Ctrl + C 를 눌러 복사합니다. ❸ [G7] 셀을 클릭한 후 ❹ Ctrl + V 를 눌러 붙여 넣습니다. 수식 복사 후 수식이 채워진 각 셀을 선택하고 수식을 확인해보면 다른 셀 주소는 열 이름이 변경됐지만 열 고정 혼합 참조로 입력한 **$C7**의 열 이름 **C**는 변경되지 않았습니다.

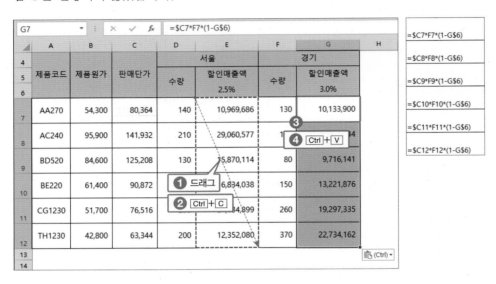

 효율 **UP** 능률 **UP** 기초 다지기   **엑셀 연산자 연산 순서 알아보기**

수식은 기본적으로 왼쪽에서 오른쪽 순서로 계산하지만 여러 연산자가 섞인 수식에서는 다음과 같은 우선순위에 따른 연산자가 먼저 계산됩니다.

연산 순서	연산자	설명
1	괄호 ( )	괄호 안에 입력한 수식은 연산 순서와 상관없이 가장 먼저 계산함
2	음수 부호 −	숫자 앞에 입력하는 음수 부호를 적용함
3	백분율 %	숫자 뒤에 백분율 부호를 입력하면 숫자를 100으로 나눔
4	지수 ^	숫자의 제곱승
5	곱하기 *, 나누기 /	곱하기, 나누기
6	더하기 +, 빼기 −	더하기, 빼기
7	문자 결합 &	문자열을 결합함
8	비교 연산자	=(같다), >(크다), <(작다), >=(크거나 같다), <=(작거나 같다), <>(같지 않다)

028 이름 정의하고 관리하기

실습 파일 | **PART 01\CHAPTER 05\028_이름사용.xlsx**
완성 파일 | **PART 01\CHAPTER 05\028_이름사용_완성.xlsx**

셀과 셀 범위 주소를 이름으로도 정의할 수 있습니다. 이름은 기본적으로 시트명을 포함한 절대 참조 형태로 정의되며 수식이나 차트, 데이터 관련 기능에서 셀 주소 대신 사용할 수 있습니다. 셀 주소 외에 수식이나 숫자를 사용해 이름으로 정의할 수도 있습니다.

1 ▶ 세 가지 방법으로 이름 정의하기

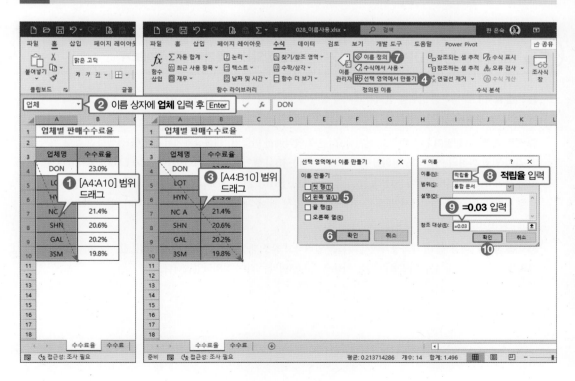

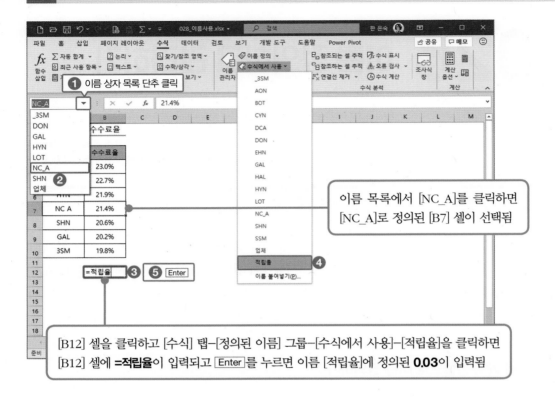

이름 목록에서 [NC_A]를 클릭하면 [NC_A]로 정의된 [B7] 셀이 선택됨

[B12] 셀을 클릭하고 [수식] 탭-[정의된 이름] 그룹-[수식에서 사용]-[적립율]을 클릭하면 [B12] 셀에 **=적립율**이 입력되고 Enter 를 누르면 이름 [적립율]에 정의된 **0.03**이 입력됨

 효율 UP 능률 UP 기초 다지기   **이름을 정의하는 세 가지 방법 알아보기**

❶ **이름 상자** | 셀이나 셀 범위를 선택하고 이름 상자에 입력하여 정의합니다. 즉, 여기서는 [A4:A10] 범위의 이름이 [업체]로 정의됩니다.

❷ **선택 영역에서 만들기** | 셀 범위를 선택하고 [선택 영역에서 만들기] 대화상자에서 위치를 선택하면 해당 위치의 값이 인접 범위의 이름으로 정의됩니다. 즉, 여기서는 [B4] 셀이 [DON], [B5] 셀이 [LOT], [B6] 셀이 [HYN], [B7] 셀이 [NC_A], [B8] 셀이 [SHN], [B9] 셀이 [GAL], [B10] 셀이 [_3SM]으로 정의됩니다. 만약 [A3:B10] 범위를 지정한 후 [선택 영역에서 만들기] 대화상자에서 [첫 행]에 체크했다면 [A4:A10] 범위가 [업체명]으로 정의되고 [B4:B10] 범위가 [수수료율]로 정의됩니다.

❸ **이름 정의** | [이름 정의] 대화상자에서 이름을 입력하고 참조 대상에 직접 셀이나 셀 범위, 값, 수식을 입력하여 정의합니다. 즉, 여기서는 [적립율]이라는 이름으로 0.03이라는 값이 정의되었습니다.

데이터 입력 & 편집

기초 함수 활용

통합 문서 관리 & 인쇄

서식 & 차트

중급 함수 활용

고급 함수 활용

데이터 관리 & 분석

3 오류 있는 이름 삭제하기

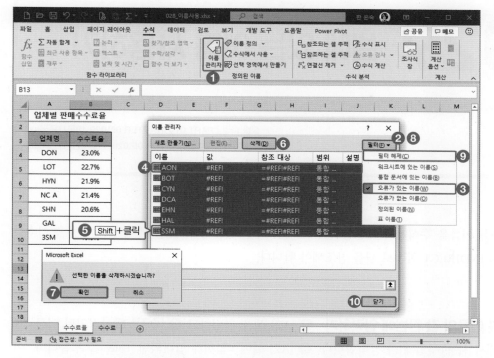

TIP 실습 파일에는 이름을 정의했던 셀 중에 삭제한 셀들이 있습니다. 이름을 정의했던 셀을 삭제해도 이름은 삭제되지 않고 오류가 있는 이름으로 남습니다. 오류가 있는 이름이 있으면 수식에서 이름을 사용하고자 할 때 혼선이 생길 수 있으므로 삭제하는 것이 좋습니다.

효율 UP 능률 UP 기초 다지기 이름 정의 규칙 알아보기

값이 참조된 이름, 수식이 참조된 이름, 오류가 있는 이름은 이름 상자 목록에는 표시되지 않고, [수식에서 사용] 목록이나 [이름 관리자] 대화상자에서 확인할 수 있습니다. 이름 정의 시 이름의 첫 글자는 문자나 언더바(_), 백슬래시(\) 또는 원화 기호(\)를 입력해야 합니다. 첫 글자로 숫자를 입력할 수 없으며 문자 사이에 공백도 입력할 수 없습니다. 또한 영문자는 대소문자를 구별하지 않습니다. [선택 영역에서 만들기]로 이름을 정의한 경우 이름으로 사용할 셀 값의 첫 글자가 숫자라면 숫자 앞에 자동으로 언더바(_)가 추가되고, 문자 사이에 공백이 있는 경우 공백은 언더바(_)로 대체됩니다.

029 셀에 있는 이름 사용하기

실습 파일 | **PART 01\CHAPTER 05\029_이름사용.xlsx**
완성 파일 | **PART 01\CHAPTER 05\029_이름사용_완성.xlsx**

셀 주소 대신 이름을 수식에서 계산할 인수로 사용할 수 있습니다. 또한 셀에 있는 이름을 인수로 사용하려면 INDIRECT 함수로 셀을 참조해야 합니다.

01 범위 이름의 값 한번에 입력하기 ❶ [A2] 셀을 클릭하고 ❷ [수식] 탭-[정의된 이름] 그룹-[수식에서 사용]-[업체]를 클릭합니다. ❸ [A2] 셀에 **=업체**가 입력되면 Enter 를 누릅니다. 이름 [업체]에 정의된 [수수료율] 시트의 [A4:A10] 범위 내용이 입력됩니다.

02 셀에 있는 이름을 수식에 사용하기 ❶ [C2] 셀에 **=INDIRECT(A2)*B2**를 입력한 후 Enter 를 누릅니다. ❷ [D2] 셀에 **=C2*적립율**을 입력한 후 Enter 를 누릅니다. ❸ [C2:D2] 범위를 지정하고 ❹ 채우기 핸들✚을 더블클릭합니다.

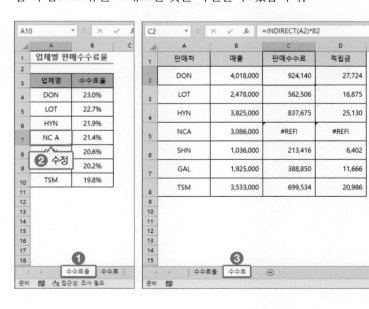

> **TIP** [적립율]에는 [0.03]이 정의되어 있고, '판매처' 범위 셀의 각 [업체명]에는 [수수료율]이 정의되어 있습니다. **=DON*B2**처럼 수식에 이름을 직접 입력할 수는 있지만, **=A2*B2**처럼 이름이 있는 셀 주소를 입력하면 계산할 수 없습니다. 셀에 있는 이름을 참조로 인식하려면 **=INDIRECT(A2)*B2**와 같이 INDIRECT 함수 안에 이름이 있는 셀 주소를 넣어주어야 합니다.

03 참조 오류가 생긴 데이터 수정하기 참조 오류가 생긴 '판매처'를 [수수료율] 시트에서 수정하겠습니다. ❶ [수수료율] 시트 탭을 클릭하고 ❷ [A7] 셀의 NC A를 **NCA**로 수정합니다. ❸ [수수료] 시트 탭을 클릭합니다. [A5] 셀의 '판매처'도 **NCA**로 수정되었지만 '판매수수료'와 '적립금'의 참조 오류는 그대로인 것을 확인할 수 있습니다.

> **TIP** 이름 정의 시 'NC A'는 공백 때문에 [NC_A]로 정의되었습니다. 따라서 셀에 있는 이름과 정의된 이름이 달라 참조 오류 #REF! 가 생겼던 것입니다. 그러나 셀의 이름이 수정되어도 정의된 이름은 자동으로 변경되지 않으므로 이름 관리자에서 한 번 더 수정해주어야 합니다.

04 이름 편집하기 ❶ [수식] 탭-[정의된 이름] 그룹-[이름 관리자]를 클릭합니다. ❷ [이름 관리자] 대화상자에서 [NC_A]를 더블클릭하고 ❸ [이름 편집] 대화상자의 [이름]에 **NCA**를 입력한 후 ❹ [확인]을 클릭합니다. ❺ [이름 관리자] 대화상자의 [닫기]를 클릭합니다. 'NCA'의 '판매수수료'와 '적립금'에 생겼던 참조 오류가 사라지고 값이 제대로 표시됩니다.

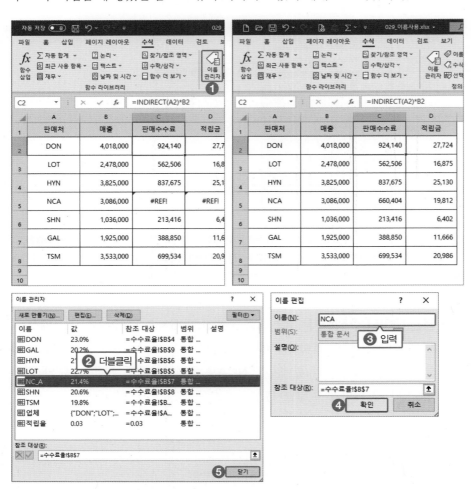

030 가로, 세로 범위 한번에 참조하여 계산하기

실습 파일 | PART 01\CHAPTER 05\030_가격표.xlsx
완성 파일 | PART 01\CHAPTER 05\030_가격표_완성.xlsx

배열은 일정한 규칙에 따라 나열된 같은 특성의 데이터 집합을 말합니다. 즉, 행 또는 열 범위에 입력된 데이터 목록과 같은 것도 배열입니다. 배열을 인수로 사용하는 배열 수식은 Ctrl + Shift + Enter 를 눌러 작성해야 하므로 CSE 수식이라고도 합니다.

01 여러 셀에 한번에 배열 수식 작성하기
'판매 가격'은 '원가×(수수료율＋1)'로 계산합니다. '원가' 범위와 '판매처 수수료율' 범위의 값을 참조하여 한번에 '판매 가격표'를 작성하겠습니다. ❶ [D3:J10] 범위를 지정하고 ❷ =B3:B10*(D2:J2+1)를 입력한 후 ❸ Ctrl + Shift + Enter 를 누릅니다. 한꺼번에 가격이 구해지고, 수식 입력줄을 살펴보면 배열 수식은 중괄호로 묶여 있습니다.

TIP 여러 셀에 한번에 입력한 배열 수식은 수식을 입력한 범위 중 일부만 편집하거나 삭제할 수 없습니다. 배열 수식이 아닌 일반 수식을 사용하고 싶다면 [D3] 셀에 혼합 참조를 사용한 수식 =$B3*(D$2+1)를 입력하고 채우기 핸들을 사용해 [J10] 셀까지 수식을 복사해야 합니다.

02 단일 셀에 배열 수식 작성하기

'입고금액 합계'에 '입고량' 범위와 '판매 가격' 범위를 곱한 합계를 작성하겠습니다. ❶ [D12] 셀에 **=SUM($C$3:$C$10*D3:D10)**를 입력한 후 ❷ Ctrl + Shift + Enter 를 누릅니다. SUM 함수 안에서 각 범위의 '입고량'과 '판매 가격'을 곱한 값들이 각각 구해지고 해당 값들의 합계가 구해집니다.

BAHTTEXT			fx	=SUM($C$3:$C$10*D3:D10)					
	B	C	D	E	F	G	H	I	J
1	판매처 수수료율	입고량	DON	LOT	HYN	NCA	SHN	GAL	TSM
2	원가		23.0%	22.7%	21.9%	21.4%	20.6%	20.2%	19.8%
3	₩12,000	30	14,760	14,724	14,628	14,568	14,472	14,424	14,376
4	₩15,000	20	18,450	18,405	18,285	18,210	18,090	18,030	17,970
5	₩19,500	20	23,985	23,927	23,771	23,673	23,517	23,439	23,361
6	₩10,800	50	13,284	13,252	13,165	13,111	13,025	12,982	12,938
7	₩24,500	30	30,135	30,062	29,866	29,743	29,547	29,449	29,351
8	₩30,000	30	36,900	36,810	36,570	36,420	36,180	36,060	35,940
9	₩35,000	20	43,050	42,945	42,665	42,490	42,210	42,070	41,930
10	₩45,500	20	55,965	55,829	55,465	55,237	54,873	54,691	54,509
11									
12	입고금액 합계		=SUM($C$3:$C$10*D3:D10) ❶ 입력 ❷ Ctrl + Shift + Enter						
13									

🔍 **엑셀 Microsoft 365** 엑셀 Microsoft 365 버전에서는 Enter 만 눌러도 배열 수식으로 작성됩니다.

03 수식 복사하기

❶ [D12] 셀을 클릭하고 ❷ 채우기 핸들 🔳을 [J12] 셀까지 드래그해 수식을 복사합니다.

D12			fx	{=SUM($C$3:$C$10*D3:D10)}					
	B	C	D	E	F	G	H	I	J
1	판매처 수수료율	입고량	DON	LOT	HYN	NCA	SHN	GAL	TSM
2	원가		23.0%	22.7%	21.9%	21.4%	20.6%	20.2%	19.8%
3	₩12,000	30	14,760	14,724	14,628	14,568	14,472	14,424	14,376
4	₩15,000	20	18,450	18,405	18,285	18,210	18,090	18,030	17,970
5	₩19,500	20	23,985	23,927	23,771	23,673	23,517	23,439	23,361
6	₩10,800	50	13,284	13,252	13,165	13,111	13,025	12,982	12,938
7	₩24,500	30	30,135	30,062	29,866	29,743	29,547	29,449	29,351
8	₩30,000	30	36,900	36,810	36,570	36,420	36,180	36,060	35,940
9	₩35,000	20	43,050	42,945	42,665	42,490	42,210	42,070	41,930
10	₩45,500	20	55,965	55,829	55,465	55,237	54,873	54,691	54,509
11			❶		❷ 채우기 핸들 드래그				
12	입고금액 합계		₩ 5,947,050	₩ 5,932,545	₩ 5,893,865	₩ 5,869,190	₩ 5,831,010	₩ 5,811,670	₩ 5,792,330
13									

TIP 수식을 복사할 때 '입고량' 범위는 고정되어야 하므로 SUM 함수식 작성 시에 '입고량' 범위 [C3:C10]을 절대 참조 형태인 **$C$3:$C$10**으로 작성했습니다.

06

자주
사용하는
기본 함수

엑셀에는 다양한 함수가 있습니다. 엑셀 버전과 추가 기능 설치 여부에 따라 수백 개의 함수를 사용할 수 있으며, 통계, 수학, 공학, 재무 업무 등 각 분야에 따라 사용하는 함수들이 다양합니다. 이번 CHAPTER에서는 실무에서 많이 사용하는 기본 함수들을 살펴보겠습니다.

031 합계, 누계, 소계 구하기

실습 파일 | PART 01\CHAPTER 06\031_합계및누계.xlsx
완성 파일 | PART 01\CHAPTER 06\031_합계및누계_완성.xlsx

SUM 함수는 숫자의 합계를 구합니다. 셀에 함수식을 직접 입력해도 되지만 자동 합계를 활용해도 됩니다. 숫자 범위 끝의 빈 셀을 선택하고 자동 합계를 클릭하면 선택 셀을 기준으로 범위가 지정된 SUM 함수식이 자동으로 입력됩니다. SUM 함수로 합계와 누계, 소계를 구하는 방법을 알아보겠습니다.

01 합계와 누계 구하기 '금액', '부가세', '배송비'의 합계를 구하고, 합계에 대한 날짜별 누계를 구하겠습니다. ❶ [E2] 셀에 **=SUM(B2:D2)**를 입력하고 Enter 를 누릅니다. ❷ [F2] 셀에 **=SUM($E$2:E2)**를 입력하고 Enter 를 누릅니다. ❸ [E2:F2] 범위를 지정하고 ❹ 채우기 핸들⊞을 더블클릭합니다.

	A	B	C	D	E	F
					합계	누계
1	날짜	금액	부가세	배송비	합계	누계
2	05월 02일	15,400	1,540	2,500	=SUM(B2:D2) =SUM($E$2:E2) 19,440	19,440
3	05월 03일	18,100	1,810	2,500	22,410	41,850
4	05월 04일	35,100	3,5		41,110	82,960
5	05월 05일	89,700	8,970	-	98,670	181,630
6	05월 06일	95,700	9,570	-	105,270	286,900
7	05월 09일	95,400	9,540	-	104,940	391,840
8	05월 10일	42,200	4,220	-	46,420	438,260
9	05월 11일	50,400	5,040	-	55,440	493,700
10	05월 12일	45,800	4,580	-	50,380	544,080
11	05월 13일	93,300	9,330	-	102,630	646,710
12	05월 16일	19,000	1,900	2,500	23,400	670,110
13	05월 17일	55,900	5,590		61,490	731,600
14	05월 18일	47,400	4,740		52,140	783,740
15	05월 19일	92,500	9,250		101,750	885,490
16	05월 20일	69,300	6,930		76,230	961,720

E2 =SUM(B2:D2)

❸ 드래그 ❹ 채우기 핸들 더블클릭
❶ 입력 후 Enter ❷ 입력 후 Enter

TIP 합계 범위 첫 셀을 절대 참조(**$E$2**)로, 마지막 셀을 상대 참조(**E2**)로 지정했기 때문에 수식이 아래로 복사되면 범위가 한 셀씩 확장되면서 날짜별 누계가 계산됩니다.

02 소계와 합계 구하기

월별 소계와 합계를 한번에 구하겠습니다. ❶ [요약] 시트 탭을 클릭합니다. ❷ [B2:E7] 범위를 지정하고 ❸ [B8:E12] 범위와 ❹ [B13:E13] 범위를 Ctrl 을 누른 채 지정합니다. ❺ [홈] 탭-[편집] 그룹-[자동 합계∑]를 클릭합니다.

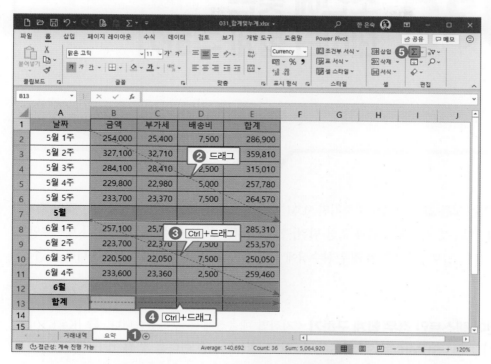

TIP 합계가 입력될 빈 셀을 포함해 숫자 범위를 지정한 후 [자동 합계∑]를 클릭하면 자동으로 빈 셀에 숫자 범위의 합계가 입력됩니다. 다중 범위인 경우 각각 따로 SUM 함수가 입력되며, 마지막 합계 범위에는 각 다중 범위의 합계가 입력됩니다.

TIP [B7] 셀, [B12] 셀, [B13] 셀을 각각 클릭하고 F2 를 누르면 SUM 함수식에 지정된 합계 범위를 확인할 수 있습니다.

	A	B	C
1	날짜	금액	부가세
2	5월 1주	254,000	25,400
3	5월 2주	327,100	32,710
4	5월 3주	284,100	28,410
5	5월 4주		22,980
6	5월 5주		23,370
7	5월	=SUM(B2:B6)	
8	6월 1주	257,100	25,710
9	6월 2주	223,700	22,370
10	6월 3주		22,050
11	6월 4주		23,360
12	6월	=SUM(B8:B11)	93,490
13	합계	2,263,600	226,360

클릭 후 F2

	A	B	C
1	날짜	금액	부가세
2	5월 1주	254,000	25,400
3	5월 2주	327,100	32,710
4	5월 3주	284,100	28,410
5	5월 4주	229,800	22,980
6	5월 5주	233,700	23,370
7	5월	1,328,700	132,870
8	6월 1주	257,100	25,710
9	6월 2주	223,700	22,370
10	6월 3주	220,500	22,050
11	6월 4주		23,360
12	6월		93,490
13	합계	=SUM(B12,B7)	

클릭 후 F2

032 조건에 맞는 데이터 합계 구하기

실습 파일 | PART 01\CHAPTER 06\032_SUMIF.xlsx
완성 파일 | PART 01\CHAPTER 06\032_SUMIF_완성.xlsx

범위 안에 있는 모든 값의 합계를 구하려면 SUM 함수를 사용하지만, 일정 조건에 맞는 값만 집계할 때는 SUMIF 함수를 사용해 조건과 조건 범위, 합계 범위를 따로 지정합니다. 조건이 텍스트인 경우, 숫자인 경우, 일부만 텍스트인 경우 함수식에 조건을 입력하는 방법을 알아보겠습니다.

01 조건이 텍스트인 경우 합계 구하기 '지점별 매출집계'를 구하겠습니다. ❶ [K4:K10] 범위를 지정하고 ❷ **=SUMIF($C$4:$C$93,J4,$G$4:$G$93)**를 입력한 후 ❸ Ctrl + Enter 를 누릅니다.

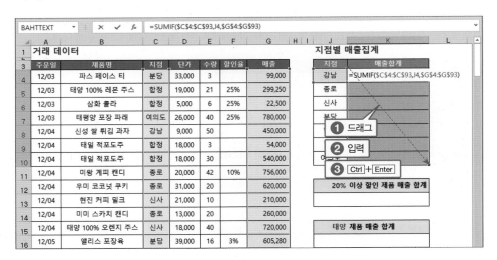

TIP SUMIF 함수는 **=SUMIF(조건 범위, 조건, 합계 범위)** 형식으로 사용합니다.

TIP 범위에 결과를 한꺼번에 입력하기 위해 Ctrl + Enter 를 눌러 마무리합니다. 함수식에 조건을 직접 입력하려면 **=SUMIF($C$4:$C$93,"강남",$G$4:$G$93)**와 같이 큰따옴표로 텍스트를 묶어 입력해야 합니다. 이 표에서는 '강남 지점'의 합계만 구하는 것이 아니므로 조건이 입력되어 있는 [J4] 셀을 참조했습니다. 조건은 [J4] 셀 외에도 [J5] 셀부터 [J10] 셀까지 변경되어야 하므로 상대 참조로 입력했고, '지점' 범위와 '매출' 범위는 고정되어야 하므로 $가 붙은 절대 참조 형태로 입력했습니다.

02 조건이 숫자인 경우 합계 구하기

20% 이상 할인하는 제품의 '매출 합계'를 구하겠습니다. ❶ [J13] 셀에 **=SUMIF(할인율,">=20%",G4:G93)**를 입력한 후 ❷ Enter 를 누릅니다.

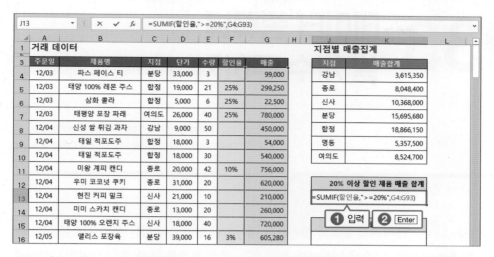

> **TIP** [F4:F93] 범위는 [할인율]이란 이름으로 정의되어 있으므로 조건 범위에 셀 주소 대신 **할인율**이라는 이름을 입력했습니다. 또한 조건은 텍스트로 입력해야 하므로 큰따옴표로 묶어 입력했습니다. 이 함수식은 이 셀에서만 사용되므로 [G4:G93] 범위를 절대 참조로 지정하지 않았습니다.

> **TIP** [J12] 셀의 값을 조건으로 사용하려면 함수식에 **">="&J12**라고 입력합니다. 조건이 입력되어 있는 [J12] 셀의 값이 변경되면 매출 합계도 변경됩니다.

03 조건이 일부 텍스트인 경우 합계 구하기

'제품명'이 '태양'으로 시작하는 제품의 '매출 합계'를 구하겠습니다. ❶ [J16] 셀에 **=SUMIF(제품명,J15&"*",G4:G93)**를 입력한 후 ❷ Enter 를 누릅니다.

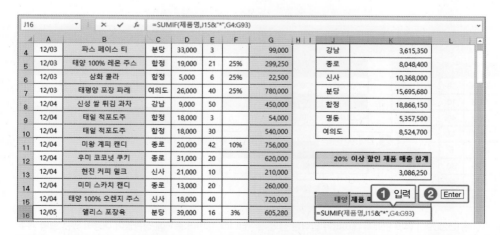

> **TIP** [J15] 셀에 **태일** 또는 **미왕** 등 다른 브랜드명을 입력하면 그에 따른 '매출 합계'로 변경됩니다. 함수식에 조건을 입력할 때 셀을 참조하지 않고 직접 입력하려면 **"태양*"**와 같이 입력합니다. 여기서 *(별표)는 모든 문자를 의미하는 기호로, 텍스트를 검색하는 조건으로 사용합니다. 예를 들어 **"*주스"**를 입력하면 '주스'로 끝나는 '제품명'이 조건이 됩니다.

033 데이터 종류별 셀 개수 구하기

실습 파일 | PART 01\CHAPTER 06\033_COUNT.xlsx
완성 파일 | PART 01\CHAPTER 06\033_COUNT_완성.xlsx

셀 범위 중 숫자든 문자든 데이터의 종류와 상관없이 데이터가 입력되어 있는 셀의 개수를 구할 때는 COUNTA 함수를 사용하고, 숫자 데이터만 들어 있는 셀의 개수를 구할 때는 COUNT 함수를 사용합니다. 문자 데이터만 들어 있는 셀의 개수를 구할 때는 COUNTA 함수의 결과에서 COUNT 함수의 결과를 빼면 됩니다. 빈 셀의 개수를 구할 때는 COUNTBLANK 함수를 사용합니다.

01 배송 종류별 건수 구하기 '총 배송 건수'와 '미배송 건수'를 구하겠습니다. '총 배송 건수'는 '택배이용'과 '방문수령'으로 구분해 구합니다. ❶ [F2] 셀에 **=COUNTA(D2:D90)**를 입력한 후 Enter 를 누릅니다. ❷ [F4] 셀에 **=COUNT(D2:D90)**를 입력한 후 Enter 를 누릅니다. ❸ [G4] 셀에 **=F2-F4**를 입력한 후 Enter 를 누릅니다. ❹ [F7] 셀에 **=COUNTBLANK(D2:D90)**를 입력한 후 Enter 를 누릅니다.

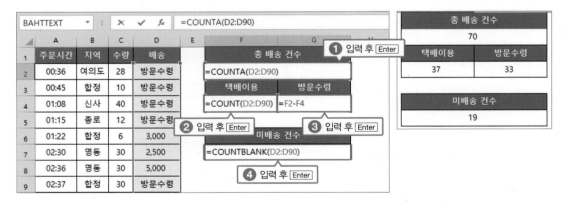

TIP '총 배송 건수'는 [D2:D90] 범위 안에서 데이터가 입력된 셀의 개수입니다. 데이터 종류에 상관없이 내용이 있는 셀의 개수를 구해야 하므로 COUNTA 함수를 사용합니다. '택배이용'은 [D2:D90] 범위 안에서 택배비가 입력되어 있는 셀의 개수입니다. 숫자만 입력된 셀의 개수를 구해야 하므로 COUNT 함수를 사용합니다. '방문수령'은 '총 배송 건수'에서 '택배이용'을 빼면 됩니다. '미배송 건수'는 [D2:D90] 범위 안에 있는 빈 셀의 개수입니다. 빈 셀의 개수를 구할 때는 COUNTBLANK 함수를 사용합니다.

034 조건에 맞는 셀 개수 구하기

실습 파일 | PART 01\CHAPTER 06\034_COUNTIF.xlsx
완성 파일 | PART 01\CHAPTER 06\034_COUNTIF_완성.xlsx

특정 문자가 들어 있는 셀의 개수를 구하거나, 특정 값의 범위에 해당하는 셀의 개수를 구하는 등 조건에 맞는 셀의 개수를 구할 때 COUNTIF 함수를 사용합니다. 셀 범위 주소 대신 이름을 사용하면 함수식을 좀 더 간결하게 입력할 수 있습니다. 데이터 목록 범위의 첫 행을 해당 범위의 이름으로 정의한 후 함수식을 작성해보겠습니다.

01 선택 영역을 이름으로 정의하기 ❶ [A1] 셀을 클릭한 후 ❷ Ctrl + A 를 눌러 [A1:D90] 범위를 지정합니다. ❸ [수식] 탭−[정의된 이름] 그룹−[선택 영역에서 만들기]를 클릭합니다. ❹ [선택 영역에서 이름 만들기] 대화상자의 [오른쪽 열]의 체크를 해제하고 [첫 행]만 체크된 상태로 ❺ [확인]을 클릭합니다.

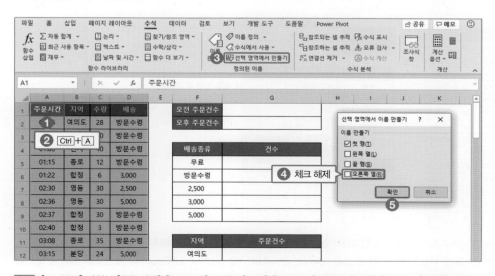

TIP [A2:A90] 범위는 [주문시간], [B2:B90] 범위는 [지역], [C2:C90] 범위는 [수량], [D2:D90] 범위는 [배송]이라는 이름으로 정의됩니다.

02 오전, 오후 주문건수 구하기 ❶ [G1] 셀에 **=COUNTIF(주문시간,"<12:00")**를 입력한 후 Enter 를 누릅니다. ❷ [G2] 셀에 **=COUNTIF(주문시간,">=12:00")**를 입력한 후 Enter 를 누릅니다.

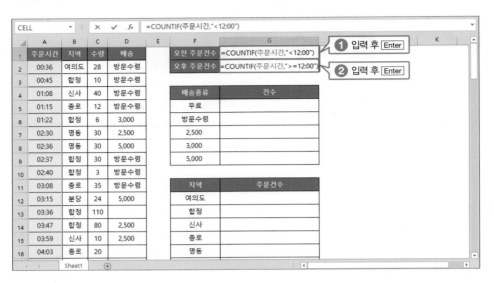

TIP COUNTIF 함수는 **=COUNTIF(조건 범위, 조건)** 형식으로 사용합니다.

TIP [A2:A90] 범위의 이름이 [주문시간]으로 정의되어 있어서 조건 범위에 셀 주소 대신 **주문시간**이라는 이름을 입력했습니다. 조건은 텍스트로 입력해야 하므로 큰따옴표로 묶어 입력합니다.

03 배송 종류별 건수 구하기 ❶ [G5] 셀에 **=COUNTIF(배송,"")**를 입력한 후 Enter 를 누릅니다. ❷ [G6:G9] 범위를 지정하고 ❸ **=COUNTIF(배송,F6)**를 입력한 후 Ctrl + Enter 를 누릅니다.

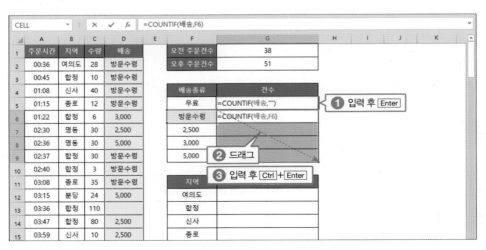

TIP [D2:D90] 범위의 이름이 [배송]으로 정의되어 있어서 조건 범위에 셀 주소 대신 **배송**이라는 이름을 입력했습니다. 조건 범위의 빈 셀은 '배송종류'가 '무료'인 셀이므로 빈 셀을 의미하는 큰따옴표(" ")만 조건으로 입력했습니다. 또한 조건 범위 중 첫 번째 조건이 있는 [F6] 셀을 조건으로 참조하고, 아래 셀에서는 조건이 [F7], [F8], [F9] 셀로 변경되어야 하므로 상대 참조로 입력했습니다. 나머지 '배송종류'에 따른 건수는 한꺼번에 입력하기 위해 Ctrl + Enter 를 눌러 마무리했습니다.

04 지역별 주문건수 구하기 ❶ [G12:G18] 범위를 지정하고 ❷ =COUNTIF(지역,F12)를
입력한 후 Ctrl + Enter 를 누릅니다.

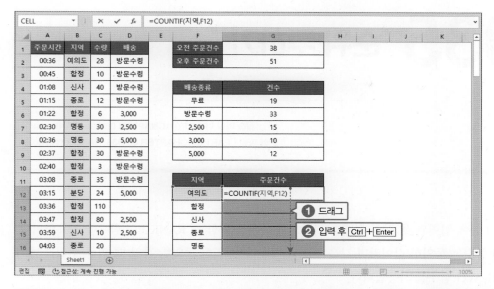

TIP [B2:B90] 범위의 이름이 [지역]으로 정의되어 있어서 조건 범위에 셀 주소 대신 **지역**이라는 이름을 입력했습니다. 또한 조건 범위 중 첫 번째 조건이 있는 [F12] 셀을 조건으로 참조하고, 아래 셀에서는 조건이 [F13] 셀부터 [F18] 셀까지로 변경되어야 하므로 상대 참조로 입력했습니다. 함수식을 한꺼번에 입력하기 위해 Ctrl + Enter 를 눌러 마무리했습니다.

035 순위 구하기

실습 파일 | PART 01\CHAPTER 06\035_RANK.xlsx
완성 파일 | PART 01\CHAPTER 06\035_RANK_완성.xlsx

지정한 범위 안에 입력된 셀 값의 크기를 기준으로 순위를 구할 때 RANK.EQ 함수를 사용합니다. RANK.EQ 함수는 동일한 값이라면 같은 순위를 매깁니다. 또한 동일한 값일 때 평균 순위를 매기려면 RANK.AVG 함수를 사용합니다.

01 작업량이 많은 순위 구하기 ❶ [D4:D16] 범위를 지정하고 ❷ =RANK.EQ(C4,$C$4:$C$16)를 입력한 후 ❸ Ctrl + Enter 를 누릅니다.

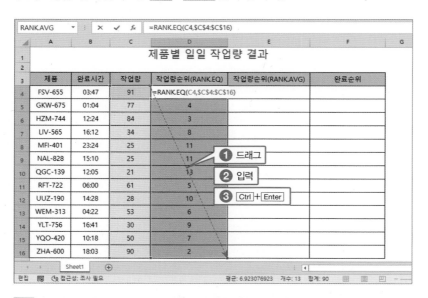

TIP RANK.EQ 함수는 =RANK.EQ(값, 참조 범위, [순위 유형]) 형식으로 사용합니다.

TIP [C4] 셀의 값이 [C4:C16] 범위에서 몇 번째로 큰 숫자인지 구합니다. 순위 유형을 생략하면 가장 큰 값이 1위입니다. 아래 셀에서는 조건이 [C4] 셀 외에도 [C5] 셀부터 [C16] 셀까지로 변경되어야 하므로 상대 참조로 입력했고, 참조 범위는 고정되어야 하므로 절대 참조로 입력했습니다.

02 값이 같은 경우 평균 순위 구하기 ❶ [E4:E16] 범위를 지정하고 ❷ =RANK.AVG(C4, $C$4:$C$16)를 입력한 후 ❸ Ctrl + Enter 를 누릅니다.

| RANK.AVG | ▼ | : × ✓ fx | =RANK.AVG(C4,$C$4:$C$16) | | | |

제품별 일일 작업량 결과

제품	완료시간	작업량	작업량순위(RANK.EQ)	작업량순위(RANK.AVG)	완료순위
FSV-655	03:47	91	1	=RANK.AVG(C4,$C$4:$C$16)	
GKW-675	01:04	77	4	4	
HZM-744	12:24	84	3	3	
LIV-565	16:12	34	8	8	
MFI-401	23:24	25	11	11.5	
NAL-828	15:10	25	11	11.5	
QGC-139	12:05	21	13	13	❶ 드래그
RFT-722	06:00	61	5	5	❷ 입력
UUZ-190	14:28	28	10	10	❸ Ctrl + Enter
WEM-313	04:22	53	6	6	
YLT-756	16:41	30	9	9	
YQO-420	10:18	50	7	7	
ZHA-600	18:03	90	2	2	

TIP RANK.AVG 함수는 **=RANK.AVG(값, 참조 범위, [순위 유형])** 형식으로 사용합니다.

TIP RANK.AVG 함수는 RANK.EQ 함수와 같지만, 값이 같을 때는 평균 순위를 구합니다. 즉, 작업량이 25인 값이 두 개라면 11위, 12위가 되므로 (11+12)/2로 계산되어 두 값 모두 11.5위가 됩니다. 만약 작업량이 25인 값이 세 개면 11위, 12위, 13위가 되므로 (11+12+13)/3으로 계산되어 세 값 모두 12위가 됩니다.

03 완료된 시간이 빠른 순위 구하기 ❶ [F4:F16] 범위를 지정하고 ❷ =RANK.EQ(B4,$B$4:$B$16,1)를 입력한 후 ❸ Ctrl + Enter 를 누릅니다.

| RANK.AVG | ▼ | : × ✓ fx | =RANK.EQ(B4,$B$4:$B$16,1) | | | |

제품별 일일 작업량 결과

제품	완료시간	작업량	작업량순위(RANK.EQ)	작업량순위(RANK.AVG)	완료순위
FSV-655	03:47	91	1	1	=RANK.EQ(B4,$B$4:$B$16,1)
GKW-675	01:04	77	4	4	1
HZM-744	12:24	84	3	3	7
LIV-565	16:12	34	8	8	10
MFI-401	23:24	25	11	11.5	13
NAL-828	15:10	25	11	11.5	9
QGC-139	12:05	21	13	13	6
RFT-722	06:00	61	5	5	4
UUZ-190	14:28	28	10	10	8
WEM-313	04:22	53	6	6	3
YLT-756	16:41	30	9	9	11
YQO-420	10:18	50	7	7	5
ZHA-600	18:03	90	2	2	12

❶ 드래그
❷ 입력
❸ Ctrl + Enter

TIP [B4] 셀의 값이 [B4:B16] 범위에서 몇 번째로 작은 값인지 구합니다. 순위 유형이 **1**이면 가장 작은 값을 1위로 매깁니다.

엑셀 2007 엑셀 2007 이하 버전에서는 RANK.EQ 함수 대신 RANK 함수를 사용합니다.

네이터 입력 & 편집

기초 함수 활용

통합 문서 관리 & 인쇄

서식 & 차트

참조 함수 활용

고급 함수 활용

데이터 관리 & 분석

036 평균 구하기

실습 파일 | PART 01\CHAPTER 06\036_AVERAGE.xlsx
완성 파일 | PART 01\CHAPTER 06\036_AVERAGE_완성.xlsx

AVERAGE 함수는 평균을 구하는 함수인데, 빈 셀이나 문자가 있는 셀은 무시하고 계산합니다. 모든 셀에 숫자가 입력되어 있다면 상관없지만, 문자가 섞여 있을 때 문자가 있는 셀을 0으로 간주해 평균을 구하려면 AVERAGEA 함수를 사용합니다. 하지만 AVERAGEA 함수도 빈 셀은 무시하고 계산하므로 빈 셀까지 모두 0으로 간주해서 평균을 구하려면 SUM, ROWS 함수를 사용해야 합니다.

01 숫자 셀의 평균 구하기 ❶ [F2] 셀에 **=AVERAGE(D2:D90)**를 입력한 후 ❷ Enter 를 누릅니다.

TIP [D2:D90] 범위의 숫자 합계를 숫자 셀의 개수로 나눈 값이 계산됩니다. 즉, SUM 함수와 COUNT 함수를 사용해 입력하면 **=SUM(D2:D90)/COUNT(D2:D90)**와 같습니다.

02 문자 셀을 0으로 계산해 평균 구하기 ❶ [F5] 셀에 **=AVERAGEA(D2:D90)**를 입력한 후 ❷ Enter 를 누릅니다.

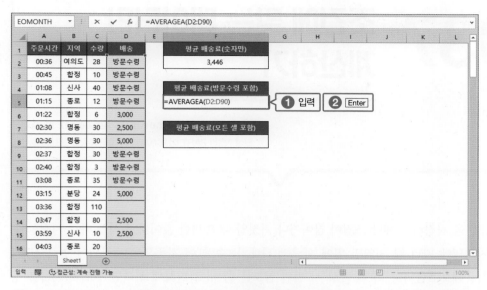

TIP AVERAGEA 함수는 문자가 있는 셀을 0으로 간주하여 평균을 계산합니다. 즉, SUM 함수와 COUNTA 함수를 사용해 입력하면 **=SUM(D2:D90)/COUNTA(D2:D90)**와 같습니다.

03 문자 셀과 빈 셀까지 0으로 계산해 평균 구하기 ❶ [F8] 셀에 **=SUM(D2:D90)/ROWS (D2:D90)**를 입력한 후 ❷ Enter 를 누릅니다.

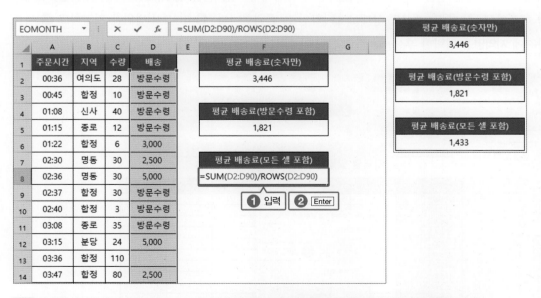

TIP 문자뿐 아니라 빈 셀까지 모두 0으로 간주하여 평균을 구하려면 범위의 합계를 범위의 셀 개수로 나눕니다.

TIP ROWS 함수는 세로 범위의 셀 개수를 구하는 함수입니다.

037 조건에 맞는 데이터만 계산하기

실습 파일 | PART 01\CHAPTER 06\037_IF.xlsx
완성 파일 | PART 01\CHAPTER 06\037_IF_완성.xlsx

IF 함수는 조건을 지정하고 해당 조건이 참이거나 거짓일 때 입력할 값이나 수식을 따로 지정할 수 있습니다. 지역명에 따라 각 지역명 열에 '매출액(판매가×수량)'이 자동으로 계산되어 입력되도록 IF 함수를 사용해보겠습니다. 수식 작성 시 범위 참조를 좀 더 간편하게 하려면 범위의 이름을 정의한 후 배열 수식으로 작성합니다.

01 범위 이름 정의하기 ❶ [B3:D25] 범위를 지정하고 ❷ [수식] 탭-[정의된 이름] 그룹-[선택 영역에서 만들기]를 클릭합니다. ❸ [선택 영역에서 이름 만들기] 대화상자의 [왼쪽 열]의 체크를 해제하고 [첫 행]만 체크된 상태로 ❹ [확인]을 클릭합니다. ❺ [E3:I3] 범위를 지정하고 ❻ 이름 상자에 **지역명**을 입력한 후 Enter 를 누릅니다.

TIP [B4:B25] 범위는 [지역], [C4:C25] 범위는 [판매가], [D4:D25] 범위는 [수량], [E3:I3] 범위는 [지역명]이라는 이름으로 정의됩니다.

02 판매 지역에 매출금액 입력하기 ❶ [E4:I25] 범위를 지정하고 ❷ **=IF(지역=지역명,판매가*수량,"")**를 입력한 후 ❸ Ctrl + Shift + Enter 를 누릅니다. 다음과 같이 각 지역명 열에 '판매가'와 '수량'을 곱한 합계 금액이 입력됩니다.

	주문시간	지역	판매가	수량	서울	경기	대구	광주	부산	합계
4	00:46	광주	31,800	5	=IF(지역=지역명,판매가*수량,"")					-
5	01:20	서울	23,700	5						
6	03:03	대구	23,800	3						
7	03:41	대구	22,200	5						
8	03:43	서울	45,800	3						
9	04:57	경기	37,500	2						
10	06:23	대구	44,300	5						
11	07:12	서울	43,300	3						-
12	07:14	서울	49,500	4						-
13	09:06	서울	25,600	3						-
14	09:49	부산	31,100	3						-
15	10:46	서울	46,100	1						-
16	12:53	대구	32,500	3						
17	13:08	부산	29,000	2						-
18	13:47	경기	34,600	3						
19	15:19	부산	26,400	1						

❶ [E4:I25] 범위 지정
❷ 입력
❸ Ctrl + Shift + Enter

3	주문시간	지역	판매가	수량	서울	경기	대구	광주	부산	합계
4	00:46	광주	31,800	5				159,000		159,000
5	01:20	서울	23,700	5	118,500					118,500
6	03:03	대구	23,800	3			71,400			71,400
7	03:41	대구	22,200	5			111,000			111,000
8	03:43	서울	45,800	3	137,400					137,400
9	04:57	경기	37,500	2		75,000				75,000
10	06:23	대구	44,300	5			221,500			221,500
11	07:12	서울	43,300	3	129,900					129,900
12	07:14	서울	49,500	4	198,000					198,000
13	09:06	서울	25,600	3	76,800					76,800
14	09:49	부산	31,100	3					93,300	93,300
15	10:46	서울	46,100	1	46,100					46,100

TIP 조건으로 입력한 **지역=지역명**은 [지역] 범위인 [B4:B25] 범위의 각 셀과 [지역명] 범위인 [E3:I3] 범위의 각 셀 내용이 일치하는지 확인합니다. 확인 결과가 참이면 [판매가] 범위인 [C4:C25] 범위의 셀 값과 [수량] 범위인 [D4:D25] 범위의 셀 값을 곱해 표시하고, 참이 아니면 빈 셀(" ")로 표시합니다.

🔍 **엑셀 Microsoft 365** 엑셀 Microsoft 365 버전에서는 [E4] 셀만 클릭하고 함수식을 입력한 후 Enter 를 누르면 모든 셀이 배열 수식으로 작성됩니다.

효율 UP 능률 UP 기초 다지기 **IF 함수의 형식과 인수 알아보기**

IF 함수는 **=IF(조건, 참일 때 값, 거짓일 때 값)** 형식으로 사용합니다. IF 함수의 인수를 자세히 알아보겠습니다.

조건(Logical_test)	참(TRUE)이나 거짓(FALSE)이 될 수 있는 값이나 조건식. 비교 계산 연산자 사용 가능
참일 때 값(Value_if_true)	지정한 조건 결과가 참(TRUE)일 때 지정할 값
거짓일 때 값(Value_if_false)	지정한 조건 결과가 거짓(FALSE)일 때 지정할 값. 생략하면 FALSE가 표시됨

데이터 입력 & 편집

기초 함수 활용

통합 문서 관리 & 인쇄

서식 & 차트

중급 함수 활용

고급 함수 활용

데이터 관리 & 분석

038 세로 방향 목록에서 데이터 가져오기

실습 파일 | PART 01\CHAPTER 06\038_VLOOKUP.xlsx
완성 파일 | PART 01\CHAPTER 06\038_VLOOKUP_완성.xlsx

VLOOKUP 함수에서 V는 세로(Vertical)를 의미하며, 세로 방향의 셀 범위에서 데이터를 가져올 때 사용합니다. 표의 첫 열에서 값을 찾은 후 찾은 값과 같은 행에서 지정한 열 번호에 해당하는 데이터를 가져옵니다.

01 정확히 일치하는 값의 데이터 가져오기   B열에 있는 '제품명'을 '단가표'에서 찾아 '제품명'에 해당하는 '단가'를 가져오겠습니다. ❶ [D2:D22] 범위를 지정하고 ❷ **=VLOOKUP(B2,$I$3:$J$14,2,0)**를 입력한 후 ❸ Ctrl + Enter 를 누릅니다.

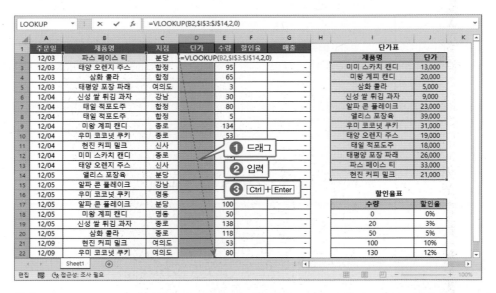

TIP [B2] 셀의 '제품명'을 '단가표'인 [I3:J14] 범위의 첫 열에서 찾고, 찾은 '제품명' 행의 두 번째 열에 있는 '단가'를 가져옵니다. '제품명'이 정확하게 일치해야 하므로 찾을 방식에는 **0**을 입력합니다. 찾을 값인 [B2] 셀 아래쪽은 조건이 [B3] 셀부터 [B22] 셀까지로 변경되어야 하므로 상대 참조로 입력했고, 찾을 범위인 [I3:J14] 범위는 변경되지 말아야 하므로 절대 참조인 **$I$3:$J$14**로 입력했습니다.

02 비슷하게 일치하는 값의 데이터 가져오기

E열에 있는 '수량'을 '할인율표'에서 찾아 '수량'에 해당하는 '할인율'을 가져오겠습니다. ❶ [F2:F22] 범위를 지정하고 ❷ **=VLOOKUP(E2,$I$18:$J$22,2)**를 입력한 후 ❸ Ctrl + Enter 를 누릅니다.

| | LOOKUP | ▾ : × ✓ fx | =VLOOKUP(E2,$I$18:$J$22,2) |

▲	A	B	C	D	E	F	G	H	I	J
1	주문일	제품명	지점	단가	수량	할인율	매출		단가표	
2	12/03	파스 페이스 티	분당	33,000	32	=VLOOKUP(E2,$I$18:$J$22,2)			제품명	단가
3	12/03	태양 오렌지 주스	합정	19,000	95		1,805,000		미미 스카치 캔디	13,000
4	12/03	삼화 콜라	합정	5,000	65		325,000		미왕 계피 캔디	20,000
5	12/03	태평양 포장 파래	여의도	26,000	3		78,000		삼화 콜라	5,000
6	12/04	신성 쌀 튀김 과자	강남	9,000	30		270,000		신성 쌀 튀김 과자	9,000
7	12/04	태일 적포도주	합정	18,000	80		1,440,000		알파 콘 플레이크	23,000
8	12/04	태일 적포도주	합정	18,000	5		90,000		앨리스 포장육	39,000
9	12/04	미왕 계피 캔디	종로	20,000	134	❶ 드래그			우미 코코넛 쿠키	31,000
10	12/04	우미 코코넛 쿠키	종로	31,000	53	❷ 입력			태양 오렌지 주스	19,000
11	12/04	현진 커피 밀크	신사	21,000	70	❸ Ctrl + Enter			태일 적포도주	18,000
12	12/04	미미 스카치 캔디	종로	13,000	15				태평양 포장 파래	26,000
13	12/04	태양 오렌지 주스	신사	19,000	28				파스 페이스 티	33,000
14	12/05	앨리스 포장육	분당	39,000	4				현진 커피 밀크	21,000
15	12/05	알파 콘 플레이크	강남	23,000	76		1,748,000			
16	12/05	우미 코코넛 쿠키	명동	31,000	37		1,147,000		할인율표	
17	12/05	알파 콘 플레이크	종로	23,000	100		2,300,000		수량	할인율
18	12/05	미왕 계피 캔디	명동	20,000	50		1,000,000		0	0%
19	12/05	신성 쌀 튀김 과자	종로	9,000	138		1,242,000		20	3%
20	12/05	삼화 콜라	종로	5,000	118		590,000		50	5%
21	12/09	현진 커피 밀크	여의도	21,000	53		1,113,000		100	10%
22	12/09	우미 코코넛 쿠키	여의도	31,000	80		2,480,000		130	12%

F	G
할인율	매출
3%	1,024,320
5%	1,714,750
5%	308,750
0%	78,000
3%	261,900
5%	1,368,000
0%	90,000
12%	2,358,400
5%	1,560,850
5%	1,396,500
0%	195,000
3%	516,040
0%	156,000
5%	1,660,600
3%	1,112,590
10%	2,070,000
5%	950,000
12%	1,092,960
10%	531,000
5%	1,057,350
5%	2,356,000

TIP [E2] 셀의 '수량'을 '할인율표'인 [I18:J22] 범위의 첫 열에서 찾고, 찾은 '수량' 행의 두 번째 열에 있는 '할인율'을 가져옵니다. 정확하게 일치하는 '수량'이 없을 때 비슷하게 일치하는 '수량'을 찾아야 하므로 찾을 방식은 생략합니다. 찾을 값인 [E2] 셀 아래쪽은 조건이 [E3] 셀부터 [E22] 셀까지로 변경되어야 하므로 상대 참조로 입력했고, 찾을 범위인 [I18:J22] 범위는 변경되지 말아야 하므로 절대 참조인 **$I$18:$J$22**로 입력했습니다.

TIP **표 배열(Table_array) 작성 시 주의 사항** 항상 찾을 값(Lookup_value)에 해당하는 데이터는 표의 첫 열에 작성해야 합니다. 비슷하게 일치하는 값을 찾는 경우 표 배열의 첫 열은 오름차순, 즉 가장 작은 수부터 작성해야 합니다. 이에 따라 '할인율표'에서는 E열의 값이 0~19일 때 0%, 20~49일 때 3%, 50~99일 때 5%, 100~129일 때 10%, 130 이상은 12%를 가져옵니다.

효율 UP 능률 UP 기초 다지기   VLOOKUP 함수의 형식과 인수 알아보기

VLOOKUP 함수는 **=VLOOKUP(찾을 값, 표 배열, 열 번호, 찾을 방식)** 형식으로 사용합니다. VLOOKUP 함수의 인수를 자세히 알아보겠습니다.

찾을 값(Lookup_value)	표 배열의 첫 열에서 찾을 값. 숫자, 셀 주소 또는 문자 지정
표 배열(Table_array)	값을 찾고 추출할 전체 표. 셀 범위 주소나 범위 이름 지정
열 번호(Col_index_num)	표 배열 내에서 추출할 데이터가 있는 열 번호
찾을 방식(Range_lookup)	값이 정확히 일치하는 것을 찾으려면 FALSE 또는 0을 지정하고, 비슷하게 일치하는 것을 찾으려면 TRUE 또는 생략. 비슷하게 일치하는 값을 찾는 경우 찾는 값보다 작은 값 중 가장 큰 값을 찾으므로 표 배열의 첫 열은 오름차순으로 작성해야 함

039 가로 방향 목록에서 한글 초성 추출하기

실습 파일 | PART 01\CHAPTER 06\039_HLOOKUP.xlsx
완성 파일 | PART 01\CHAPTER 06\039_HLOOKUP_완성.xlsx

HLOOKUP 함수는 VLOOKUP 함수와 용도나 형식이 같은데, 가져올 데이터가 있는 표 배열이 가로 방향일 때 사용합니다. 실습 파일의 [참조] 시트에는 한글 초성 목록이 가로 방향으로 입력되어 있고 [초성]이라는 이름으로 정의되어 있습니다. HLOOKUP 함수를 사용해 '거래처'에서 첫 글자의 한글 초성을 추출하겠습니다.

01 거래처명의 첫 글자 초성 추출하기 ❶ [A2] 셀에 =HLOOKUP(B2,초성,1)를 입력한 후 ❷ Enter 를 누릅니다. ❸ 다시 [A2] 셀을 클릭하고 채우기 핸들➕을 더블클릭합니다.

TIP [B2] 셀의 '거래처'를 [참조] 시트의 [초성] 범위인 [B2:O2] 범위에서 찾고, 일치하는 값을 가져옵니다. 범위에 행이 한 개밖에 없으니 가져올 행 번호도 첫 번째 행입니다. 정확하게 일치하는 값이 없고, 비슷하게 일치하는 값을 찾아야 하므로 찾을 방식은 생략합니다.

 효율 **UP** 능률 **UP** 기초 다지기 **HLOOKUP 함수의 형식과 인수 알아보기**

HLOOKUP 함수는 **=HLOOKUP(찾을 값, 표 배열, 행 번호, 찾을 방식)** 형식으로 사용합니다. HLOOKUP 함수의 인수를 자세히 알아보겠습니다.

찾을 값(Lookup_value)	표 배열의 첫 행에서 찾을 값. 숫자, 셀 주소 또는 문자 지정
표 배열(Table_array)	값을 찾고 추출할 전체 표. 셀 범위 주소나 범위 이름 지정
행 번호(Row_index_num)	표 배열 내에서 추출할 데이터가 있는 행 번호
찾을 방식(Range_lookup)	값이 정확히 일치하는 것을 찾으려면 FALSE 또는 0을 지정하고, 비슷하게 일치하는 것을 찾으려면 TRUE 또는 생략. 비슷하게 일치하는 값을 찾는 경우 찾는 값보다 작은 값 중 가장 큰 값을 찾으므로 표 배열의 첫 열은 오름차순으로 작성해야 함

040 지정한 자릿수로 반올림, 올림, 내림하기

실습 파일 | PART 01\CHAPTER 06\040_ROUND.xlsx
완성 파일 | PART 01\CHAPTER 06\040_ROUND_완성.xlsx

ROUND 함수는 숫자를 지정한 자릿수로 반올림(5 이상일 때 올림)하고, ROUNDUP 함수는 숫자를 지정한 자릿수로 올림(1 이상일 때 올림)합니다. ROUNDDOWN 함수는 지정한 자릿수에서 숫자를 0으로 내립니다.

01 소수점 아래 절삭하기 ❶ [C2] 셀의 수식을 **=ROUNDDOWN(B2*7.5%,0)**로 수정한 후 ❷ Enter 를 누릅니다. ❸ 다시 [C2] 셀을 클릭하고 채우기 핸들➕을 더블클릭합니다.

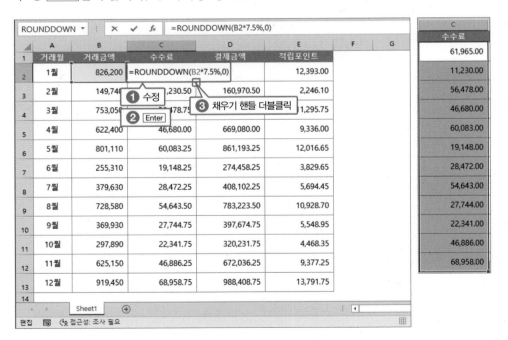

TIP ROUNDDOWN 함수에서 자릿수를 **0**으로 입력했으므로 소수점 아래 숫자를 모두 0으로 내립니다.

02 1원 단위 반올림하기 ❶ [D2] 셀의 수식을 **=ROUND(B2+C2,−1)**로 수정한 후 ❷ Enter 를 누릅니다. ❸ 다시 [D2] 셀을 클릭하고 채우기 핸들⊞을 더블클릭합니다.

ROUNDDOWN ▼	× ✓ fx	=ROUND(B2+C2,-1)				

	A	B	C	D	E	F	G
1	거래월	거래금액	수수료	결제금액	적립포인트		
2	1월	826,200	61,965.00	=ROUND(B2+C2,-1)			
3	2월	149,740	11,230.00	❶ 수정 ,970.00	2,246.10		
4	3월	753,050	56,478.00	,528.00			
5	4월	622,400	46,680.00	669,080.00	9,336.00		
6	5월	801,110	60,083.00	861,193.00	12,016.65		
7	6월	255,310	19,148.00	274,458.00	3,829.65		
8	7월	379,630	28,472.00	408,102.00	5,694.45		
9	8월	728,580	54,643.00	783,223.00	10,928.70		
10	9월	369,930	27,744.00	397,674.00	5,548.95		
11	10월	297,890	22,341.00	320,231.00	4,468.35		
12	11월	625,150	46,886.00	672,036.00	9,377.25		
13	12월	919,450	68,958.00	988,408.00	13,791.75		

D
결제금액
888,170.00
160,970.00
809,530.00
669,080.00
861,190.00
274,460.00
408,100.00
783,220.00
397,670.00
320,230.00
672,040.00
988,410.00

❷ Enter ❸ 채우기 핸들 더블클릭

TIP ROUND 함수에서 자릿수를 **−1**로 입력했으므로 소수점 위 첫 번째 자리인 1원 자리에서 반올림하여 금액이 모두 10원 단위가 됩니다. 1원 단위가 5 이상인 숫자는 10원 단위로 올라가고, 5 미만인 숫자는 0으로 내려집니다.

03 10원 단위 올림하기 ❶ [E2] 셀의 수식을 **=ROUNDUP(B2*1.5%,−2)**로 수정한 후 ❷ Enter 를 누릅니다. ❸ 다시 [E2] 셀을 클릭하고 채우기 핸들⊞을 더블클릭합니다.

ROUNDDOWN ▼	× ✓ fx	=ROUNDUP(B2*1.5%,-2)				

	A	B	C	D	E	F	G
1	거래월	거래금액	수수료	결제금액	적립포인트		
2	1월	826,200	61,965.00	888,170.00	=ROUNDUP(B2*1.5%,-2)		
3	2월	149,740	11,230.00	160,970.00	❶ 수정 ,246.10		
4	3월	753,050	56,478.00	809,530.00	,95.75		
5	4월	622,400	46,680.00	669,080.00	9,336.00		
6	5월	801,110	60,083.00	861,190.00	12,016.65		
7	6월	255,310	19,148.00	274,460.00	3,829.65		
8	7월	379,630	28,472.00	408,100.00	5,694.45		
9	8월	728,580	54,643.00	783,220.00	10,928.70		
10	9월	369,930	27,744.00	397,670.00	5,548.95		
11	10월	297,890	22,341.00	320,230.00	4,468.35		
12	11월	625,150	46,886.00	672,040.00	9,377.25		
13	12월	919,450	68,958.00	988,410.00	13,791.75		

E
적립포인트
12,400.00
2,300.00
11,300.00
9,400.00
12,100.00
3,900.00
5,700.00
11,000.00
5,600.00
4,500.00
9,400.00
13,800.00

❷ Enter ❸ 채우기 핸들 더블클릭

TIP ROUNDUP 함수에서 자릿수를 **−2**로 입력했으므로 소수점 위 두 번째 자리인 10원 자리에서 올림하여 금액이 모두 100원 단위가 됩니다. 10원 단위가 1 이상인 숫자는 100원 단위로 올라가고, 1 미만인 숫자는 0으로 내려집니다.

효율 **UP** 능률 **UP** 기초 다지기　**반올림, 올림, 내림하는 함수의 형식과 인수 알아보기**

ROUND 함수는 **=ROUND(숫자, 자릿수)** 형식으로, ROUNDUP 함수는 **=ROUNDUP(숫자, 자릿수)** 형식으로, ROUNDDOWN 함수는 **=ROUNDDOWN(숫자, 자릿수)** 형식으로 사용합니다. ROUND, ROUNDUP, ROUNDDOWN 함수의 인수를 자세히 알아보겠습니다.

숫자(Number)	반올림, 올림, 내림할 숫자
자릿수(Num_digits)	숫자를 반올림, 올림, 내림할 자릿수. 양수로 지정하면 소수점 아래 자릿수로 반올림, 올림, 내림. 0을 지정하면 숫자를 가장 가까운 정수로 반올림, 올림, 내림. 음수로 지정하면 소수점 위 자리에서 반올림, 올림, 내림

통합 문서
관리 및
인쇄

엑셀 문서를 PDF 형식으로 저장하거나 시트 보호를 통해 다른 사람이 수정할 수 없게 설정할 수 있습니다. 또한 엑셀은 보통 많은 양의 데이터를 가지고 작업하므로 화면을 스크롤할 때 특정 행이나 열을 고정시키고 작업해야 하거나, 인쇄할 때 제목 행을 모든 페이지에 반복 인쇄 또는 축소 인쇄해야 하는 경우가 많습니다. 이번 CHAPTER에서는 통합 문서 관리 및 인쇄에 관해 알아보겠습니다.

041 틀 고정 및 창 나누기

실습 파일 | PART 01\CHAPTER 07\041_틀고정창나누기.xlsx
완성 파일 | 없음

긴 데이터 목록 화면을 스크롤할 때 목록의 제목 행이나 제목 열이 화면에 계속 표시되도록 하려면 틀 고정을 활용합니다. 또한 한 화면에서 볼 수 없는 데이터 목록의 상하 부분, 좌우 부분을 한 화면에서 비교해서 봐야 할 때가 있습니다. 이때는 창 나누기를 통해 각 창에서 보고 싶은 화면 부분을 따로 스크롤하여 비교할 수 있습니다. 틀 고정과 창 나누기는 동시에 적용할 수 없습니다.

01 틀 고정하기

3행이 화면의 첫째 줄이 되도록 설정한 후 3~5행과 A열을 화면에 고정하겠습니다. ❶ 오른쪽 스크롤바 아래쪽의 ▼를 한 번 클릭하여 3행이 화면의 첫째 줄이 되게 합니다. ❷ [B6] 셀을 클릭하고 ❸ [보기] 탭-[창] 그룹-[틀 고정]-[틀 고정]을 클릭합니다.

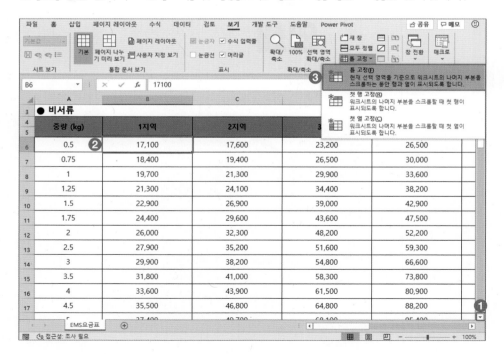

02 틀 고정 확인 및 취소하기
오른쪽 스크롤바를 위로 끝까지 드래그해보면 3행 위쪽 화면은 표시되지 않습니다. ❶ 오른쪽 스크롤바를 아래로 드래그합니다. 3~5행이 고정된 상태로 화면이 이동됩니다. ❷ 아래쪽 스크롤바를 오른쪽으로 드래그합니다. A열이 고정된 상태로 화면이 이동됩니다. ❸ [보기] 탭-[창] 그룹-[틀 고정]-[틀 고정 취소]를 클릭합니다.

03 창 나누기
긴 데이터 목록의 상하좌우 앞부분과 끝부분을 화면에 동시에 표시하기 위해 창을 분할하겠습니다. ❶ [D10] 셀을 클릭하고 ❷ [보기] 탭-[창] 그룹-[나누기]를 클릭합니다. ❸ 가로 분할선을 8행과 9행 사이로 드래그합니다. ❹ 세로 분할선을 B열과 C열 사이로 드래그합니다.

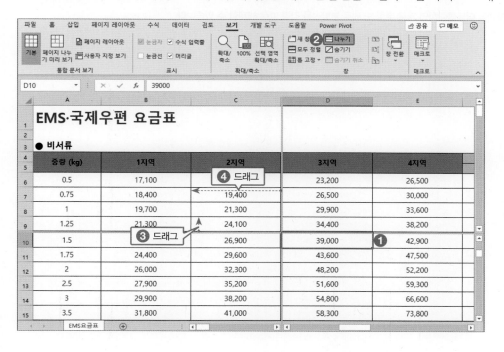

04 화면 스크롤 및 창 나누기 해제하기

오른쪽 스크롤바와 아래쪽 스크롤바가 각각 두 개씩 생긴 것을 확인할 수 있습니다. ❶ 아래쪽 화면의 오른쪽 스크롤바를 아래로 드래그하여 70행부터 표시되게 합니다. ❷ 아래쪽의 두 번째 스크롤바를 오른쪽으로 드래그하여 I열부터 표시되게 합니다. ❸ 창 나누기를 해제하려면 다시 [보기] 탭-[창] 그룹-[나누기]를 클릭합니다.

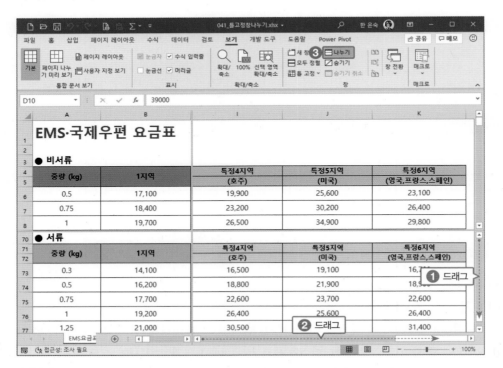

TIP 창 분할선을 더블클릭하면 가로 분할선, 세로 분할선을 각각 따로 해제할 수 있습니다.

042 두 워크시트를 한 화면에서 보기

실습 파일 | PART 01\CHAPTER 07\042_창정렬.xlsx
완성 파일 | 없음

한 파일의 여러 워크시트를 동시에 확인하고 싶다면 엑셀 창을 추가로 열고 각 창에서 워크시트를 따로 선택하면 됩니다. 두 개의 워크시트를 한 화면에 표시해보겠습니다.

01 새 창 열기 ❶ [보기] 탭-[창] 그룹-[새 창]을 클릭하고 ❷ 새로 열린 엑셀 창에서 [프리미엄요금표] 시트 탭을 클릭합니다.

02 나란히 보기
❶ [보기] 탭–[창] 그룹–[나란히 보기]를 클릭합니다. [동시 스크롤]이 함께 선택되어 화면을 스크롤하면 두 창의 화면이 동시에 스크롤됩니다. 이때 창 정렬 방향은 사용자의 작업 환경에 따라 다를 수 있습니다. ❷ 다른 방향의 창 정렬을 선택하려면 [보기] 탭–[창] 그룹–[모두 정렬]을 클릭하고 ❸ [창 정렬] 대화상자에서 [세로]를 클릭한 후 ❹ [확인]을 클릭합니다.

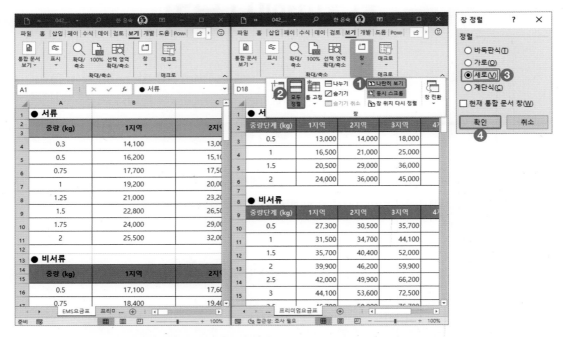

TIP 동시에 스크롤하고 싶지 않다면 [보기] 탭–[창] 그룹–[동시 스크롤]을 클릭하여 해제합니다.

 효율 UP 능률 UP 기초 다지기 창 전환하기

여러 창이 열려 있는 상태에서는 창을 선택하려면 작업 표시줄의 엑셀 아이콘을 클릭했을 때 나타나는 미리 보기 창에서 원하는 것을 클릭해 창을 전환할 수 있습니다. 또한 단축키 Ctrl + Tab 을 누르면 엑셀 창 중에서만 창을 전환할 수 있고, Alt + Tab 을 누르면 컴퓨터에서 현재 실행 중인 프로그램 중에서 창을 전환할 수 있습니다.

[나란히 보기]는 창이 세 개 이상 열려 있을 때도 두 개의 창만 나란히 표시합니다. 창이 세 개 이상 열려 있다면
[나란히 비교] 대화상자가 표시되며, 대화상자에서 비교할 창을 클릭하고 [확인]을 클릭해야 합니다.

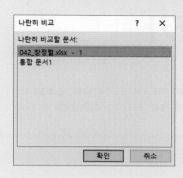

043 모든 페이지에 제목 행 인쇄하기

실습 파일 | PART 01\CHAPTER 07\043_인쇄제목.xlsx
완성 파일 | PART 01\CHAPTER 07\043_인쇄제목_완성.xlsx

틀 고정을 하면 화면에 제목 행이나 제목 열이 계속 표시되는 것처럼, 인쇄할 때도 모든 페이지에 제목 행이나 제목 열을 인쇄할 수 있습니다. 인쇄 제목을 설정해주면 됩니다. 데이터 목록이 아래쪽으로 길면 반복할 행을 지정하고, 데이터 목록이 오른쪽으로 길면 반복할 열을 지정합니다.

1 반복할 행 지정하기

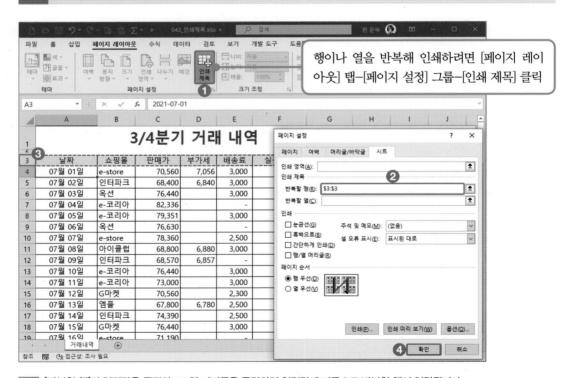

행이나 열을 반복해 인쇄하려면 [페이지 레이아웃] 탭-[페이지 설정] 그룹-[인쇄 제목] 클릭

TIP [반복할 행]의 입력란을 클릭하고 3행 머리글을 클릭하면 입력란에 자동으로 반복할 행이 입력됩니다.

2 인쇄 미리 보기

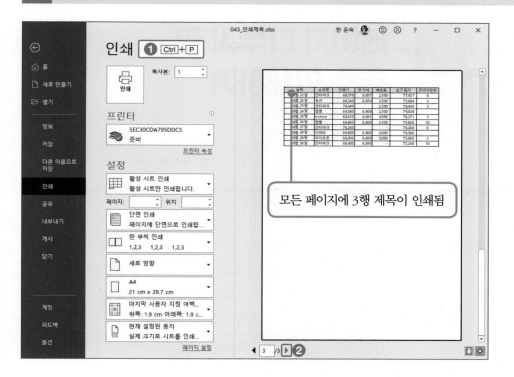

모든 페이지에 3행 제목이 인쇄됨

044 페이지 나누기 및 축소 인쇄하기

실습 파일 | PART 01\CHAPTER 07\044_축소인쇄.xlsx
완성 파일 | PART 01\CHAPTER 07\044_축소인쇄_완성.xlsx

긴 데이터 목록을 인쇄하면 자동으로 페이지가 나누어집니다. 이때 페이지를 원하는 위치에서 나눌 수 있습니다. 페이지 나누기 삽입을 활용하거나 페이지 나누기 미리 보기 화면에서 페이지 구분선을 직접 드래그하면 됩니다. 인쇄 배율은 직접 지정해도 되지만, 자동으로 나누어진 페이지보다 페이지를 작게 지정하면 자동으로 축소 인쇄 배율이 지정됩니다.

1 ▶ 페이지 나누기 미리 보기 및 여백 지정하기

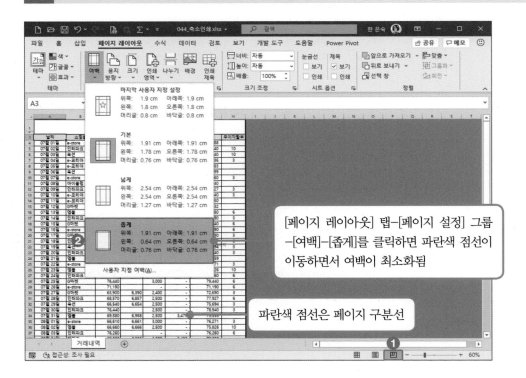

[페이지 레이아웃] 탭-[페이지 설정] 그룹-[여백]-[좁게]를 클릭하면 파란색 점선이 이동하면서 여백이 최소화됨

파란색 점선은 페이지 구분선

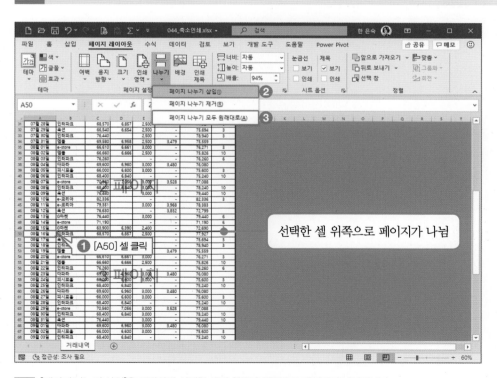

위 그림 설명:
- ① 43행과 44행 사이의 점선을 34행과 35행 사이로 드래그
- ③ G열과 H열 사이의 점선을 H열과 I열 사이로 드래그
- ② 79행과 80행 사이의 점선을 65행과 66행 사이로 드래그

3 ▶ 페이지 나누기 삽입하기

- 페이지 나누기 삽입(I)
- 페이지 나누기 제거(R)
- 페이지 나누기 모두 원래대로(A)

① [A50] 셀 클릭

선택한 셀 위쪽으로 페이지가 나뉨

TIP [페이지 나누기 삽입]을 클릭하면 선택한 셀의 왼쪽과 위쪽으로 페이지가 나눠집니다.

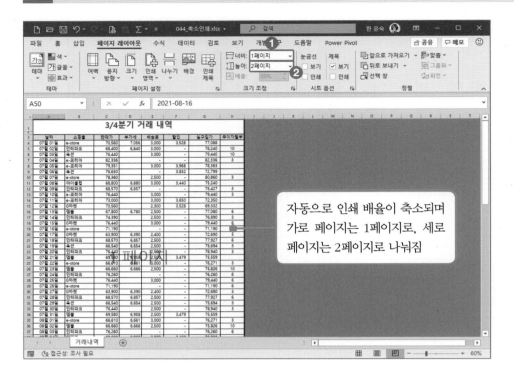

자동으로 인쇄 배율이 축소되며 가로 페이지는 1페이지로, 세로 페이지는 2페이지로 나눠짐

045 머리글, 바닥글 지정하기

실습 파일 | PART 01\CHAPTER 07\045_머리글바닥글.xlsx, 대외비마크.jpg
완성 파일 | PART 01\CHAPTER 07\045_머리글바닥글_완성.xlsx

모든 페이지에 텍스트나 페이지 번호, 그림 등을 동일하게 인쇄하려면 머리글이나 바닥글 영역에
필요한 내용을 입력합니다. 머리글 영역에 텍스트와 대외비 마크 그림을, 바닥글 영역에는 페이지
번호와 전체 페이지 수를 삽입해보겠습니다. 머리글과 바닥글 영역은 페이지 레이아웃 보기에서
선택할 수 있으며, 선택하면 리본 메뉴에 [머리글 및 바닥글] 탭이 나타납니다.

1 머리글 영역에 그림 삽입하기

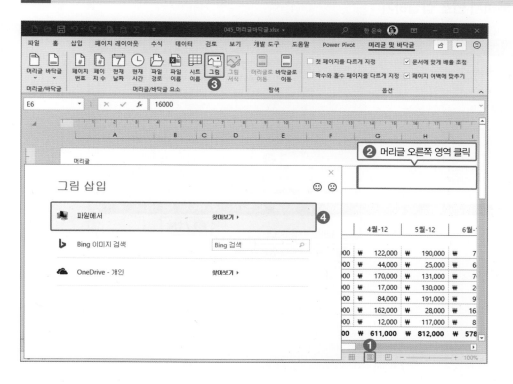

2 ▶ 그림 삽입 후 바닥글로 이동하기

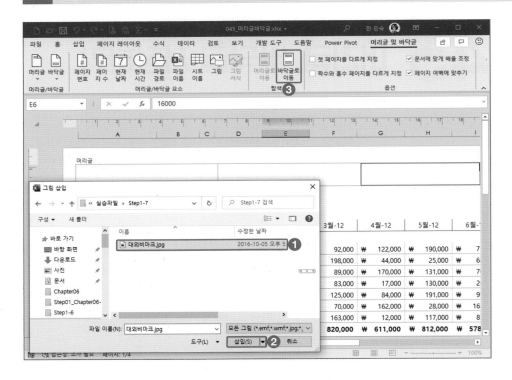

3 ▶ 페이지 번호 삽입하기

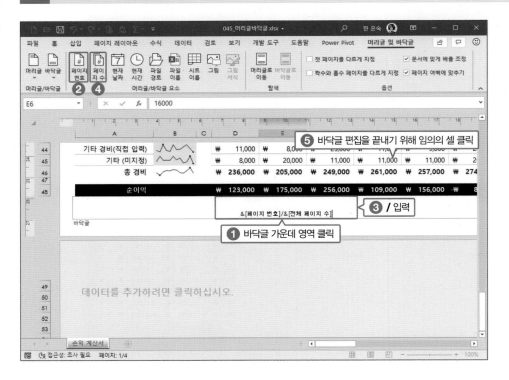

4 ▶ 인쇄 미리 보기에서 확인하기

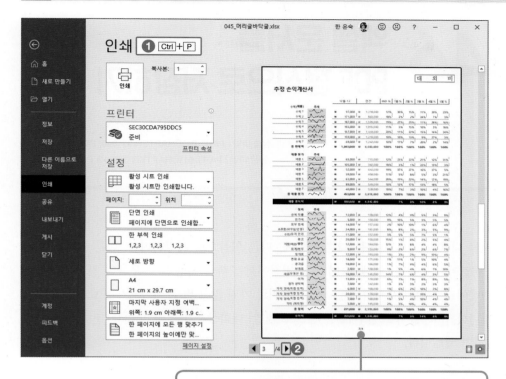

모든 페이지 상단에 '대외비마크' 이미지가 인쇄되고, 모든
페이지 하단에 '페이지 번호/전체 페이지 수'가 인쇄됨

데이터 입력 & 편집

기초 함수 활용

통합 문서 관리 & 인쇄

서식 & 차트

중급 함수 활용

고급 함수 활용

데이터 관리 & 분석

046 엑셀 문서를 PDF 형식으로 저장하기

실습 파일 | PART 01\CHAPTER 07\046_PDF저장.xlsx
완성 파일 | PART 01\CHAPTER 07\046_PDF저장.pdf

엑셀에서 문서를 다른 형식으로 또는 다른 위치에, 다른 이름으로 저장하려면 [다른 이름으로 저장] 대화상자를 열어야 합니다. 엑셀 2013 이상 버전에서는 빠른 실행 도구 모음의 열기나 저장을 클릭하면 백스테이지 화면이 표시되는데, 백스테이지로 가지 않고 바로 대화상자를 표시하려면 단축키를 사용합니다. F12 를 누르면 [다른 이름으로 저장] 대화상자가 열리고 Ctrl + F12 를 누르면 [열기] 대화상자가 열립니다.

1 [다른 이름으로 저장] 대화상자 열기

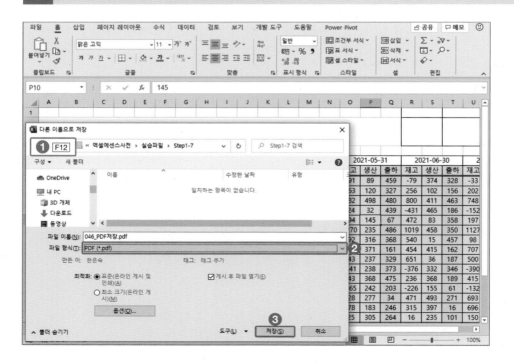

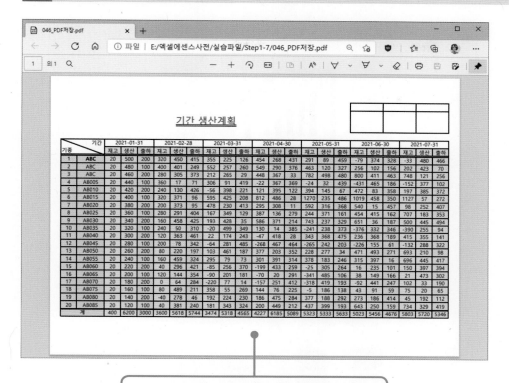

저장이 완료되면 PDF 뷰어 프로그램이 자동으로
실행되며, 저장된 PDF 형식으로 문서가 열림

PART
02

엑셀 실무 기능 익히기

데이터
조건에 따라
서식 지정하기

엑셀의 조건부 서식을 사용하면 특정 조건에 해당하는 셀이나 셀 범위를 눈에 띄는 서식으로 강조 표시하거나 값에 따라 데이터 막대나 색조, 아이콘 집합 등으로 시각화할 수 있습니다. 데이터를 시각화하면 데이터를 분석하고 데이터의 패턴과 추세를 식별하는 데 많은 도움이 됩니다. 이때 조건부 서식은 기본으로 제공되는 조건뿐 아니라 사용자가 조건식을 직접 입력해 지정할 수도 있습니다.

047 조건인 값과 비교해 서식 지정하기

실습 파일 | PART 02\CHAPTER 01\047_셀비교값강조.xlsx
완성 파일 | PART 02\CHAPTER 01\047_셀비교값강조_완성.xlsx

실습 파일에서 2월과 3월의 '재고'는 '재고+생산−출하' 수식이 입력되어 있어 '재고+생산'보다 '출하'가 크면 다음 재고가 마이너스가 됩니다. 숫자 셀 범위 중 값이 음수인 셀에 서식을 지정하여 '재고'가 음수인 셀을 찾고, '재고+생산'보다 '출하'가 더 값이 큰 셀에 서식을 지정하여 생산량이나 출하량을 조정할 셀을 찾아보겠습니다.

01 음수인 셀 표시하기 ❶ [C5:K25] 범위를 지정하고 ❷ [홈] 탭−[스타일] 그룹−[조건부 서식]−[셀 강조 규칙]−[보다 작음]을 클릭합니다. ❸ [보다 작음] 대화상자의 값 입력란에 **0**을 입력하고 ❹ [적용할 서식]은 [진한 노랑 텍스트가 있는 노랑 채우기]를 선택합니다. ❺ [확인]을 클릭합니다.

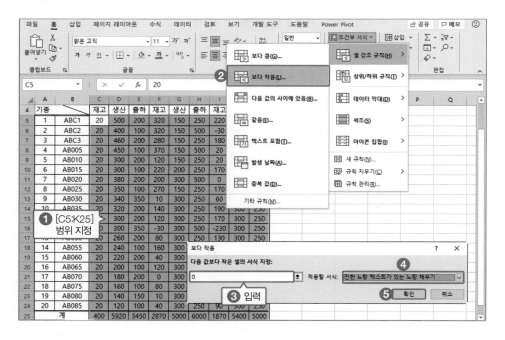

02 출하량이 부족한 셀 표시하기
❶ [E5:E25] 범위를 지정하고 ❷ Ctrl 을 누른 채 [H5:H25] 범위를 지정한 후 ❸ 한 번 더 Ctrl 을 누른 채 [K5:K25] 범위를 지정합니다. ❹ [홈] 탭-[스타일] 그룹-[조건부 서식]-[셀 강조 규칙]-[보다 큼]을 클릭하고 ❺ [보다 큼] 대화상자의 값 입력란에 **=I5+J5**를 입력합니다. [적용할 서식]은 변경하지 않고 ❻ [확인]을 클릭합니다.

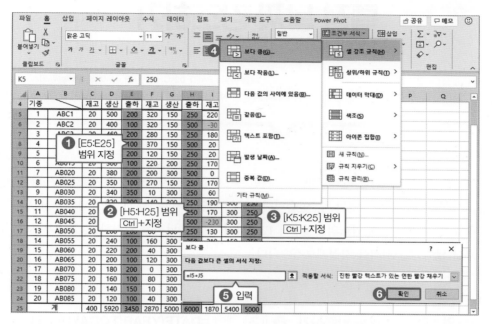

TIP '출하' 범위 세 곳을 지정할 때 마지막으로 [K5:K25] 범위를 지정했기 때문에 현재 셀은 [K5] 셀입니다. 조건식은 현재 셀을 기준으로 작성해야 하므로 [K5] 셀 왼쪽의 '재고'인 [I5] 셀과 '생산'인 [J5] 셀을 참조했습니다.

03 생산량과 출하량 수정하기
음수인 셀과 '출하'가 '재고+생산'보다 큰 셀에 서식이 지정되었습니다. ❶ [H6] 셀의 값을 **300**으로 수정하고 ❷ [J13] 셀의 값을 **300**으로 수정합니다. ❸ [E16] 셀의 값도 **100**으로 수정합니다. 값이 변경되면 서식에 대한 조건이 바뀌므로 표시됐던 서식이 없어집니다.

TIP 조건부 서식의 조건이나 서식을 변경 또는 삭제하려면 조건부 서식이 지정된 범위를 지정하고 [홈] 탭-[스타일] 그룹-[조건부 서식]-[규칙 관리]를 클릭합니다.

048 현재를 기준으로 특정 날짜 강조하기

실습 파일 | PART 02\CHAPTER 01\048_발생날짜.xlsx
완성 파일 | PART 02\CHAPTER 01\048_발생날짜_완성.xlsx

현재 날짜를 기준으로 어제, 오늘, 내일, 지난주, 이번 주, 다음 주, 지난달, 이번 달, 다음 달 등 특정 기간의 날짜 셀에 서식을 지정할 수 있습니다. 실습 파일에서는 DATE, YEAR, TODAY, EOMONTH 함수를 사용해 현재 연도의 1월부터 12월까지의 말일 날짜를 입력하고, 조건부 서식을 사용해 이번 달 날짜에만 서식을 지정해보겠습니다.

01 현재 연도의 1월 말일 날짜 입력하기 ❶ [C3] 셀에 **=DATE(YEAR(TODAY()),1,31)**를 입력하고 ❷ Enter 를 누릅니다.

TIP TODAY 함수는 현재 날짜를 구하고 YEAR 함수는 날짜에서 연도만 가져옵니다. 따라서 **YEAR(TODAY())**는 현재 연도가 입력됩니다. DATE 함수에서 연도는 현재 연도이고 월은 **1**, 일은 **31**을 지정해서 **현재연도-01-31**이라는 날짜가 입력됩니다.

02 1개월 이후의 말일 날짜 입력하기 ❶ [F3:AL3] 범위를 지정하고 ❷ **=EOMONTH(C3, 1)**를 입력한 후 ❸ Ctrl + Enter 를 누릅니다.

TIP [C3] 셀에 입력된 날짜로부터 1개월 후의 말일 날짜가 입력됩니다. [C3] 셀이 상대 참조이므로 이어지는 셀에도 앞선 날짜에서 1개월 후의 말일 날짜가 입력됩니다.

03 이번 달 날짜에 서식 지정하기 ❶ [C3:AL3] 범위를 지정하고 ❷ [홈] 탭-[스타일] 그룹-[조건부 서식]-[셀 강조 규칙]-[발생 날짜]를 클릭한 후 ❸ [발생 날짜] 대화상자의 날짜 목록에서 [이번 달]을 선택합니다. [적용할 서식]은 변경하지 않고 ❹ [확인]을 클릭합니다.

데이터 입력 & 편집

기초 함수 활용

통합 문서 관리 & 인쇄

서식 & 차트

중첩 함수 활용

고급 함수 활용

데이터 관리 & 분석

DATE 함수는 지정한 연, 월, 일에 해당하는 날짜를 구하며, **=DATE(연, 월, 일)** 형식으로 사용합니다. DATE 함수의 인수를 자세히 알아보겠습니다.

연(Year)	1900~9999에 해당하는 숫자 또는 숫자가 구해질 수식
월(Month)	1~12에 해당하는 숫자 또는 숫자가 구해질 수식
일(Day)	1~31에 해당하는 숫자 또는 숫자가 구해질 수식

YEAR 함수는 지정한 날짜의 연도에 해당하는 숫자를 가져오며, **=YEAR(날짜)** 형식으로 사용합니다. YEAR 함수의 인수를 자세히 알아보겠습니다.

날짜(Serial_number)	'연-월-일'로 구성된 날짜나 날짜에 해당하는 숫자 또는 날짜가 있는 셀

EOMONTH 함수는 지정한 시작 날짜로부터 지정한 개월 수 이전이나 이후 월의 마지막 날짜를 구하며, **=EOMONTH(시작 날짜, 개월 수)** 형식으로 사용합니다. EOMONTH 함수의 인수를 자세히 알아보겠습니다.

시작 날짜(Start_date)	'연-월-일'로 구성된 날짜나 날짜에 해당하는 숫자 또는 날짜가 있는 셀
개월 수(Months)	이전 개월 수를 지정하려면 음수, 이후 개월 수를 지정하려면 양수를 입력

TODAY 함수는 현재 날짜를 구하며, **=TODAY()** 형식으로 사용합니다. TODAY 함수는 지정할 인수가 없습니다.

049 조건에 따라 행 단위, 열 단위로 서식 지정하기

실습 파일 | PART 02\CHAPTER 01\049_행열단위서식.xlsx
완성 파일 | PART 02\CHAPTER 01\049_행열단위서식_완성.xlsx

조건에 맞는 셀이 포함된 행이나 열 전체에 서식을 지정하려면 조건부 서식에서 조건식을 직접 입력하면 됩니다. 행 전체에 서식을 적용하려면 조건 셀은 열 고정 혼합 참조(예를 들면 **$A1**)로 지정하고, 열 전체에 서식을 적용하려면 반대로 행 고정 혼합 참조(예를 들면 **A$1**)로 지정합니다.

01 서식을 지정할 규칙 입력하기 '재고' 열에 색을 적용하겠습니다. ❶ [C4:AL25] 범위를 지정하고 ❷ [홈] 탭-[스타일] 그룹-[조건부 서식]-[새 규칙]을 클릭합니다. ❸ [새 서식 규칙] 대화상자의 [규칙 유형 선택]에서 [수식을 사용하여 서식을 지정할 셀 결정]을 클릭하고 ❹ 수식 입력란에 **=C$4="재고"**를 입력합니다.

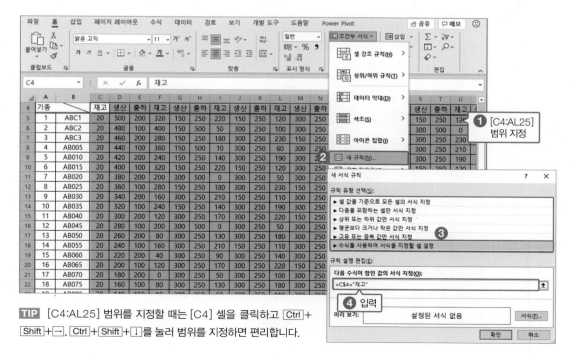

TIP [C4:AL25] 범위를 지정할 때는 [C4] 셀을 클릭하고 Ctrl + Shift + →, Ctrl + Shift + ↓를 눌러 범위를 지정하면 편리합니다.

02 적용할 서식 지정하기 ❶ [새 서식 규칙] 대화상자의 [서식]을 클릭하고 ❷ [셀 서식] 대화상자의 [채우기] 탭에서 채우기 색을 클릭합니다. ❸ [셀 서식] 대화상자의 [확인]을 클릭하고 ❹ [새 서식 규칙] 대화상자의 [확인]을 클릭합니다.

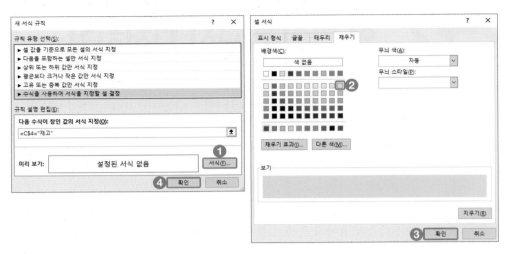

TIP '재고'라고 입력되어 있는지 확인하는 조건식인 **=C$4="재고"**에서 **C$4**는 조건을 확인할 첫 번째 셀이며, 4행이 아닌 다른 행의 값은 조건을 확인할 필요가 없으므로 4행을 고정하기 위해 $를 붙입니다. [D4], [E4], [F4] 셀 등 오른쪽 셀들의 값은 조건을 확인해야 하므로 열은 고정하지 않습니다.

03 서식을 지정할 규칙 입력하기 2월의 '재고'가 0인 행에 색을 적용하겠습니다. ❶ [B5:AL 24] 범위를 지정하고 ❷ [홈] 탭-[스타일] 그룹-[조건부 서식]-[새 규칙]을 클릭합니다. ❸ [새 서식 규칙] 대화상자의 [규칙 유형 선택]에서 [수식을 사용하여 서식을 지정할 셀 결정]을 클릭하고 ❹ 수식 입력란에 **=$F5=0**을 입력합니다.

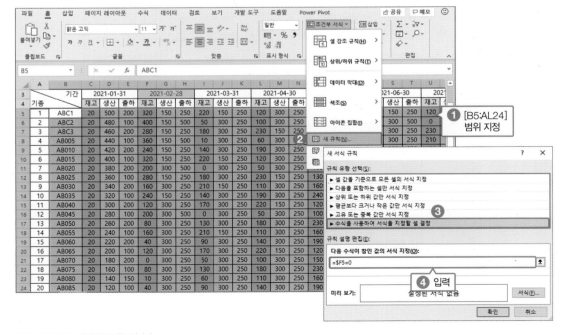

04 적용할 서식 지정하기 ❶ [새 서식 규칙] 대화상자의 [서식]을 클릭하고 ❷ [셀 서식] 대화상자의 [채우기] 탭에서 채우기 색을 클릭합니다. ❸ [셀 서식] 대화상자의 [확인]을 클릭하고 ❹ [새 서식 규칙] 대화상자의 [확인]을 클릭합니다.

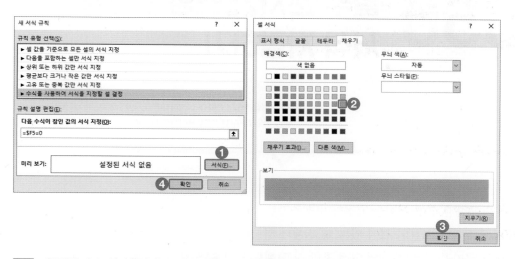

TIP 2월의 '재고'가 0인지 확인하는 조건식 **=$F5=0**에서 **$F5**는 조건을 확인할 첫 번째 셀이며, F열이 아닌 다른 열의 값은 조건을 확인할 필요가 없으므로 F열을 고정하기 위해 $를 붙입니다. [F6], [F7], [F8] 셀 등 아래쪽 셀들의 값은 조건을 확인해야 하므로 행은 고정하지 않습니다.

05 데이터를 수정해 적용된 조건부 서식 확인하기 1월 출하량인 [E17] 셀의 값을 **280**으로 수정합니다. 2월 재고량인 [F17] 셀이 0이 되면서 해당 행에 채우기 색이 적용됩니다.

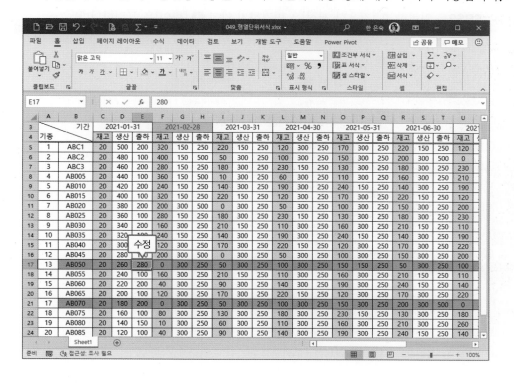

050 일부 문자가 포함된 셀에 서식 지정하기

실습 파일 | PART 02\CHAPTER 01\050_텍스트포함.xlsx
완성 파일 | PART 02\CHAPTER 01\050_텍스트포함_완성.xlsx

일부 문자가 포함된 셀에 서식을 지정하려면 조건부 서식에서 텍스트 포함의 셀 강조 규칙을 활용합니다. 일부 문자가 포함된 셀이 있는 행 전체나 열 전체에 서식을 지정할 때는 FIND 함수를 사용하며, 이때 문자를 찾을 셀을 열 고정 혼합 참조(예를 들면 **$A5**)로 지정합니다.

01 찾는 문자가 포함된 셀에 서식 지정하기 '찾는 제품'을 입력하면 '제품 이름' 목록에서 해당 데이터를 찾아 서식이 지정되도록 하겠습니다. ❶ [A5:A37] 범위를 지정하고 ❷ [홈] 탭-[스타일] 그룹-[조건부 서식]-[셀 강조 규칙]-[텍스트 포함]을 클릭합니다. ❸ [텍스트 포함] 대화상자의 입력란에 =$B$2를 입력한 후 [적용할 서식]은 변경하지 않고 ❹ [확인]을 클릭합니다.

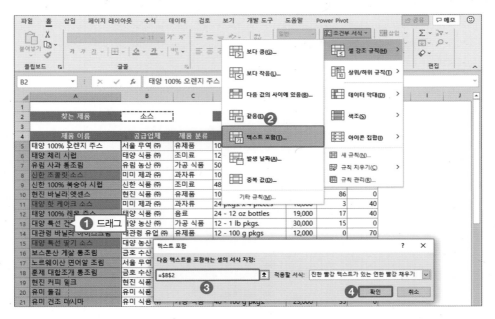

TIP [텍스트 포함] 대화상자의 입력란에 직접 입력하지 않고 [B2] 셀을 클릭해도 =$B$2라고 입력됩니다.

02 찾는 문자가 포함된 셀이 있는 행에 서식 지정하기
입력한 '포장 단위'가 있는 행에 서식이 지정되도록 하겠습니다. ❶ [A5:G37] 범위를 지정하고 ❷ [홈] 탭-[스타일] 그룹-[조건부 서식]-[새 규칙]을 클릭합니다. ❸ [새 서식 규칙] 대화상자의 [규칙 유형 선택]에서 [수식을 사용하여 서식을 지정할 셀 결정]을 클릭하고 ❹ 수식 입력란에 **=FIND($E$2,$D5)**를 입력합니다.

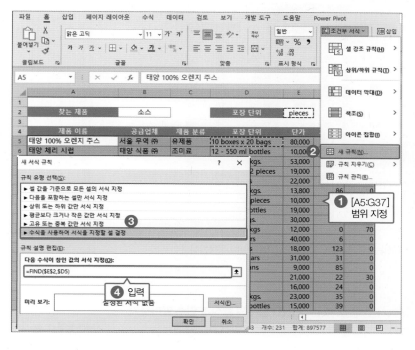

TIP FIND 함수에서 [E2] 셀에 있는 문자를 [D5] 셀에서 찾았을 때 문자가 있으면 결과는 1 이상이 되어 참으로 인식되고 서식이 지정됩니다. 찾는 문자를 입력할 셀인 [E2] 셀은 변경되지 않으므로 절대 참조 **$E$2**로 입력합니다. 찾을 위치는 D열이 아닌 열은 참조하지 않고 [D5] 셀 외에도 [D6] 셀부터 [D37] 셀까지 참조해야 하므로 열 고정 혼합 참조인 **$D5**로 입력합니다.

03 적용할 서식 지정하기
❶ [새 서식 규칙] 대화상자의 [서식]을 클릭하고 ❷ [셀 서식] 대화상자의 [채우기] 탭에서 채우기 색을 클릭합니다. ❸ [셀 서식] 대화상자의 [확인]을 클릭하고 ❹ [새 서식 규칙] 대화상자의 [확인]을 클릭합니다.

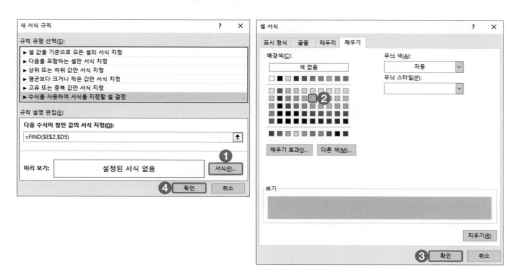

04 데이터 수정하고 적용된 조건부 서식 확인하기 ❶ [B2] 셀에 **통조림**을 입력하고 ❷ [E2] 셀에 **cans**를 입력합니다. 서식이 지정된 셀이 변경됩니다.

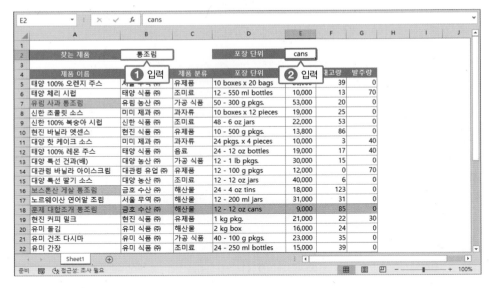

TIP [A18] 셀처럼 조건부 서식이 겹치는 셀은 나중에 지정한 조건부 서식이 적용됩니다.

 효율 UP 능률 UP 기초 다지기   FIND 함수의 형식과 인수 알아보기

FIND 함수는 지정한 문자를 지정한 위치에서 찾아 해당 문자의 위치 번호를 반환하며, **=FIND(찾을 문자, 찾을 위치, [찾기 시작할 위치])** 형식으로 사용합니다. FIND 함수의 인수를 자세히 알아보겠습니다.

찾을 문자(Find_text)	찾을 문자 또는 문자가 입력된 셀
찾을 위치(Within_text)	찾을 문자가 포함된 문자열 또는 문자열이 입력된 셀
찾기 시작할 위치(Start_num)	문자열 내에서 찾기 시작할 위치 번호. 생략하면 1로 지정되어 문자열의 첫 번째 글자부터 찾음

051 중복 데이터에 서식 지정하기

실습 파일 | PART 02\CHAPTER 01\051_중복데이터.xlsx
완성 파일 | PART 02\CHAPTER 01\051_중복데이터_완성.xlsx

범위 안에서 중복되는 데이터가 있는 셀에 서식을 지정하려면 조건부 서식에서 중복 값의 셀 강조 규칙을 활용합니다. 또한 중복 셀이 포함된 행 전체나 열 전체에 서식을 지정하려면 COUNTIF 함수를 사용합니다. 결과가 1보다 큰 경우를 조건식으로 입력하여 서식을 지정하며, 조건 셀은 열 고정 혼합 참조(예를 들면 **$A2**)로 지정합니다.

01 중복 단가 셀에 서식 지정하기 ❶ [C2:C22] 범위를 지정하고 ❷ [홈] 탭-[스타일] 그룹-[조건부 서식]-[셀 강조 규칙]-[중복 값]을 클릭합니다. ❸ [중복 값] 대화상자의 [적용할 서식]은 [빨강 텍스트]를 선택하고 ❹ [확인]을 클릭합니다.

02 제품명이 중복 포함된 행에 서식 지정하기 ❶ [A2:E22] 범위를 지정하고 ❷ [홈] 탭-[스타일] 그룹-[조건부 서식]-[새 규칙]을 클릭합니다. ❸ [새 서식 규칙] 대화상자의 [규칙 유형 선택]에서 [수식을 사용하여 서식을 지정할 셀 결정]을 클릭하고 ❹ 수식 입력란에 **=COUNTIF($A$2:$A$22,$A2)>1**을 입력합니다.

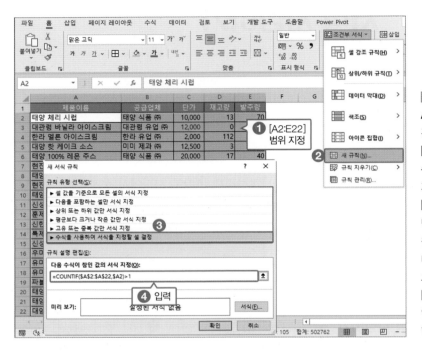

TIP 조건식 **=COUNTIF($A$2:$A$22,$A2)>1**은 조건 범위인 [A2:A22] 범위에서 [A2] 셀의 값과 같은 셀의 개수가 한 개보다 많으면 서식을 지정합니다. [A2:A22] 범위는 [A2] 셀 외의 셀을 확인할 때도 변하지 않을 범위이므로 절대 참조 **$A$2:$A$22**로 입력합니다. 또한 [A2]는 A열만 참조하고 [A2] 셀 외에도 [A3] 셀부터 [A22] 셀까지 참조해야 하므로 열 고정 혼합 참조 **$A2**로 입력합니다.

03 적용할 서식 지정하기 ❶ [새 서식 규칙] 대화상자의 [서식]을 클릭하고 ❷ [셀 서식] 대화상자의 [채우기] 탭에서 채우기 색을 클릭합니다. ❸ [셀 서식] 대화상자의 [확인]을 클릭하고 ❹ [새 서식 규칙] 대화상자의 [확인]을 클릭합니다.

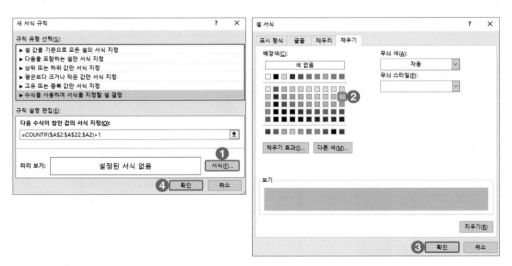

04 중복 제품을 제일 위쪽으로 정렬하기 ❶ '제품이름'으로 정렬하기 위해 [A2] 셀을 클릭하고 ❷ [데이터] 탭-[정렬 및 필터] 그룹-[텍스트 오름차순 정렬⬆]을 클릭합니다. ❸ '제품이름' 중 서식이 지정된 셀을 마우스 오른쪽 버튼으로 클릭하고 ❹ [정렬]-[선택한 셀 색을 맨 위에 넣기]를 클릭합니다.

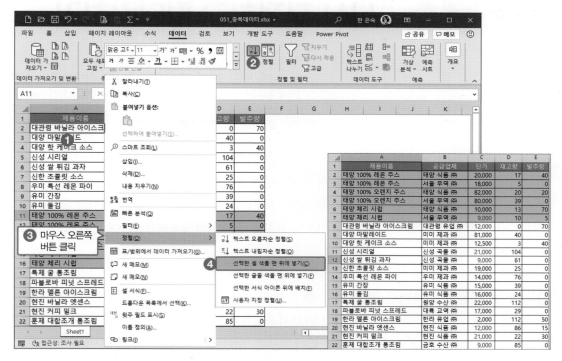

TIP 데이터를 '제품이름'별로 정렬하고 '제품이름'이 중복되는 것만 맨 위쪽으로 모아 표시하여 비교해봅니다. '제품이름'은 중복되지만 '공급업체'와 '단가'가 다른 것을 확인할 수 있습니다.

 효율 UP 능률 UP 기초 다지기   **COUNTIF 함수의 형식과 인수 알아보기**

COUNTIF 함수는 지정한 범위 내에서 조건에 해당하는 셀의 개수를 구하며, **=COUNTIF(조건 범위, 조건)** 형식으로 사용합니다. COUNTIF 함수의 인수를 자세히 알아보겠습니다.

조건 범위(Range)	조건에 맞는지 확인할 셀들이 있는 셀 범위
조건(Criteria)	숫자, 문자, 수식 형태의 조건

052 중복 데이터 중 뒤쪽 셀에만 서식 지정하고 필터링하기

실습 파일 | PART 02\CHAPTER 01\052_중복데이터2.xlsx
완성 파일 | PART 02\CHAPTER 01\052_중복데이터2_완성.xlsx

조건부 서식으로 중복 데이터에 서식을 지정하면 중복되는 모든 데이터에 서식이 지정됩니다. 이번에는 COUNTIF 함수를 활용해 중복 데이터의 조건부 서식을 편집하여 중복 데이터 중 뒤쪽 셀들에만 서식이 지정되도록 하고, 조건부 서식이 지정된 셀만 필터링해보겠습니다.

01 제품 이름과 단가별로 정렬하기
❶ 표 안의 임의의 셀을 클릭하고 ❷ [데이터] 탭-[정렬 및 필터] 그룹-[정렬]을 클릭합니다. ❸ [정렬] 대화상자의 [기준 추가]를 두 번 클릭합니다. ❹ 두 번째 기준은 [제품 이름]을 선택하고 ❺ 세 번째 기준은 [단가]를 선택한 후 ❻ [확인]을 클릭합니다.

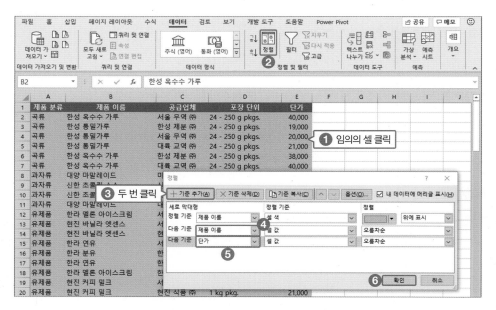

TIP 조건부 서식이 적용된 셀이 위쪽에 표시되도록 정렬된 상태에서 추가로 정렬하기 위해 [정렬] 대화상자를 실행했습니다. 추가 정렬 조건은 같은 제품끼리 모이게 하고 단가는 오름차순으로 정렬해, 같은 제품이라면 단가가 더 높은 것이 뒤쪽으로 배치되게 합니다.

02 조건부 서식 편집하기 ❶ [홈] 탭-[스타일] 그룹-[조건부 서식]-[규칙 관리]를 클릭합니다. ❷ [조건부 서식 규칙 관리자] 대화상자의 [규칙 편집]을 클릭하고 ❸ [서식 규칙 편집] 대화상자에 입력된 COUNTIF 함수식의 $B$2:$B$91을 **$B$2:$B2**로 수정한 후 ❹ [확인]을 클릭합니다. ❺ [조건부 서식 규칙 관리자] 대화상자의 [확인]을 클릭합니다.

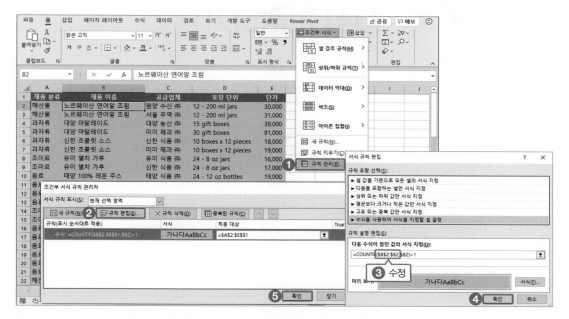

TIP 조건식 **=COUNTIF($B$2:$B2,$B2)>1**에서 조건 범위와 조건 셀은 모두 [B2] 셀 하나로 지정했습니다. 범위 형태를 앞쪽은 절대 참조(**$B$2**) 형태로, 뒤쪽은 열 고정 혼합 참조(**$B2**) 형태로 지정하면 조건 범위가 조건 셀 위치와 함께 한 셀씩 확장되어 함수식의 결과는 조건 셀 항목의 순번이 됩니다. 따라서 조건 셀 항목의 순번이 1보다 큰 셀, 즉 같은 제품명의 두 번째 이상 셀들에만 서식이 지정됩니다.

03 서식이 지정된 셀만 필터링하기 ❶ 서식이 지정된 셀 중 임의의 셀을 마우스 오른쪽 버튼으로 클릭하고 ❷ [필터]-[선택한 셀 색으로 필터링]을 클릭합니다. 중복 제품 중 단가가 더 높은 셀만 필터링됩니다.

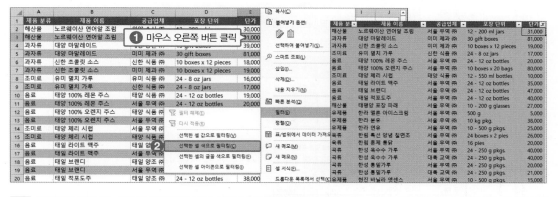

TIP 필터링된 데이터는 범위를 지정한 후 다른 시트로 복사해 사용하거나 필요 없는 경우 삭제하면 됩니다. 필터를 해제하려면 [데이터] 탭-[정렬 및 필터] 그룹-[필터]를 클릭하거나 Ctrl + Shift + L 을 누릅니다.

053 고유 데이터에 서식 지정하기

실습 파일 | PART 02\CHAPTER 01\053_고유데이터.xlsx
완성 파일 | PART 02\CHAPTER 01\053_고유데이터_완성.xlsx

셀 범위에서 중복 없이 오직 한 개씩만 있는 데이터에 서식을 지정할 수 있습니다. 조건부 서식에서 중복 값의 셀 강조 규칙을 활용하되, 선택 옵션을 [고유]로 지정하면 됩니다. 고윳값 셀이 포함된 행 전체나 열 전체에 서식을 지정하려면 COUNTIF 함수를 사용해 결과가 1인 경우를 조건식으로 입력합니다.

01 제품 분류 중 고윳값이 있는 셀에 서식 지정하기 ❶ [A2:A33] 범위를 지정하고 ❷ [홈] 탭-[스타일] 그룹-[조건부 서식]-[셀 강조 규칙]-[중복 값]을 클릭합니다. ❸ [중복 값] 대화상자의 값 목록에서 [고유]를 선택하고 ❹ [확인]을 클릭합니다.

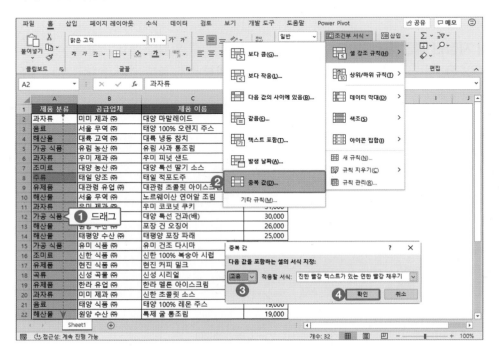

02 공급업체 중 고윳값이 있는 행에 서식 지정하기 ❶ [B2:D33] 범위를 지정하고 ❷ [홈] 탭-[스타일] 그룹-[조건부 서식]-[새 규칙]을 클릭합니다. ❸ [새 서식 규칙] 대화상자의 [규칙 유형 선택]에서 [수식을 사용하여 서식을 지정할 셀 결정]을 클릭하고 ❹ 수식 입력란에 **=COUNTIF($B$2:$B$33,$B2)=1**을 입력합니다.

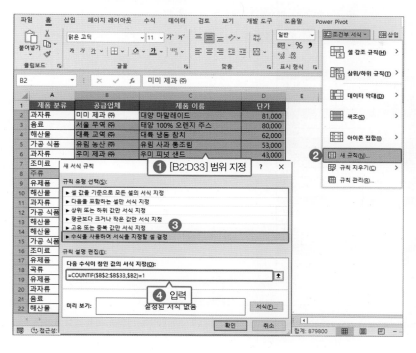

TIP 조건식 **=COUNTIF($B $2:$B$33,$B2)=1**은 조건 범위인 [B2:B33] 범위에서 [B2] 셀의 값과 같은 셀의 개수가 한 개이면 서식을 지정합니다. [B2:B33] 범위는 [B2] 셀 외의 셀을 확인할 때도 변하지 않을 범위이므로 절대 참조 **$B$2:$B$33**으로 입력합니다. 또한 [B2] 셀은 B열만 참조하고 [B2] 셀 외에도 [B3] 셀부터 [B33] 셀까지 참조해야 하므로 열 고정 혼합 참조 **$B2**로 입력합니다.

03 적용할 서식 지정하기 ❶ [새 서식 규칙] 대화상자의 [서식]을 클릭하고 ❷ [셀 서식] 대화상자의 [채우기] 탭에서 채우기 색을 클릭합니다. ❸ [셀 서식] 대화상자의 [확인]을 클릭하고 ❹ [새 서식 규칙] 대화상자의 [확인]을 클릭합니다.

04 데이터 수정하고 적용된 조건부 서식 확인하기 ❶ [A12] 셀에 **과일**을 입력하고 ❷ [B20] 셀에 **신한 식품 (주)**를 입력합니다. 서식이 지정되는 셀이 변경됩니다.

TIP [A12] 셀의 값이 고윳값이 되면서 셀에 채우기 색이 적용되고, [B16] 셀의 값은 고윳값이 아니므로 셀의 채우기 색이 적용되지 않습니다.

054 주말 데이터에 서식 지정하기

실습 파일 | PART 02\CHAPTER 01\054_주말데이터.xlsx
완성 파일 | PART 02\CHAPTER 01\054_주말데이터_완성.xlsx

날짜 목록에서 토요일이나 일요일 셀이 포함된 행에 채우기 색을 적용해보겠습니다. 조건부 서식에서 WEEKDAY 함수를 사용해 조건식을 작성하고 서식을 지정하면 됩니다. WEEKDAY 함수는 날짜 데이터로부터 요일 정보를 가져오는 함수입니다.

01 일요일 행에 채우기 색 적용하기 ❶ [A4:D25] 범위를 지정하고 ❷ [홈] 탭–[스타일] 그룹–[조건부 서식]–[새 규칙]을 클릭합니다. ❸ [새 서식 규칙] 대화상자의 [규칙 유형 선택]에서 [수식을 사용하여 서식을 지정할 셀 결정]을 클릭하고 ❹ 수식 입력란에 **=WEEKDAY($A4)=1**을 입력합니다.

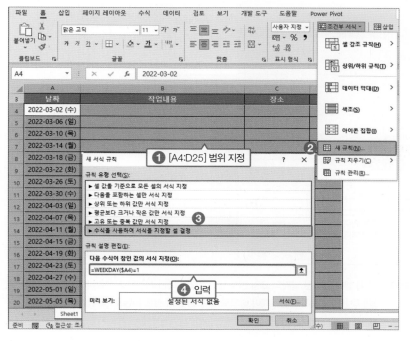

TIP 조건식 **=WEEKDAY($A4)=1**은 [A4] 셀에 입력된 날짜의 요일 번호가 1(일요일)이면 서식을 지정합니다. 날짜인 [A4] 셀은 A열만 참조하고 [A4] 셀 외에도 [A5] 셀부터 [A25] 셀까지 참조해야 하므로 열 고정 혼합 참조 **$A4**로 입력합니다.

02 적용할 서식 지정하기 ❶ [새 서식 규칙] 대화상자의 [서식]을 클릭하고 ❷ [셀 서식] 대화상자의 [채우기] 탭에서 채우기 색을 클릭합니다. ❸ [셀 서식] 대화상자의 [확인]을 클릭하고 ❹ [새 서식 규칙] 대화상자의 [확인]을 클릭합니다.

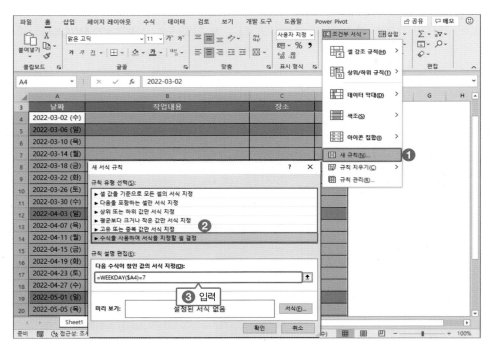

03 토요일 행에 채우기 색 적용하기 ❶ [홈] 탭-[스타일] 그룹-[조건부 서식]-[새 규칙]을 클릭합니다. ❷ [새 서식 규칙] 대화상자의 [규칙 유형 선택]에서 [수식을 사용하여 서식을 지정할 셀 결정]을 클릭하고 ❸ 수식 입력란에 **=WEEKDAY($A4)=7**을 입력합니다.

TIP 조건식 **=WEEKDAY($A4)=7**은 [A4] 셀에 입력된 날짜의 요일 번호가 7(토요일)이면 서식을 지정합니다. 날짜인 [A4] 셀은 A열만 참조하고 [A4] 셀 외에도 [A5] 셀부터 [A25] 셀까지 참조해야 하므로 열 고정 혼합 참조 **$A4**로 입력합니다.

04 적용할 서식 지정하기 ❶ [새 서식 규칙] 대화상자의 [서식]을 클릭하고 ❷ [셀 서식] 대화상자의 [채우기] 탭에서 채우기 색을 클릭합니다. ❸ [셀 서식] 대화상자의 [확인]을 클릭하고 ❹ [새 서식 규칙] 대화상자의 [확인]을 클릭합니다.

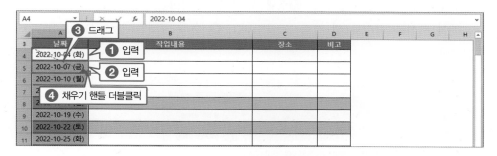

05 날짜 목록 수정하고 적용된 조건부 서식 확인하기 ❶ [A4] 셀에 **2022-10-04**를 입력하고 ❷ [A5] 셀에 **2022-10-07**을 입력합니다. ❸ [A4:A5] 범위를 지정하고 ❹ 채우기 핸들➕을 더블클릭합니다. 날짜의 요일에 따라 서식이 다시 지정됩니다.

TIP '날짜' 범위에는 사용자 지정 서식 코드 **yyyy-mm-dd (aaa)**가 지정되어 있습니다.

효율 UP 능률 UP 기초 다지기 WEEKDAY 함수의 형식과 인수 알아보기

WEEKDAY 함수는 날짜의 요일 정보를 일곱 개의 숫잣값으로 반환하며, **=WEEKDAY(날짜, [결과 유형])** 형식으로 사용합니다. WEEKDAY 함수의 인수를 자세히 알아보겠습니다.

날짜(Serial_number)	날짜에 해당하는 숫자나 '연-월-일' 형식의 날짜 또는 날짜가 입력된 셀 주소
결과 유형(Return_type)	결괏값의 유형을 숫자 1~3으로 지정하며, 생략하면 1로 설정됨. 1은 일요일(1)~토요일(7), 2는 월요일(1)~일요일(7), 3은 월요일(0)~일요일(6)

055 일정 간격 행마다 서식 지정하기

실습 파일 | PART 02\CHAPTER 01\055_간격서식.xlsx
완성 파일 | PART 02\CHAPTER 01\055_간격서식_완성.xlsx

데이터 목록이 너무 길면 가독성이 떨어지기 때문에 일정한 간격으로 색을 채우거나 테두리를 지정하면 좋습니다. 조건부 서식에서 MOD 함수와 ROW 함수를 사용하면 서식을 표시할 간격을 지정할 수 있습니다.

01 표시 간격별 테두리 지정하기 ❶ [A2:E60] 범위를 지정하고 ❷ [홈] 탭-[스타일] 그룹-[조건부 서식]-[새 규칙]을 클릭합니다. ❸ [새 서식 규칙] 대화상자의 [규칙 유형 선택]에서 [수식을 사용하여 서식을 지정할 셀 결정]을 클릭하고 ❹ 수식 입력란에 **=MOD(ROW()-1,$G$2)=0**을 입력합니다.

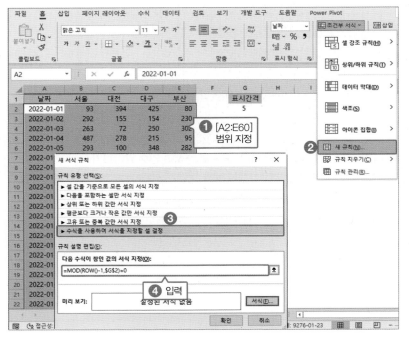

TIP 조건식 **=MOD(ROW()-1,$G$2)=0**에서 **ROW()**는 현재 위치의 행 번호를 가져옵니다. **ROW()**에서 1을 뺀 이유는 [A2] 셀 위쪽의 행은 행 순서에서 제외해야 하기 때문입니다. **ROW()-1**의 결과를 [G2] 셀의 숫자로 나눈 나머지가 0이면 서식을 지정합니다.

02 적용할 서식 지정하기 ❶ [새 서식 규칙] 대화상자의 [서식]을 클릭하고 ❷ [셀 서식] 대화상자의 [테두리] 탭에서 [아래쪽 테두리▦]를 클릭합니다. ❸ [셀 서식] 대화상자의 [확인]을 클릭하고 ❹ [새 서식 규칙] 대화상자의 [확인]을 클릭합니다.

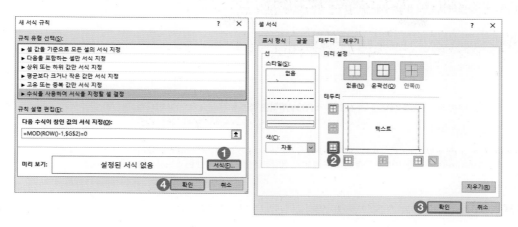

03 표시 간격 변경하고 적용된 조건부 서식 확인하기 [G2] 셀에 **3**을 입력합니다. 변경된 값에 따라 서식이 다시 지정됩니다.

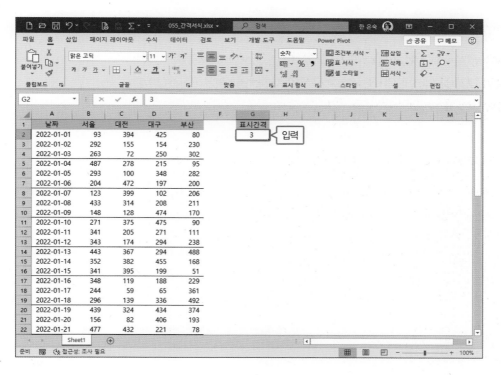

효율 UP 능률 UP 기초 다지기　**MOD 함수와 ROW 함수의 형식과 인수 알아보기**

MOD 함수는 나눗셈 결과에서 나머지 수를 구하며, **=MOD(나누어질 수, 나눌 수)** 형식으로 사용합니다. MOD 함수의 인수를 자세히 알아보겠습니다.

나누어질 수(Number)	나머지를 구할 나누어질 숫자
나눌 수(Divisor)	나누는 숫자

ROW 함수는 참조 주소의 행 번호를 가져오며, **=ROW([참조 주소])** 형식으로 사용합니다. ROW 함수의 인수를 자세히 알아보겠습니다.

참조 주소(Reference)	행 번호를 구할 셀 또는 셀 범위. 생략하면 함수를 입력한 현재 위치의 행 번호가 지정됨

056 빈 셀과 데이터 셀에 서식 지정하기

실습 파일 | PART 02\CHAPTER 01\056_빈셀과데이터셀.xlsx
완성 파일 | PART 02\CHAPTER 01\056_빈셀과데이터셀_완성.xlsx

비어 있는 셀에만 서식을 지정하거나 반대로 데이터가 들어 있는 셀에만 서식을 지정할 수 있습니다. [홈] 탭-[스타일] 그룹-[조건부 서식]-[셀 강조 규칙]-[기타 규칙]을 클릭하고, [빈 셀] 또는 [내용 있는 셀]을 선택하여 서식을 지정하면 됩니다.

1 데이터가 있는 셀에만 테두리 지정하기

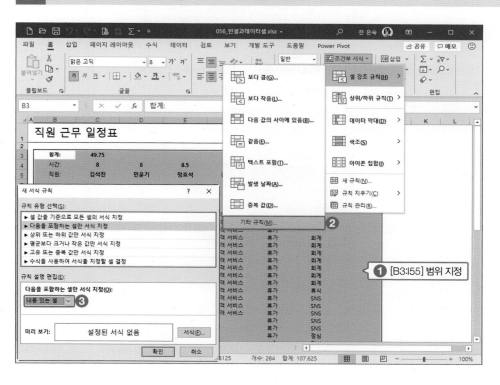

2 ▶ 적용할 서식 지정하기

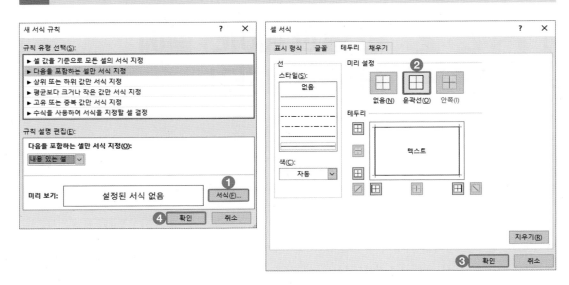

3 ▶ 빈 셀에만 채우기 색 적용하기

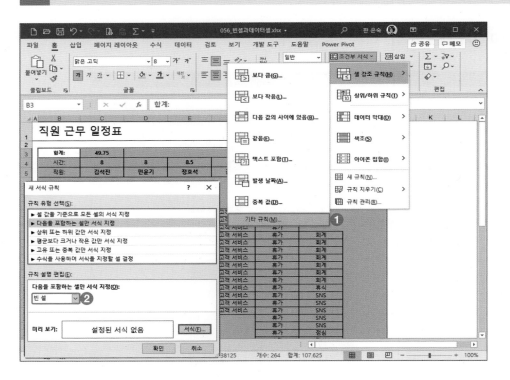

데이터 입력 & 편집

기초 함수 활용

통합 문서 관리 & 인쇄

서식 & 차트

종합 함수 활용

고급 함수 활용

데이터 관리 & 분석

4 ▶ 적용할 서식 지정하기

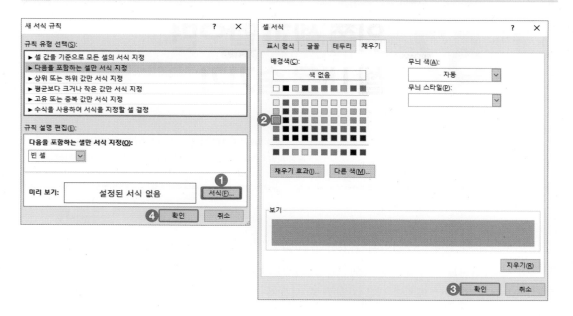

5 ▶ 데이터 입력 및 삭제해 적용된 조건부 서식 확인하기

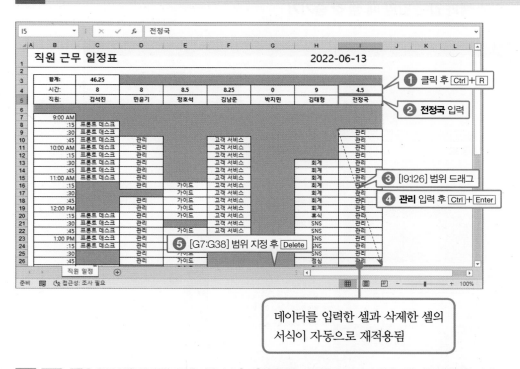

① 클릭 후 Ctrl + R

② 전정국 입력

③ [I9:I26] 범위 드래그

④ 관리 입력 후 Ctrl + Enter

⑤ [G7:G38] 범위 지정 후 Delete

데이터를 입력한 셀과 삭제한 셀의
서식이 자동으로 재적용됨

TIP Ctrl + R 은 왼쪽 셀을 복사하는 단축키입니다. [H4] 셀에 있는 수식을 복사하기 위해 단축키를 사용했습니다.

키워드 | 조건부 서식, 셀 값 숨기기 코드

057 위쪽 셀과 같으면 셀 내용 숨기기

실습 파일 | PART 02\CHAPTER 01\057_셀내용숨기기.xlsx
완성 파일 | PART 02\CHAPTER 01\057_셀내용숨기기_완성.xlsx

같은 내용의 값이 연속으로 입력되어 있는 범위에서 첫 번째 셀의 값만 남기고 나머지는 숨기려 할 때도 조건부 서식을 사용합니다. [홈] 탭-[스타일] 그룹-[조건부 서식]-[셀 강조 규칙]-[같음]을 클릭하고 현재 셀 바로 위쪽의 셀을 지정한 후 사용자 지정 서식을 지정합니다.

1 위쪽 셀과 같은 값일 때 셀 값 숨기기

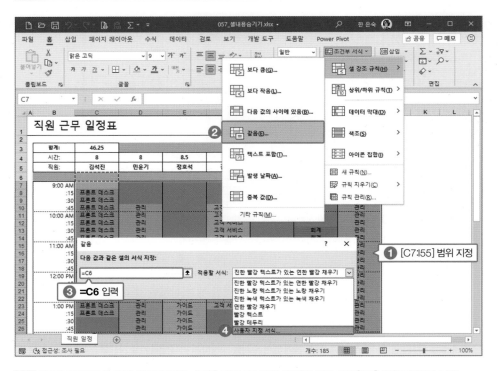

TIP [C7:I55] 범위 중 현재 선택된 범위는 [C7] 셀이므로 현재 셀 기준 위쪽 셀인 [C6] 셀을 지정했습니다.

2 ▶ 사용자 서식 지정하기

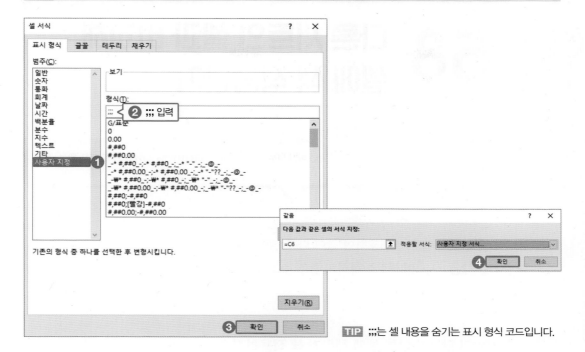

TIP ;;;는 셀 내용을 숨기는 표시 형식 코드입니다.

3 ▶ 데이터 입력하고 적용된 조건부 서식 확인하기

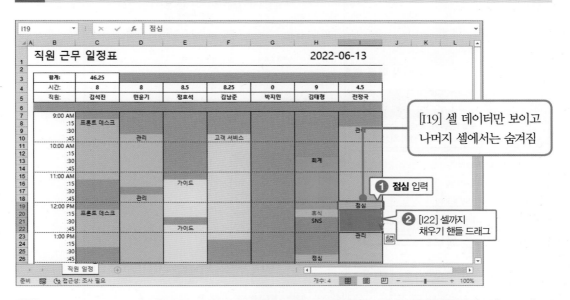

[I19] 셀 데이터만 보이고 나머지 셀에서는 숨겨짐

① 점심 입력

② [I22] 셀까지 채우기 핸들 드래그

TIP 셀에 입력된 문자에 따라 채우기 색이 적용되도록 조건부 서식이 지정되어 있습니다. 방법은 [홈] 탭-[스타일] 그룹-[조건부 서식]-[셀 강조 규칙]-[같음]을 클릭하고 값 입력란에 문자를 입력한 후 [사용자 지정 서식]을 선택해 셀의 채우기 색을 지정하는 것입니다. 지정된 서식은 [홈] 탭-[스타일] 그룹-[조건부 서식]-[규칙 관리]에서 확인할 수 있습니다.

058 다른 시트의 셀과 비교해 셀에 색 적용하기

실습 파일 | PART 02\CHAPTER 01\058_다른시트비교서식.xlsx
완성 파일 | PART 02\CHAPTER 01\058_다른시트비교서식_완성.xlsx

다른 시트의 셀과 값이 같은지 비교하여 값이 다른 셀에 채우기 색을 적용해보겠습니다. 다른 시트의 셀을 참조할 때는 **=시트명!셀주소** 형식의 참조 주소를 사용합니다.

1 상하반기 단가가 다른 셀에 채우기 색 적용하기

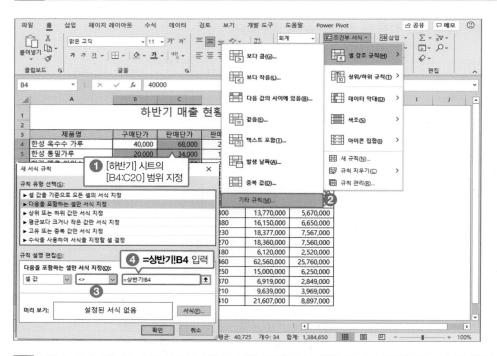

TIP 부등호 <>는 비교하는 값이 서로 같지 않다는 것을 의미합니다. **=상반기!B4**는 직접 입력해도 되지만, [상반기] 시트 탭을 클릭한 후 [B4] 셀을 클릭해도 입력됩니다. 셀을 직접 클릭하면 절대 참조인 **$B$4** 형태로 입력되므로 F4를 눌러 상대 참조로 변환해야 합니다.

2 ▶ 적용할 서식 지정하기

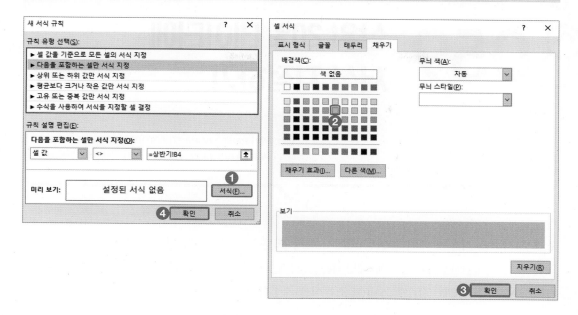

3 ▶ 데이터 수정하고 적용된 조건부 서식 확인하기

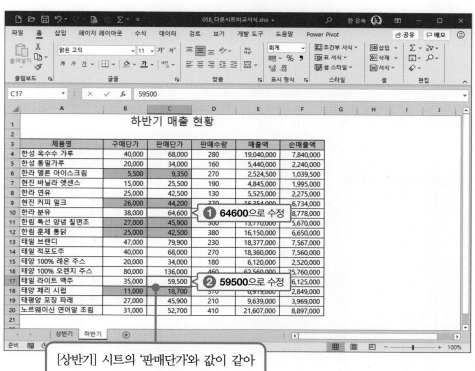

[상반기] 시트의 '판매단가'와 값이 같아
지므로 셀에 채우기 색이 적용되지 않음

059 상위 20% 데이터에 서식 지정하기

실습 파일 | PART 02\CHAPTER 01\059_상위퍼센트서식.xlsx
완성 파일 | PART 02\CHAPTER 01\059_상위퍼센트서식_완성.xlsx

조건부 서식을 사용해 데이터 범위 내에서 특정 백분율 순위에 해당되는 값에 서식을 지정할 수 있습니다. 지정한 백분율 순위에 해당되는 값과 같은 행에 있는 다른 셀에 서식을 지정할 때는 PERCENTRANK.EXC 함수를 사용한 조건식을 지정합니다.

01 상위 20%의 방문객 셀에 서식 지정하기 ❶ [C2:C21] 범위를 지정하고 ❷ [홈] 탭-[스타일] 그룹-[조건부 서식]-[상위/하위 규칙]-[상위 10%]를 클릭합니다. ❸ [상위 10%] 대화상자에서 값 입력란에 **20**을 입력하고 ❹ [적용할 서식]은 [연한 빨강 채우기]를 선택한 후 ❺ [확인]을 클릭합니다.

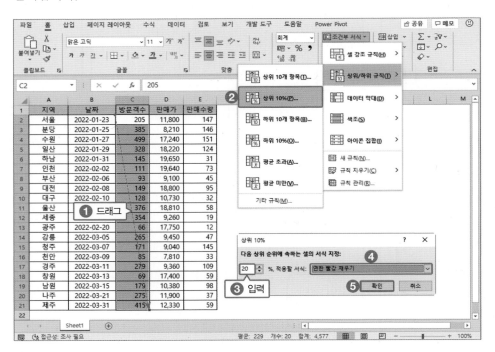

02 상위 20%의 방문객 셀과 같은 행에 있는 다른 셀에 서식 지정하기 ❶ [A2:B21] 범위를 지정하고 ❷ [홈] 탭-[스타일] 그룹-[조건부 서식]-[새 규칙]을 클릭합니다. ❸ [새 서식 규칙] 대화상자의 [규칙 유형 선택]에서 [수식을 사용하여 서식을 지정할 셀 결정]을 클릭하고 ❹ 수식 입력란에 **=PERCENTRANK($C$2:$C$21,$C2)>=0.8**을 입력합니다.

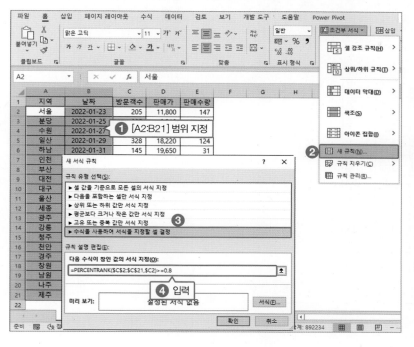

TIP 백분율 순위가 **0.8** 이상이면 상위 20%를 의미합니다. 이 수식은 [C2:C21] 범위 중 백분율 순위가 **0.8** 이상인 셀의 왼쪽 행에 서식을 지정합니다. [C2:C21] 범위는 고정하기 위해 절대 참조 **$C$2:$C$21**로 입력했고, [C2] 셀은 C열만 고정하고 행은 변경되어야 하므로 열 고정 혼합 참조 **$C2**로 입력했습니다. 참고로 백분율 순위가 하위 몇 퍼센트라는 조건일 때는 부등호를 반대 방향으로 작성합니다.

03 적용할 서식 지정하기 ❶ [새 서식 규칙] 대화상자의 [서식]을 클릭하고 ❷ [셀 서식] 대화상자의 [채우기] 탭에서 채우기 색을 클릭합니다. ❸ [셀 서식] 대화상자의 [확인]을 클릭하고 ❹ [새 서식 규칙] 대화상자의 [확인]을 클릭합니다.

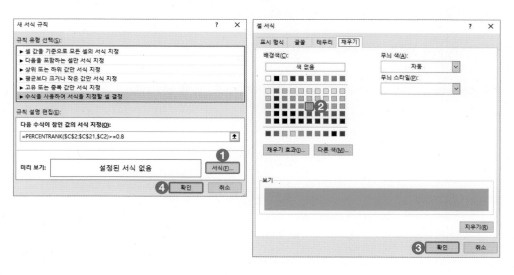

04 데이터 수정하고 적용된 조건부 서식 확인하기 [C8] 셀의 값을 **493**으로 수정합니다.

[A8:C8] 셀에 서식이 지정되고 [A11:C11] 셀에 지정된 서식은 없어집니다.

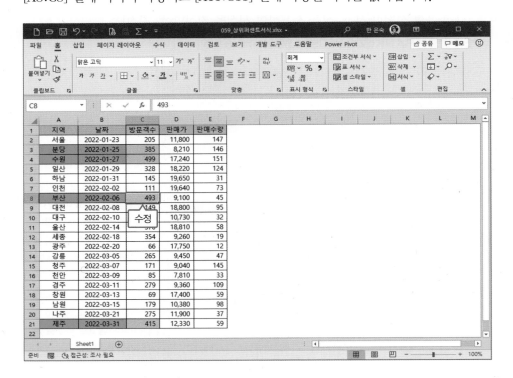

 효율 UP 능률 UP 기초 다지기   **PERCENTRANK.EXC 함수의 형식과 인수 알아보기**

PERCENTRANK.EXC 함수는 데이터 집합에서 경곗값을 제외한 백분율 순위를 구하며, **=PERCENTRANK. EXC(데이터 범위, 값, [자릿수])** 형식으로 사용합니다. 참고로 경곗값을 포함한 백분율 순위는 PERCENTRANK. INC 함수를 사용합니다. PERCENTRANK.EXC 함수의 인수를 자세히 알아보겠습니다.

데이터 범위(Array)	백분율 순위의 상대 데이터 범위 또는 배열
값(X)	백분율 순위를 구할 값
자릿수(Significance)	백분율 값에서 자릿수의 개수. 생략하면 세 자리로 표시함(예를 들면 0.333)

060 평균 초과 데이터에 서식 지정하기

실습 파일 | PART 02\CHAPTER 01\060_평균서식.xlsx
완성 파일 | PART 02\CHAPTER 01\060_평균서식_완성.xlsx

조건부 서식을 사용해 데이터 범위의 평균값을 초과하거나 평균값에 미달하는 값에 서식을 지정할 수 있습니다. 평균값 초과나 미만에 해당되는 값과 같은 행에 있는 다른 셀에 서식을 지정할 때는 AVERAGE 함수를 사용한 조건식을 지정합니다.

01 판매가 평균 초과 셀에 서식 지정하기 ❶ [D2:D21] 범위를 지정하고 ❷ [홈] 탭-[스타일] 그룹-[조건부 서식]-[상위/하위 규칙]-[평균 초과]를 클릭합니다. ❸ [평균 초과] 대화상자에서 [적용할 서식]은 [연한 빨강 채우기]를 선택하고 ❹ [확인]을 클릭합니다.

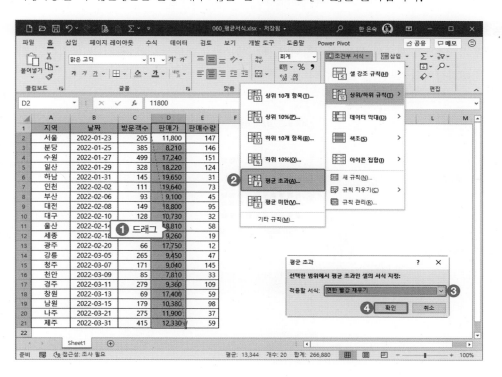

02 판매가 평균 초과 지역에 서식 지정하기 ❶ [A2:A21] 범위를 지정하고 ❷ [홈] 탭-[스타일] 그룹-[조건부 서식]-[새 규칙]을 클릭합니다. ❸ [새 서식 규칙] 대화상자의 [규칙 유형 선택]에서 [수식을 사용하여 서식을 지정할 셀 결정]을 클릭하고 ❹ 수식 입력란에 **=AVERAGE ($D$2:$D$21)<$D2**를 입력합니다.

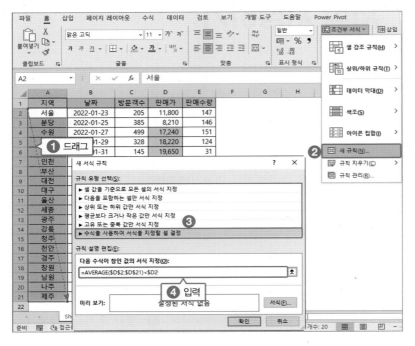

TIP 현재 행의 '판매가'인 [D2] 셀이 '판매가' 범위인 [D2:D21] 범위의 평균보다 크면 서식을 지정합니다. [D2:D21] 범위는 고정하기 위해 절대 참조 **$D$2:$D$21**로 입력했고, [D2] 셀은 D열만 고정하고 행은 변경되어야 하므로 열 고정 혼합 참조 **$D2**로 입력했습니다. 참고로 평균 미만 조건일 때는 부등호를 반대 방향으로 작성합니다.

03 적용할 서식 지정하기 ❶ [새 서식 규칙] 대화상자의 [서식]을 클릭하고 ❷ [셀 서식] 대화상자의 [채우기] 탭에서 채우기 색을 클릭합니다. ❸ [셀 서식] 대화상자의 [확인]을 클릭하고 ❹ [새 서식 규칙] 대화상자의 [확인]을 클릭합니다.

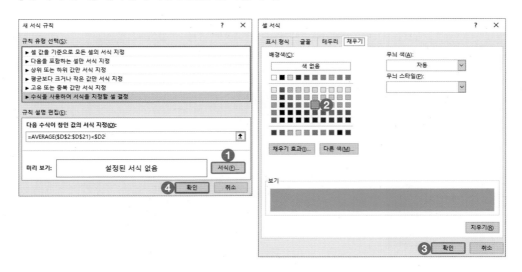

04 데이터 수정하고 적용된 조건부 서식 확인하기 [D5] 셀의 값을 **8220**으로 수정합니다. [A5], [D5] 셀에 적용된 서식이 없어집니다.

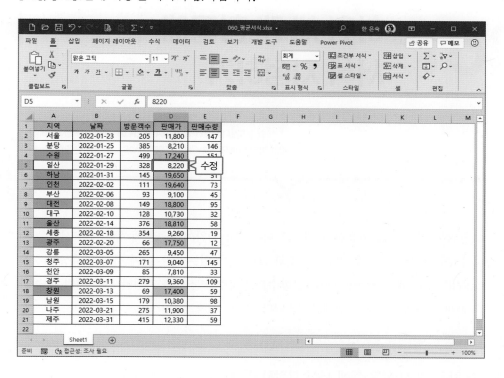

061 하위 세 개 항목에 서식 지정하기

실습 파일 | PART 02\CHAPTER 01\061_하위항목.xlsx
완성 파일 | PART 02\CHAPTER 01\061_하위항목_완성.xlsx

조건부 서식의 상위/하위 규칙을 활용하면 데이터 범위에서 상위/하위 몇 개 항목에만 서식을 지정할 수 있습니다. 상위/하위 항목에 해당되는 값과 같은 행에 있는 다른 셀에 서식을 지정할 경우 상위 항목은 LARGE 함수, 하위 항목은 SMALL 함수를 사용한 조건식을 지정합니다. 이번 실습 파일에서는 하위 세 개 항목에 서식을 지정해보겠습니다.

01 판매수량 하위 세 개 항목 셀에 서식 지정하기 ❶ [E2:E21] 범위를 지정하고 ❷ [홈] 탭-[스타일] 그룹-[조건부 서식]-[상위/하위 규칙]-[하위 10개 항목]을 클릭합니다. ❸ [하위 10개 항목] 대화상자에서 값 입력란에 **3**을 입력한 후 [적용할 서식]은 변경하지 않고 ❹ [확인]을 클릭합니다.

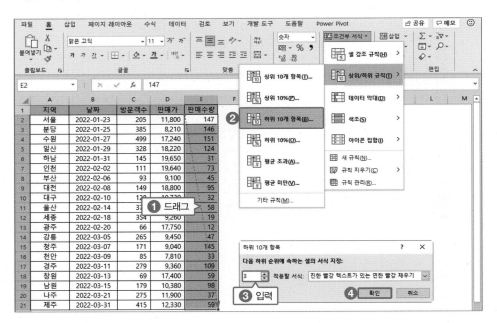

02 판매수량 하위 세 개 항목 지역에 서식 지정하기 ① [A2:A21] 범위를 지정하고 ② [홈] 탭-[스타일] 그룹-[조건부 서식]-[새 규칙]을 클릭합니다. ③ [새 서식 규칙] 대화상자의 [규칙 유형 선택]에서 [수식을 사용하여 서식을 지정할 셀 결정]을 클릭하고 ④ 수식 입력란에 =SMALL($E$2:$E$21,3)>=$E2를 입력합니다.

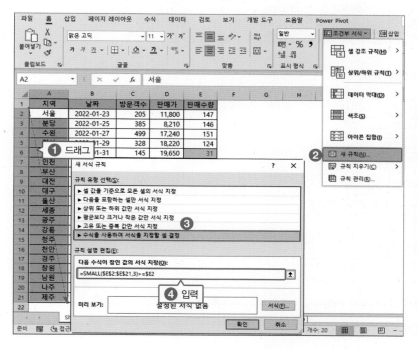

TIP 현재 행의 '판매수량'인 [E2] 셀이 '판매수량' 범위인 [E2: E21] 범위에서 세 번째 작은 값 이하면 서식을 지정합니다. [E2:E21] 범위는 고정하기 위해 절대 참조 $E$2:$E$21로 입력했고, [E2] 셀은 E열만 고정하고 행은 변경되어야 하므로 열 고정 혼합 참조 $E2로 입력했습니다. 참고로 상위 항목 조건일 때는 부등호를 반대 방향으로 작성하거나 LARGE 함수를 사용합니다.

03 적용할 서식 지정하기 ① [새 서식 규칙] 대화상자의 [서식]을 클릭하고 ② [셀 서식] 대화상자의 [채우기] 탭에서 채우기 색을 클릭합니다. ③ [셀 서식] 대화상자의 [확인]을 클릭하고 ④ [새 서식 규칙] 대화상자의 [확인]을 클릭합니다.

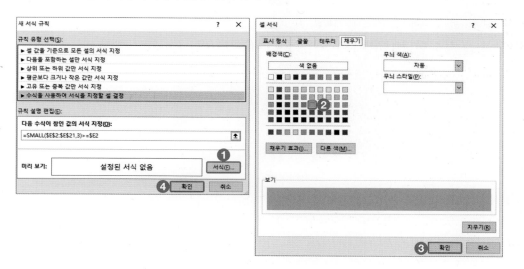

04 데이터 수정하고 적용된 조건부 서식 확인하기 [E15] 셀의 값을 **15**로 수정합니다.
[A6], [E6] 셀에 적용된 서식은 없어지고, [A15], [E15] 셀에 서식이 지정됩니다.

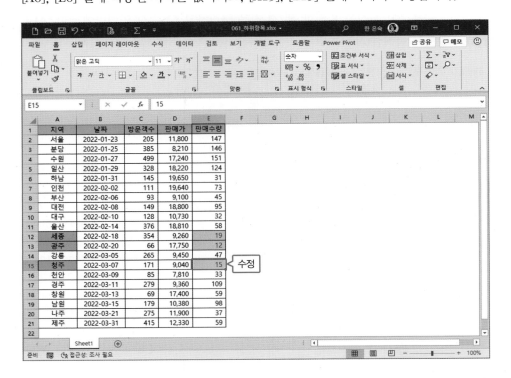

 효율 UP 능률 UP 기초 다지기 **SMALL 함수의 형식과 인수 알아보기**

SMALL 함수는 데이터 집합에서 특정한 순번으로 작은 값이 무엇인지 구하며, **=SMALL(데이터 범위, 숫자)** 형식
으로 사용합니다. SMALL 함수의 인수를 자세히 알아보겠습니다.

데이터 범위(Array)	데이터 범위 또는 데이터 배열
숫자(K)	범위 또는 배열에서 몇 번째로 작은 값을 구할 것인지의 숫자

데이터 입력 & 편집

기초 함수 활용

통합 문서 편집 & 인쇄

서식 & 차트

종합 함수 활용

고급 함수 활용

데이터 관리 & 분석

키워드 조건부 서식, 데이터 막대, MAX 함수

062 데이터 막대로 데이터 표시하기

실습 파일 | **PART 02\CHAPTER 01\062_데이터막대.xlsx**
완성 파일 | **PART 02\CHAPTER 01\062_데이터막대_완성.xlsx**

조건부 서식의 데이터 막대는 셀 안에서 숫자인 값을 가로 막대 그래프 형태로 표시해줍니다. 이는 값 차이를 표 안에서 시각적으로 비교하는 데 매우 유용합니다. 기본적으로 지정된 범위 중 최댓값을 기준으로 막대의 길이가 표시되며, 최솟값이나 최댓값에 따라 길이를 다르게 조절할 수 있습니다. 이때 최솟값과 최댓값은 백분율, 숫자, 수식 등으로 지정할 수 있습니다.

01 데이터 막대 선택하기 ❶ [B3:B18] 범위를 지정하고 ❷ [홈] 탭–[스타일] 그룹–[조건부 서식]–[데이터 막대]–[그라데이션 채우기]–[주황 데이터 막대]를 클릭합니다. ❸ [C3:C18] 범위를 지정하고 ❹ [홈] 탭–[스타일] 그룹–[조건부 서식]–[데이터 막대]–[단색 채우기]–[연한 파랑 데이터 막대]를 클릭합니다.

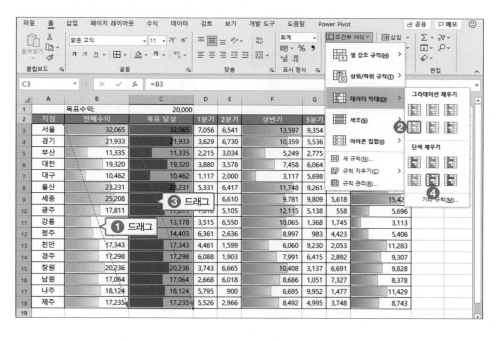

02 목표 달성 막대의 최댓값 수정 및 값 숨기기 ❶ [홈] 탭-[스타일] 그룹-[조건부 서식]-[규칙 관리]를 클릭하고 ❷ [조건부 서식 규칙 관리자] 대화상자의 [규칙 편집]을 클릭합니다. ❸ [서식 규칙 편집] 대화상자에서 [막대만 표시]에 체크하고 ❹ [최대값]-[종류]는 [수식]을 선택한 후 ❺ [최대값]-[값]에 **=$C$1**을 입력합니다. ❻ [확인]을 클릭하고 ❼ [조건부 서식 규칙 관리자] 대화상자의 [확인]도 클릭합니다. [C1] 셀의 값에 맞춰 막대가 채워집니다. 막대로 모두 채워진 셀은 목표를 달성했다는 의미입니다.

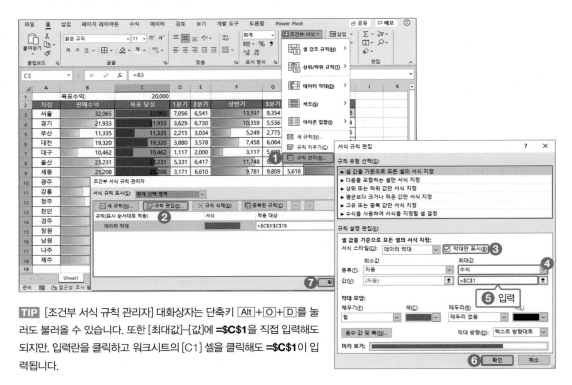

TIP [조건부 서식 규칙 관리자] 대화상자는 단축키 Alt + O + D 를 눌러도 불러올 수 있습니다. 또한 [최대값]-[값]에 **=$C$1**을 직접 입력해도 되지만, 입력란을 클릭하고 워크시트의 [C1] 셀을 클릭해도 **=$C$1**이 입력됩니다.

03 상반기 막대의 최댓값 수정 및 막대 방향 변경하기 ❶ [F3:F18] 범위를 지정하고 ❷ [홈] 탭-[스타일] 그룹-[조건부 서식]-[규칙 관리]를 클릭합니다. ❸ [조건부 서식 규칙 관리자] 대화상자의 [규칙 편집]을 클릭합니다. ❹ [서식 규칙 편집] 대화상자에서 [최대값]-[종류]는 [수식]을 선택하고 ❺ [최대값]-[값]에 **=MAX($F$3:$F$18,$I$3:$I$18)**를 입력합니다. ❻ [막대 방향]은 [오른쪽에서 왼쪽]을 선택하고 ❼ [확인]을 클릭합니다. ❽ [조건부 서식 규칙 관리자] 대화상자에서도 [확인]을 클릭합니다.

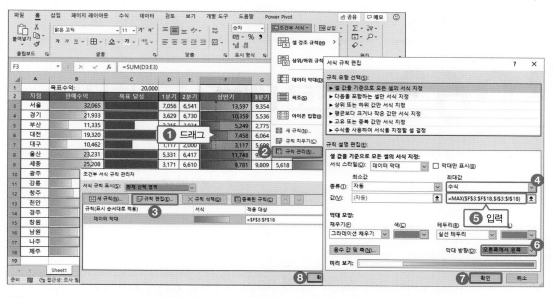

TIP MAX 함수 입력 시 범위를 직접 입력해도 되지만, 워크시트의 [F3:F18] 범위를 지정한 후 Ctrl 을 누른 채 [I3:I18] 범위를 지정해도 입력됩니다.

04 데이터 수정하고 적용된 조건부 서식 확인하기 ❶ [C1] 셀의 값을 **25000**으로 수정합니다. ❷ [D5] 셀의 값을 **5512**로 수정합니다. 값에 따라 데이터 막대의 길이가 달라집니다.

	A	B	C	D	E	F	G	H	I	J	K
1		목표수익:		25,000	❶ 수정						
2	지점	판매수익	목표 달성			상반기	3분기	4분기	하반기		
3	서울	32,065		7,056	6,541	13,597	9,354	9,114	18,468		
4	경기	21,933		3,629	6,730	10,359	5,536	6,038	11,574		
5	부산	14,632		5,512	❷ 수정	8,546	2,775	3,311	6,086		
6	대전	19,320		3,880	3,578	7,458	6,064	5,798	11,862		

 효율 UP 능률 UP 기초 다지기 **최댓값을 수정해 데이터 막대 수정하기**

상반기와 하반기 범위는 각각 따로 데이터 막대를 지정했기 때문에 막대 길이가 각 범위 내의 최댓값을 기준으로 표시되었습니다. 따라서 수정 전에는 서울 지점의 경우 상반기와 하반기의 값 차이가 크게 나지만, 막대 길이는 차이가 나지 않는 것을 확인할 수 있습니다. 경기 지점의 경우 하반기의 값이 더 큰데도 오히려 상반기 막대가 더 길게 표시되어 있었습니다. 이런 경우 작은 데이터 범위의 최댓값을 수정해야 합니다. 상반기와 하반기 범위 중 최댓값은 하반기에 있습니다. 그러므로 상반기 범위의 최댓값을 MAX 함수를 사용해 상반기, 하반기 두 범위의 최댓값으로 수정했습니다. 수정 후에는 데이터 막대의 길이가 값에 따라 제대로 차이 나게 표시된 것을 확인할 수 있습니다. 좀 더 잘 비교되도록 상반기 범위 막대는 방향을 반대로 변경했습니다.

상반기	3분기	4분기	하반기		상반기	3분기	4분기	하반기
13,597	9,354	9,114	18,468		13,597	9,354	9,114	18,468
10,359	5,536	6,038	11,574		10,359	5,536	6,038	11,574

063 색조로 데이터 표시하기

실습 파일 | PART 02\CHAPTER 01\063_데이터색조.xlsx
완성 파일 | PART 02\CHAPTER 01\063_데이터색조_완성.xlsx

숫자 셀로 이루어진 방대한 표에 조건부 서식의 색조를 지정하면 어느 부분에서 값이 높아지고 낮아지는지 한눈에 파악할 수 있습니다. 범위 내의 최솟값, 최댓값에 가까울수록 지정한 색이 더 진하게 표시되며, 최솟값과 최댓값은 숫자, 백분율, 수식 등으로 지정할 수 있습니다.

1 두 가지 색조로 표시하기

지역	1월	2월	3월	4월	5월	6월	7월	8월	9월			
서울	4,806	5,869	6,054	8,865	16,153	18,864	17,555	14,394	7,150			
분당	6,580	7,017	7,601	8,237	16,876	11,985	13,425	10,950	4,639			
수원	7,397	4,428	1,906	8,444	6,108	5,054	17,097	12,802	4,896			
일산	5,159	9,407	4,936	1,962	13,614	5,069	18,706	10,677	2,654			
하남	1,949	7,497	1,778	1,652	8,321	5,738	6,835	6,544	1,610			
인천	8,512	9,329	5,338	1,264	11,220	7,989	14,889	7,119	3,304			
부산	7,794	2,241	7,413	6,422	11,142	17,986	12,039	5,871	2,164			
대전	9,601	3,250	4,207	6,588	16,259	7,668	8,727	7,914	1,258			81,335
대구	6,072	5,971	4,851	2,381	12,332	15,921	14,795	6,302	5,488	7,520	8,955	3,896	94,484
울산	8,588	1,574	9,314	6,598	7,108	12,530	8,497	18,921	7,518	8,818	7,201	8,418	105,085
세종	5,325	7,207	5,255	4,062	11,929	7,097	15,018	16,894	1,394	3,162	8,251	3,982	90,486
광주	5,874	8,600					16,775	14,968	9,597	2,368	7,669	1,067	98,149
강릉	8,431	9,312	6,615	7,029	6,712	17,543	11,437	6,690	3,758	5,759	2,606	1,156	87,048
청주	5,363	8,347	5,977	2,303	8,733	15,458	15,299	7,596	5,378	6,286	7,883	4,300	92,923
천안	9,823	8,825	4,388	6,187	8,844	15,117	11,915	16,369	4,993	1,516	4,641	7,904	100,522
경주	3,877	9,790	4,309	1,930	5,821	8,263	12,509	16,724	4,340	4,450	5,880	8,028	85,921
창원	9,767	8,027	7,575	2,414	11,089	5,401	18,143	13,779	1,271	4,414	4,018	6,965	92,863
남원	1,383	6,404	2,439	7,471	10,998	16,192	13,700	5,693	6,842	7,123	4,024	4,980	87,249
나주	5,571	3,843	6,270	5,264	15,929	17,297	6,829	7,713	8,373	8,735	2,229	6,319	94,372
제주	6,733	1,222	2,004	9,218	16,780	10,226	7,671	16,716	2,138	7,728	5,800	4,469	90,705

❶ [B2:M21] 범위 드래그

❷ [빨강 – 흰색 색조] 클릭

높은 값일수록 **빨간색**이 짙게 표시되며, 5~8월에
높은 값이 많이 모여 있다는 것을 알 수 있음

지역	1월	2월	3월	4월	5월	6월	7월	8월	9월	10월	11월	12월	합계
서울	4,806	5,869	6,054	8,865	16,153	18,864	17,5					3	124,361
분당	6,580	7,017	7,601	8,237	16,876	11,985	13,4					6	104,450
수원	7,397	4,428	1,906	8,444	6,108	5,054	17,0					6	81,289
일산	5,159	9,407	4,936	1,962	13,614	5,069	14					6	87,213
하남	1,949	7,497	1,778	1,6		1,220	7,909	14				3	70,099
인천	8,512	9,329	5,338	1,26	11,220	7,909	14,8					3	81,228
부산	7,794	2,241	7,413	6,422	11,142	17,986	12,0					3	88,591
대전	9,601	3,250	4,207	6,588	16,259	7,668	8,727	7,914	1,258			0	81,335
대구	6,072	5,971	4,851	2,381	12,332	15,921	14,795	6,302	5,488	7,520	8,955	3,896	94,484
울산	8,588	1,574	9,314	6,598	7,108	12,530	8,497	18,921	7,518	8,818	7,201	8,418	105,085
세종	5,325	7,207	5,355	4,963	11,838	7,097	15,018	16,894	1,394	3,162	8,251	3,982	90,486
광주	5,874	8,600	7,429	4,894	13,396	5,512	16,775	14,968	9,59		2,60		98,149
강릉	8,431	9,312	6,615	7,029	6,712	17,543	11,437	6,690	3,758	7,39		7,190	87,048
청주	5,363	8,347	5,977	2,303	8,733	15,458	15,299	7,596	5,378	6,286	7,883	4,300	92,923
천안	9,823	8,825	4,388	6,187	8,844	15,117	11,915	16,369	4,993	1,516	4,641	7,904	100,522
경주	3,877	9,790	4,309	1,930	5,821	8,263	12,509	16,724	4,340	4,450	5,880	8,028	85,921
창원	9,767	8,027	7,575	2,414	11,089	5,401	18,143	13,779	1,271	4,414	4,018	6,965	92,863
남원	1,383	6,404	2,439	7,471	10,998	16,192	13,700	5,693	6,842	7,123	4,024	4,980	87,249
나주	5,571	3,843	6,270	5,264	15,929	17,297	6,829	7,713	8,373	8,735	2,229	6,319	94,372
제주	6,733	1,222	2,004	9,218	16,780	10,226	7,671	16,716	2,138	7,728	5,800	4,469	90,705

값이 높을수록 빨간색이 짙게 표시되고, 낮을수록 파랑색이 짙게 표시됨

064 데이터를 아이콘으로 표시하기

실습 파일 | PART 02\CHAPTER 01\064_아이콘집합.xlsx
완성 파일 | PART 02\CHAPTER 01\064_아이콘집합_완성.xlsx

조건부 서식의 아이콘 집합을 사용하면 숫자 데이터에 등급이나 목표 달성 상태, 추세와 같은 KPI(핵심성과지표)를 표시할 수 있습니다. 데이터의 임곗값을 지정하여 최소 세 가지에서 최대 다섯 가지의 범주로 분류된 아이콘 집합을 선택하면 됩니다. 백분율로 분류된 기본 아이콘을 사용할 수도 있고, 각 아이콘의 임곗값을 직접 지정하거나 아이콘을 따로 선택할 수도 있습니다.

1 목표 달성 상태 표시하기

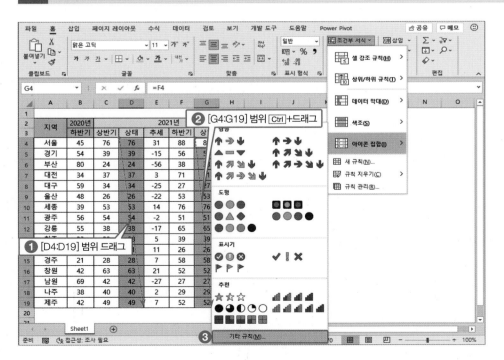

2 ▶ 적용할 아이콘 지정하기

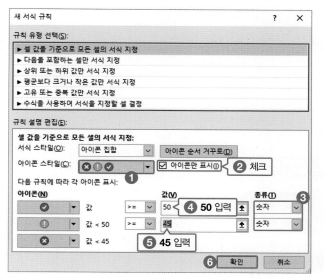

TIP 상태 범위의 값에는 상반기, 하반기의 값이 그대로 연결되어 있습니다. 상반기, 하반기 실적이 50 이상이면 ✔을 표시하고, 45 이상 50 미만이면 ❶을, 45 미만이면 ✘을 표시합니다.

TIP [아이콘만 표시]에 체크하여 셀 값을 숨기고 아이콘만 표시합니다.

3 ▶ 이전 실적 대비 추세 표시하기

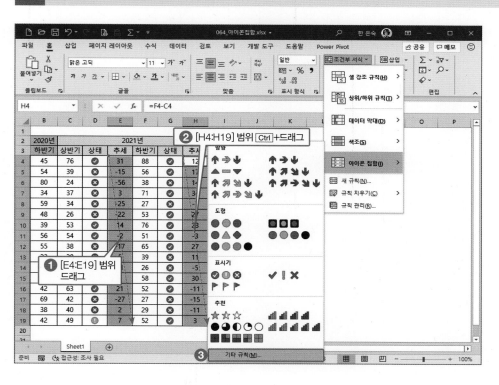

4   적용할 아이콘 지정하기

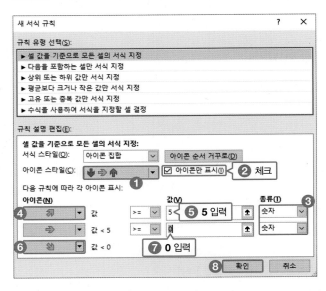

TIP 추세 범위의 값에는 현재 실적에서 전반기 실적을 뺀 수식이 입력되어 있습니다. 값이 5 이상이면 ⚑을 표시하고, 0 이상 5 미만이면 ⇨을, 0 미만이면 ⚑을 표시합니다.

데이터에 맞게
차트
작성하기

항목별 데이터의 값을 비교하거나 데이터의 성장세, 점유율 등을 시각적으로 나타
낼 때는 엑셀 차트를 활용합니다. 엑셀에서는 꺾은선형, 막대형, 원형을 비롯해 다
양한 종류의 차트를 작성할 수 있습니다. 데이터 종류에 따라 어울리는 시각적 효
과를 고려해 엑셀에서 추천하는 차트를 활용할 수 있고 차트 종류를 직접 선택해
서 작성할 수도 있습니다.

065 추천 차트 작성하고 데이터 추가하기

실습 파일 | PART 02\CHAPTER 02\065_차트데이터추가.xlsx
완성 파일 | PART 02\CHAPTER 02\065_차트데이터추가_완성.xlsx

엑셀 2013 이상 버전에는 선택한 데이터에 적합한 차트를 추천해주는 추천 차트 기능이 있습니다. 추천 차트를 통해 차트를 작성한 후 작성된 차트에 다른 데이터를 추가하는 방법까지 알아보겠습니다.

1 추천 차트 작성하기

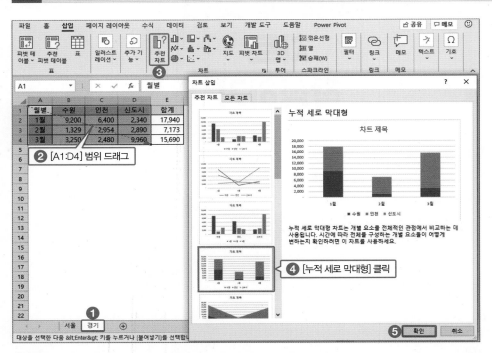

🔍 **엑셀 2013** 이 예제는 엑셀 2013 이상 버전에서만 원활하게 학습할 수 있습니다. [추천 차트]가 없는 엑셀 2010 이하 버전에서는 데이터 범위를 지정한 후 [삽입] 탭-[차트] 그룹에서 원하는 차트 종류를 선택합니다.

2 ▶ 차트에 데이터 추가하기

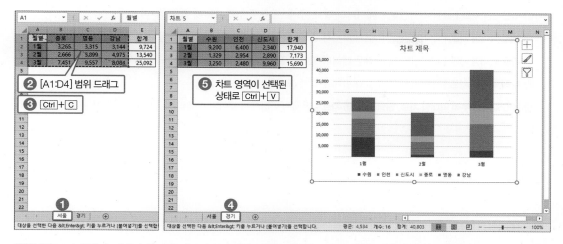

TIP [차트 디자인] 탭 – [데이터] 그룹 – [데이터 선택]을 클릭하고 [데이터 원본 선택] 대화상자에서 [범례 항목(계열)]의 [추가]를 클릭하여 데이터를 추가할 수도 있습니다. 그러나 이 방법은 [계열 이름]과 [계열 값]을 따로 지정해주어야 하고, 한 번에 한 개의 계열만 추가할 수 있기 때문에 '종로', '명동', '강남' 데이터를 추가하려면 세 번 작업해야 하므로 번거롭습니다.

3 ▶ 차트 레이아웃 및 스타일 선택하기

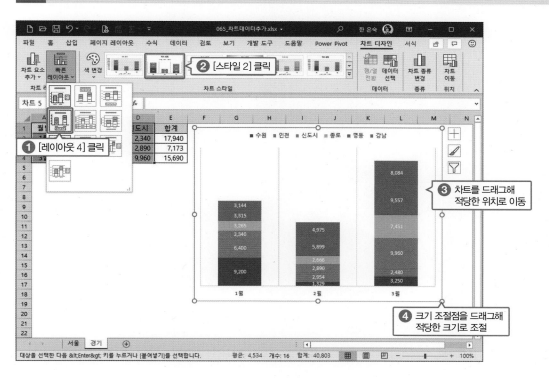

효율 UP 능률 UP 기초 다지기　**데이터 형태별 적절한 기본 차트 유형 알아보기**

①꺾은선형 차트 | 날짜나 시간별로 데이터의 변화, 추세, 예측 등을 표시할 때 활용합니다.

②세로 막대형 차트 | 데이터 항목별 값의 크기가 한눈에 비교되도록 표시할 때 활용합니다.

③가로 막대형 차트 | 데이터가 많을 경우 데이터 항목별 값의 크기가 한눈에 비교되도록 표시할 때 활용합니다.

④누적 막대형 차트 | 데이터 항목별 값과 합계를 함께 표시할 때 활용합니다.

⑤100% 기준 누적 막대형 차트, 원형(도넛형) 차트 | 전체 데이터에서 데이터 항목의 점유율을 표시할 때 활용합니다.

066 숫자 데이터를 항목 축에 적용하기

실습 파일 | **PART 02\CHAPTER 02\066_숫자항목축.xlsx**
완성 파일 | **PART 02\CHAPTER 02\066_숫자항목축_완성.xlsx**

보통 차트를 작성하면 데이터 범위의 첫 번째 열이 항목 축(X축)으로 적용됩니다. 그런데 첫 번째 열의 데이터가 숫자로만 되어 있으면 데이터 계열로 인식하여 항목 축으로 적용되지 않습니다. 연도 가 숫자로 작성되어 있는 표를 꺾은선형 차트로 작성하고, 데이터 계열로 적용된 연도 범위를 항목 축 으로 수정하는 방법까지 알아보겠습니다. 또한 차트 요소를 간편하게 추가하고 제거해보겠습니다.

1 꺾은선형 차트 작성하기

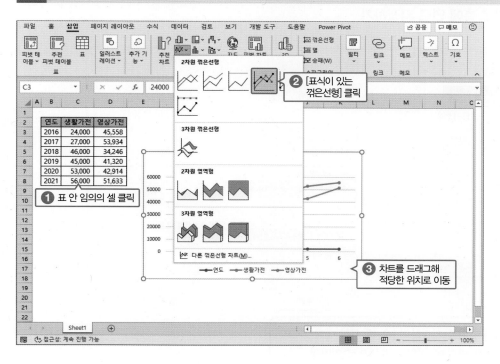

2 ▶ 데이터 계열에서 연도 제거하기

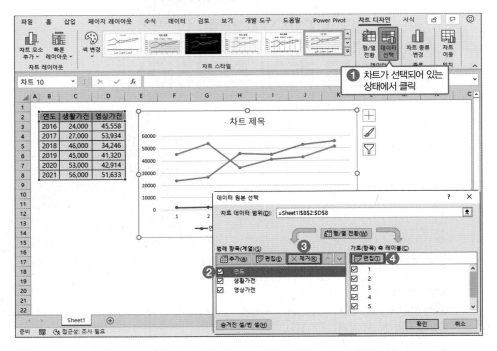

TIP '연도'가 가로 축이 아니라 계열로 인식되어 있으므로 범례에서 제거하는 작업입니다.

3 ▶ 가로 축에 연도 지정하기

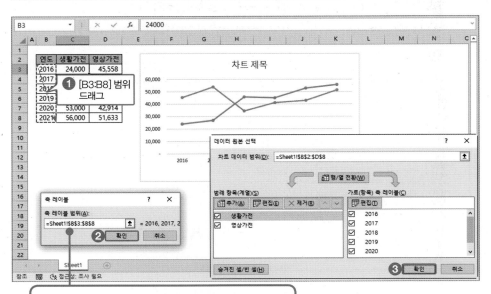

[B3:B8] 범위를 지정하면 [축 레이블] 대화상자의
[축 레이블 범위]에 범위가 자동으로 입력됨

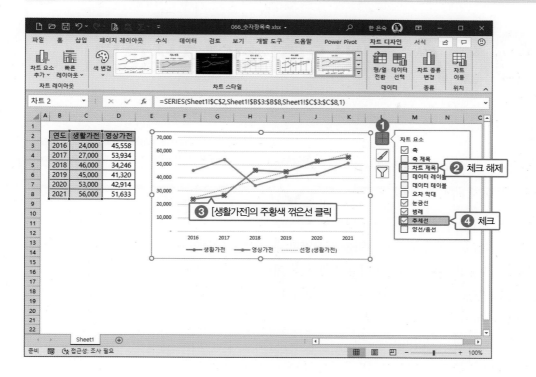

③ [생활가전]의 주황색 꺾은선 클릭

 효율 UP 능률 UP 기초 다지기 **연도를 항목 축으로 적용하는 더 간편한 방법 알아보기**

❶ 첫 번째 표와 같이 '연도'가 숫자로 입력되어 있지 않고 문자 데이터로 입력되어 있으면 자동으로 '연도'가 항목 축으로 적용됩니다.

❷ '연도'가 꼭 숫자로 입력되어 있어야 하는 경우 '연도'의 필드 셀인 [B2] 셀의 값을 삭제한 후 차트를 작성하면 '연도'가 항목 축으로 자동 적용됩니다.

연도	생활가전	영상가전
2016년	24,000	45,558
2017년	27,000	53,934
2018년	46,000	34,246
2019년	45,000	41,320
2020년	53,000	42,914
2021년	56,000	51,633

	생활가전	영상가전
2016	24,000	45,558
2017	27,000	53,934
2018	46,000	34,246
2019	45,000	41,320
2020	53,000	42,914
2021	56,000	51,633

067 피벗 원형 차트 작성하기

실습 파일 | PART 02\CHAPTER 02\067_피벗원형차트.xlsx
완성 파일 | PART 02\CHAPTER 02\067_피벗원형차트_완성.xlsx

피벗 차트는 데이터 목록을 피벗 테이블로 요약한 후 차트로 만들어주기 때문에 양이 많고 복잡한 데이터를 차트로 표시할 때 활용하면 편리합니다. 피벗 테이블에서 필드를 확장 · 축소하면 차트에도 데이터 계열이 함께 확장 · 축소되어 표시됩니다. 실습 파일에는 일반 원형 차트가 작성되어 있습니다. 같은 표로 피벗 차트를 작성한 후 부서별로 확장 · 축소하여 표시해보겠습니다.

1 피벗 차트 작성하기

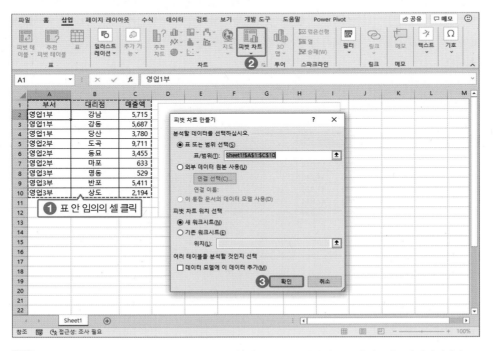

TIP 선택한 셀이 있는 표 범위 전체가 피벗 차트의 범위로 지정되고, 피벗 차트는 새 워크시트에 삽입됩니다.

2 ▶ 피벗 차트 필드 선택 및 차트 종류 변경하기

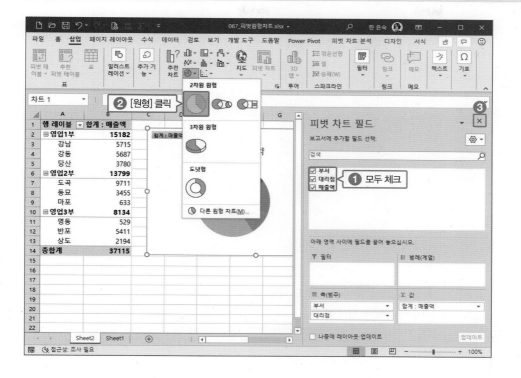

3 ▶ 차트 제목 제거 및 데이터 레이블 옵션 설정하기

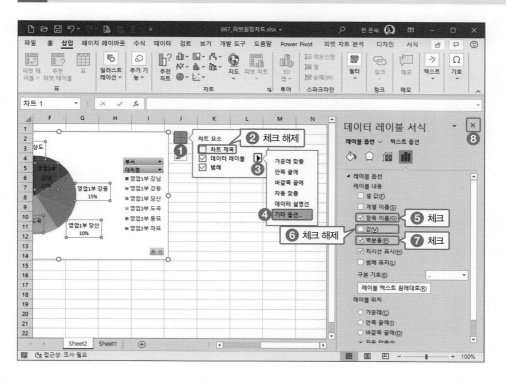

4 **차트 스타일 지정 및 부서 필드 확장·축소하기**

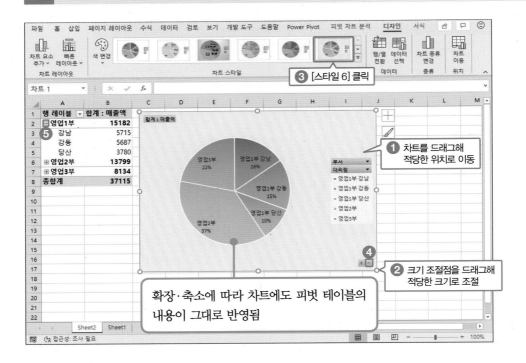

③ [스타일 6] 클릭

① 차트를 드래그해 적당한 위치로 이동

② 크기 조절점을 드래그해 적당한 크기로 조절

확장·축소에 따라 차트에도 피벗 테이블의 내용이 그대로 반영됨

효율 UP 능률 UP 기초 다지기 **피벗 테이블과 차트 동시에 확장·축소하기**

차트 영역 오른쪽 아래의 [축소 ─]를 클릭하면 피벗 테이블과 차트에서 부서 필드가 전체 축소되어 표시되고, [확장 ⊞]을 클릭하면 부서 필드가 전체 확장되어 표시됩니다.

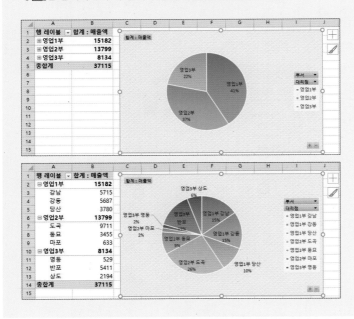

통계 함수
활용하기

엑셀의 통계 함수는 평균을 내거나 순위를 매길 때, 혹은 조건부 셀의 개수를 셀 때 등 일상적인 통계 계산을 할 때 유용합니다. 이뿐 아니라 데이터를 통계적으로 분석하기 위한 통계 분석 함수까지 있습니다. 이번 CHAPTER에서는 유용한 통계 함수 몇 가지를 알아보겠습니다.

068 동점 순위 구하기

실습 파일 | PART 02\CHAPTER 03\068_동점순위.xlsx
완성 파일 | PART 02\CHAPTER 03\068_동점순위_완성.xlsx

순위를 구하는 RANK.EQ 함수는 동점일 때 같은 순위가 구해지고, 다음 값은 하나 건너뛴 순위가 구해집니다. 동점일 때 다른 값을 비교한 순위로 구하려면 RANK.EQ 함수 결과에 순위 다중 조건에 해당하는 셀의 개수를 더합니다. 실습 파일에는 제품 테스트 점수의 평균을 기준으로 순위가 매겨져 있습니다. 값이 같을 때 다른 값을 비교해 순위를 구해보겠습니다.

01 범위 이름 정의하기 수식을 더 짧고 간단히 입력하기 위해 조건 범위에 이름을 정의하겠습니다. ❶ [D1:E16] 범위를 지정하고 ❷ [수식] 탭-[정의된 이름] 그룹-[선택 영역에서 만들기]를 클릭합니다. ❸ [선택 영역에서 이름 만들기] 대화상자의 [첫 행]이 체크되어 있는 상태로 ❹ [확인]을 클릭합니다.

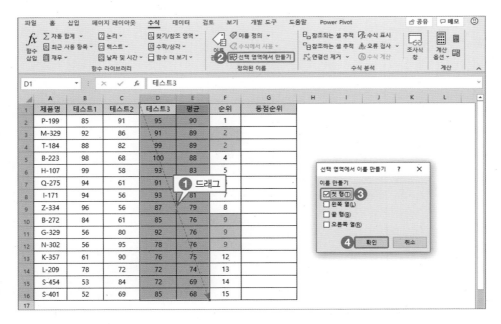

02 동점 순위 구하기 ❶ [G2] 셀에 **=F2+COUNTIFS(평균,E2,테스트3,">"&D2)**를 입력하고 Enter 를 누릅니다. ❷ [G2] 셀의 채우기 핸들█을 더블클릭합니다.

	A	B	C	D	E	F	G	H	I	J	K	L
1	제품명	테스트1	테스트2	테스트3	평균	순위	동점순위					
2	P-199	85	91	95	90	1	=F2+COUNTIFS(평균,E2,테스트3,">"&D2)					
3	M-329	92	86	91	89	2						
4	T-184	88	82	99	89	2						
5	B-223	98	68	100	88	4	4					
6	H-107	99	58	93	83	5	5					
7	Q-275	94	61	91	82	6	6					
8	I-171	94	56	93	81	7	7					
9	Z-334	96	56	87	79	8	8					
10	B-272	84	61	85	76	9	10					
11	G-329	56	80	92	76	9	9					
12	N-302	56	95	78	76	9	11					
13	K-357	61	90	76	75	12	12					
14	L-209	78	72	72	74	13	13					
15	S-454	53	84	72	69	14	14					
16	S-401	52	69	85	68	15	15					

❶ 입력 후 Enter

❷ 채우기 핸들 더블클릭

TIP 기존 순위(**F2**)에 [평균]이 같고 [테스트3]이 큰 셀의 개수(**COUNTIFS(평균,E2,테스트3,">"&D2)**)를 더합니다. [평균]이 같은 항목 중 [테스트3]이 큰 셀이 없으면 기존 순위에 0이 더해져 기존 순위가 입력됩니다. 만약 [테스트3]이 더 큰 셀이 있으면 그 셀의 개수만큼 더해져 그 다음 순위가 됩니다. F열에 순위를 구하지 않고 동점 순위를 바로 구하려면 **=RANK.EQ(E2,평균)+COUNTIFS(평균,E2,테스트3,">"&D2)**를 입력합니다.

🔍 **엑셀 2010** 이 예제는 엑셀 2010 이상 버전에서만 원활하게 학습할 수 있습니다. 엑셀 2007 이하 버전에서는 RANK.EQ 함수 대신 RANK 함수를 사용해야 하고, COUNTIFS 함수 대신 SUM 함수의 배열 수식을 사용해야 합니다. 즉, **=RANK(E2,평균)+SUM((평균=E2)*(테스트3>D2))**를 입력한 후 Ctrl + Shift + Enter 를 누릅니다. 배열 수식으로 작성하면 SUM 함수 안의 **(평균=E2)*(테스트3>D2)**는 조건식이 됩니다. 조건과 조건 사이의 *는 AND 조건으로, +는 OR 조건으로 인식하며 조건에 맞는 셀의 개수를 구해줍니다.

효율 UP 능률 UP 기초 다지기   COUNTIFS 함수의 형식과 인수 알아보기

COUNTIFS 함수는 다중 조건에 맞는 셀의 개수를 구하며, **=COUNTIFS(조건 범위1, 조건1, 조건 범위n, 조건n)** 형식으로 사용합니다. COUNTIFS 함수의 인수를 자세히 알아보겠습니다.

조건 범위1(Criteria_range1)	조건에 맞는지 확인할 범위
조건1(Criteria1)	조건
조건 범위n, 조건n	추가 조건 범위와 추가 조건. 조건 범위와 조건은 최대 127개까지 지정할 수 있음

069 상대 평가의 평점 구하기

실습 파일 | **PART 02\CHAPTER 03\069_상대평가.xlsx**
완성 파일 | **PART 02\CHAPTER 03\069_상대평가_완성.xlsx**

PERCENTILE.INC 함수는 값의 목록에서 특정 백분위에 해당하는 백분위수를 구하는 함수입니다. 실습 파일의 상대 평가 기준표에는 '백분율' 기준에 따른 '평점'이 입력되어 있습니다. 백분율에 따른 '백분위수'를 구하고, 이 상대 평가 기준표를 통해 각 '총점'에 대한 '평점'을 입력해보겠습니다.

01 백분위수 구하기 ❶ [K2:K10] 범위를 지정하고 ❷ **=PERCENTILE.INC($F$2:$F$56, J2)**를 입력한 후 ❸ Ctrl + Enter 를 누릅니다.

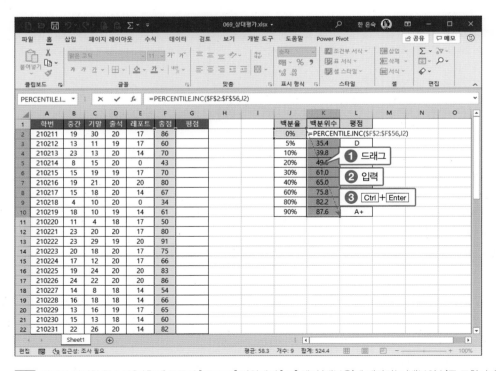

TIP 여기서 입력한 함수식은 '총점' 목록인 [F2:F56] 범위에서 [J2] 셀의 '백분율'에 해당하는 '백분위수'를 구합니다.

02 평점 구하기 ❶ [G2] 셀에 **=VLOOKUP(F2,$K$2:$L$10,2,1)**를 입력한 후 Enter 를 누릅니다. ❷ [G2] 셀의 채우기 핸들을 더블클릭합니다.

> **TIP** 여기에서 입력한 함수식은 [F2] 셀의 '총점'을 [K2:L10] 범위의 첫 번째 열에서 찾아, 같은 행의 두 번째 열인 '평점'을 가져옵니다. VLOOKUP 함수에서 찾는 값은 항상 기준 범위의 첫 번째 열에 있어야 하므로 범위를 [J2] 셀부터 지정하지 않고 [K2] 셀부터 지정했습니다. 가져올 때의 값은 비슷하게 일치하는 값을 가져와야 하므로 가져오기 옵션을 **1**로 지정했습니다.

효율 UP 능률 UP 기초 다지기   백분위와 백분위수 알아보기

백분위(Percentrank)는 어떤 값의 목록을 낮은 값에서 높은 값 순으로 나열했을 때, 특정 값이 값의 목록에서 어느 위치에 있는지 상대적 위치를 백분율로 나타낸 것입니다. 백분위수(Percentile)는 값의 목록에서 특정 백분위에 해당하는 값을 말합니다. 예를 들어 점수 목록에서 60점의 백분위가 75%라면 점수 목록에 60점 미만의 값이 75% 있다는 의미입니다. 즉, 60점은 점수 목록에서 상위 25%에 해당하는 값입니다. 따라서 점수 목록에서 백분위 75%에 해당하는 백분위수는 60점입니다. 총점에 대한 백분위를 구하려면 PERCENTRANK.INC 함수를 사용합니다.

효율 UP 능률 UP 기초 다지기   PERCENTILE.INC 함수의 형식과 인수 알아보기

PERCENTILE.INC 함수는 지정한 범위에서 백분율(K) 값에 해당하는 백분위수를 구합니다. 이때 백분율(K)은 경곗값 0, 1을 포함한 백분율입니다. 참고로 경곗값을 제외한 백분율로 백분위수를 구하려면 PERCENTILE.EXC 함수를 사용합니다. PERCENTILE.INC 함수는 **=PERCENTILE.INC(범위, 백분율)** 형식으로 사용합니다. PERCENTILE.INC 함수의 인수를 자세히 알아보겠습니다.

범위(Array)	상대 순위를 구할 데이터의 범위 또는 배열
백분율(K)	백분위수를 구하기 위한 백분율(0에서 1 사이의 값)

070 연령대별 인원 구하기

실습 파일 | PART 02\CHAPTER 03\070_FREQUENCY.xlsx
완성 파일 | PART 02\CHAPTER 03\070_FREQUENCY_완성.xlsx

FREQUENCY 함수는 값의 범위 내에서 해당 값의 발생 빈도(도수 분포)를 세로 배열 형태로 구해줍니다. 실습 파일의 '나이' 목록에서 '연령대'별 인원을 FREQUENCY 함수로 구해보겠습니다.

01 **연령대별 구간값 입력하기** '구간값'은 구간별 최댓값을 사용해야 하므로 '연령대'별 최댓값을 입력합니다. ❶ [F2] 셀에 **19**를 입력하고 ❷ [F3] 셀에 **29**를 입력합니다. ❸ [F2:F3] 범위를 지정하고 ❹ 채우기 핸들을 더블클릭합니다.

02 연령대별 인원 구하기 ❶ [G2:G7] 범위를 지정하고 ❷ =FREQUENCY(C2:C31,F2: F7)를 입력한 후 ❸ Ctrl + Shift + Enter 를 누릅니다.

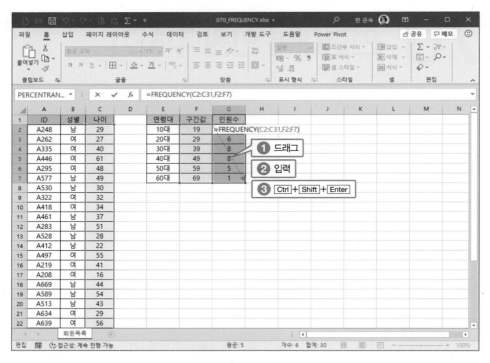

TIP '나이' 범위인 [C2:C31] 범위에서 '구간값' 범위인 [F2:F7] 범위의 각 값에 해당하는 빈도수를 구해줍니다.

 효율 UP 능률 UP 기초 다지기   FREQUENCY 함수의 형식과 인수 알아보기

FREQUENCY 함수는 값의 범위에서 지정한 구간에 대한 빈도수 분포를 세로 배열의 형태로 구해줍니다. **=FREQUENCY(값 범위, 구간 범위)** 형식으로 사용하며, 결과를 배열의 형태로 반환하므로 Ctrl + Shift + Enter 를 눌러 수식 입력을 완료해야 합니다. FREQUENCY 함수의 인수를 자세히 알아보겠습니다.

값 범위(Data_array)	빈도수를 구할 값이 있는 셀 범위
구간 범위(Bins_array)	값을 분류한 간격에 해당하는 구간값이 있는 셀 범위

수학/삼각 함수
활용하기

엑셀의 수학/삼각 함수에는 수학적 계산을 돕는 유용한 함수가 많습니다. 만약 수학/삼각 함수를 사용하지 않으면 여러 사칙 연산자를 조합해 복잡한 계산식을 작성해야 할 수도 있습니다. 이번 CHAPTER에서는 실무에 활용하기 좋은 몇 가지 수학 계산 함수를 알아보겠습니다.

071 날짜에서 시간 분리하기

실습 파일 | PART 02\CHAPTER 04\071_날짜시간분리.xlsx
완성 파일 | PART 02\CHAPTER 04\071_날짜시간분리_완성.xlsx

엑셀의 시간 데이터는 0에서 1 사이의 소숫값입니다. 날짜와 시간이 같이 입력되어 있는 데이터에서 시간 데이터만 가져오려면 숫자에서 정수만 남기는 INT 함수를 사용합니다.

01 시간 데이터의 값 가져오기 ❶ [B2:B21] 범위를 지정하고 ❷ **=A2−INT(A2)**를 입력한 후 ❸ Ctrl + Enter 를 누릅니다.

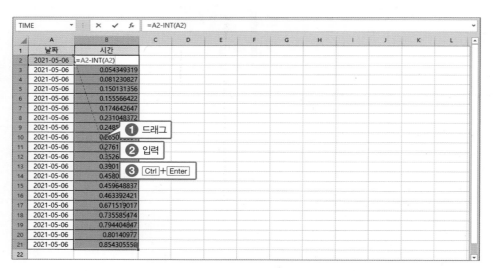

TIP [A2] 셀을 클릭하고 [홈] 탭 – [표시 형식] 그룹 – [표시 형식] 목록에서 [일반]을 선택하면 날짜가 44322.00193으로 표시됩니다. 정수 부분은 날짜이고, 소수 부분이 시간입니다. 즉, 수식의 결과로 [A2] 셀의 값에서 정수를 뺀 나머지 소숫값이 구해집니다.

02 시간 표시 형식 선택하기 소숫값을 시간으로 표시하겠습니다. ❶ [홈] 탭-[표시 형식] 그룹-[표시 형식 🖸]을 클릭합니다. ❷ [셀 서식] 대화상자의 [범주]에서 [시간]을 클릭하고 ❸ [형식]에서 [1:30:55 PM]을 클릭한 후 ❹ [확인]을 클릭합니다.

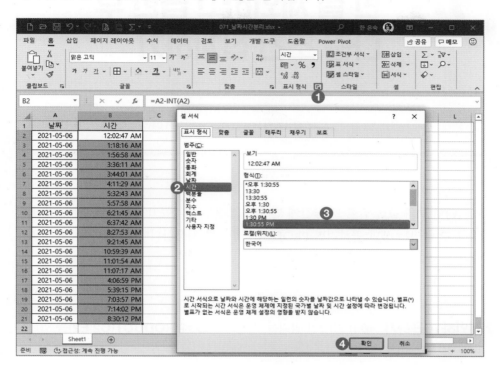

 효율 UP 능률 UP 기초 다지기   **INT 함수의 형식과 인수 알아보기**

INT 함수는 숫자에서 소수점 아래를 버리고 가장 가까운 정수로 내리며, **=INT(숫자)** 형식으로 사용합니다. INT 함수의 인수를 자세히 알아보겠습니다.

숫자(Number)	정수로 내림하려는 실수

072 빈 셀 제외하고 곱한 후 다중 조건 집계하기

실습 파일 | PART 02\CHAPTER 04\072_다중조건집계.xlsx
완성 파일 | PART 02\CHAPTER 04\072_다중조건집계_완성.xlsx

곱하기 연산자로 여러 셀의 값을 곱할 때 중간에 빈 셀이 있으면 결과는 0이 됩니다. 연속 범위 중 빈 셀은 제외하고 값이 있는 셀만 곱하려면 PRODUCT 함수를 사용합니다. 또한 다중 조건에 대한 합계를 구할 때는 SUMIFS 함수를 사용합니다.

01 빈 셀 제외하고 곱하기 ① [F2:F21] 범위를 지정하고 ② =PRODUCT(C2:E2)를 입력한 후 ③ Ctrl + Enter 를 누릅니다.

TIP '원가', '마진율', '할인율'을 곱해 '판매단가'를 구합니다. 중간에 빈 셀은 무시하고 곱합니다.

02 날짜와 품목이 일치하는 주문 수량의 합계 구하기 ❶ [G2:G21] 범위를 지정하고 ❷ =SUMIFS(주문,일자,A2,품목,B2)를 입력한 후 ❸ Ctrl + Enter 를 누릅니다.

	A	B	C	D	E	F	G	H	I	J	K	L	M
1	월/일	품목	원가	마진율	할인율	판매단가	수량	매출금액		일자	품목	주문	
2	4/2	HES-0403	23,000	120%	90%	24,840	=SUMIFS(주문,일자,A2,품목,B2)			4/1	HES-0403	5	
3	4/2	HZD-5262	125,000		90%	112,500	32	3,600,000		4/1	HZD-5262	8	
4	4/2	WNW-2443	12,000	150%	90%	16,200	22	356,400		4/1	WNW-2443	6	
5	4/2	XAK-9713	76,000	130%		98,800	6	592,800		4/1	XAK-9713	12	
6	4/2	KLF-2372	16,000	160%		25,600	9	230,400		4/1	KLF-2372	9	
7	4/3	HES-0403	23,000	120%	90%	24,840	23	571,320		4/1	HES-0403	8	
8	4/3	HZD-5262	125,000		90%	112,500	20	2,250,000		4/1	HZD-5262	4	
9	4/3	WNW-2443	12,000	150%		18,000	11			4/1	XAK-9713	12	
10	4/3	XAK-9713	76,000	130%	90%	88,920	12			4/2	WNW-2443	8	
11	4/3	KLF-2372	16,000	160%		25,600	12			4/2	XAK-9713	6	
12	4/4	HES-0403	23,000	120%	90%	24,840	23	20		4/2	KLF-2372	9	
13	4/4	HZD-5262	125,000		90%	112,500	19			4/2	HES-0403	14	
14	4/4	WNW-2443	12,000	150%		18,000	5			4/2	HZD-5262	12	
15	4/4	XAK-9713	76,000	130%	90%	88,920	21	1,867,320		4/2	WNW-2443	5	
16	4/4	KLF-2372	16,000	160%	90%	23,040	31	714,240		4/2	HZD-5262	8	
17	4/5	HES-0403	23,000	120%		27,600	11	303,600		4/2	HES-0403	7	
18	4/5	HZD-5262	125,000		90%	112,500	17	1,912,500		4/2	HES-0403	6	
19	4/5	WNW-2443	12,000	150%	90%	16,200	18	291,600		4/2	HZD-5262	12	
20	4/5	XAK-9713	76,000	130%	90%	88,920	20	1,778,400		4/2	WNW-2443	9	
21	4/5	KLF-2372	16,000	160%	90%	23,040	27	622,080		4/3	HZD-5262	10	
22										4/3	KLF-2372	12	

❶ 드래그
❷ 입력
❸ Ctrl + Enter

TIP [J2:J48] 범위는 [일자], [K2:K48] 범위는 [품목], [L2:L48] 범위는 [주문]이라는 이름으로 정의되어 있습니다. 여기에서 입력한 함수식은 [주문] 범위의 합계를 구하되, [일자] 범위에 [A2] 셀과 같고, [품목] 범위에 [B2] 셀과 같은 값이 있는 [주문] 값의 합계를 구합니다.

효율 UP 능률 UP 기초 다지기   PRODUCT 함수의 형식과 인수 알아보기

PRODUCT 함수는 지정한 숫자들을 모두 곱하며, 범위 안의 빈 셀은 건너뛰고 곱합니다. PRODUCT 함수는 **=PRODUCT(숫자1, [숫자2], …)** 형식으로 사용합니다. PRODUCT 함수의 인수를 자세히 알아보겠습니다.

숫자1(Number1) 숫자2(Number2) ...	곱하려는 숫자 또는 숫자가 있는 셀이나 셀 범위. 떨어져 있는 셀이나 셀 범위인 경우 255개까지 지정할 수 있음. 연속적인 범위는 하나만 지정 가능

효율 UP 능률 UP 기초 다지기   SUMIFS 함수의 형식과 인수 알아보기

SUMIFS 함수는 조건 범위와 조건들에 맞는 범위 셀의 합계를 구하며, **=SUMIFS(합계 범위, 조건 범위1, 조건1, 조건 범위2, 조건2, …)** 형식으로 사용합니다. 이때 조건 범위와 조건은 127개까지 지정할 수 있습니다. SUMIFS 함수의 인수를 자세히 알아보겠습니다.

합계 범위(Sum_range)	합계를 구할 셀 범위
조건 범위1(Criteria_range1)	조건을 확인할 첫 번째 셀 범위
조건1(Criteria1)	첫 번째 조건 범위에 대해 지정할 첫 번째 조건
조건 범위n(Criteria_range n)	조건을 확인할 n번째 셀 범위
조건n(Criteria n)	n번째 조건 범위에 대해 지정할 n번째 조건

날짜/시간 함수
활용하기

날짜/시간 함수는 은행이나 보험 회사에서 기간 단위로 이율을 계산해야 할 때, 인사팀에서 기간이나 시간에 따라 수당 및 급여를 계산해야 할 때 등의 상황에서 사용합니다. 이번 CHAPTER에서는 날짜와 시간 계산을 위한 함수를 사용해보며 엑셀의 날짜와 시간 개념을 알아보겠습니다.

073 기준일로부터 일정 개월 전후 날짜 구하기

실습 파일 | PART 02\CHAPTER 05\073_개월계산.xlsx
완성 파일 | PART 02\CHAPTER 05\073_개월계산_완성.xlsx

날짜 데이터에 숫자를 더하거나 빼면 일자를 더하거나 뺄 수 있습니다. 날짜에 개월 수를 더하거나 빼려면 EDATE 함수나 EOMONTH 함수를 사용합니다. EOMONTH 함수는 개월 수를 더하거나 빼면서 일자를 말일로 지정합니다. 실습 파일에서는 고객마다 '계약일'로부터의 '지급주기'가 다릅니다. '1차지급일'은 '계약일'로부터 '지급주기'를 더해 구하고, '2차지급일'부터 '4차지급일'까지는 이전 지급일에 '지급주기'를 더한 후의 말일 날짜를 구해보겠습니다.

01 일정 개월 후의 날짜 구하기 ❶ [D2:D19] 범위를 지정하고 ❷ **=EDATE(C2,B2)**를 입력한 후 ❸ Ctrl + Enter 를 누릅니다.

고객명	지급주기 (개월)	계약일	1차지급일	2차지급일	3차지급일	4차지급일
이은정	8	2021-02-25	=EDATE(C2,B2)			
천진희	4	2021-03-12	2021-07-12			
김치명	3	2021-03-25	2021-06-25			
백도심	8	2021-04-04	2021-12-04			
방경자	6	2021-04-12	2021-10-12			
김성민	3	2021-05-09	2021-08-09			
이지회	8	2021-05-21	2022-01-21			
김락현	9	2021-06-01	2022-03-0?			
한상호	9	2021-06-08	2022-03-08			
강위만	10	2021-07-23	2022-05-23			
고재윤	8	2021-08-28	2022-04-28			
이승재	10	2021-10-04	2022-08-04			
김태형	3	2021-10-15	2022-01-15			
박혜연	6	2021-11-09	2022-05-09			
김선주	3	2021-11-10	2022-02-10			
이남주	10	2021-11-17	2022-09-17			
이연한	6	2021-11-24	2022-05-24			
정연민	6	2021-12-20	2022-06-20			

❶ 드래그
❷ 입력
❸ Ctrl + Enter

배당금지급일

편집 | 접근성: 계속 진행 가능 | 평균: 2022-02-08 개수: 18 합계: 4097-12-30 | 100%

02 일정 개월 후의 말일 날짜 구하기 ❶ [E2:G19] 범위를 지정하고 ❷ **=EOMONTH(D2, $B2)**를 입력한 후 ❸ Ctrl + Enter 를 누릅니다.

	A	B	C	D	E	F	G
		지급주기					
1	고객명	(개월)	계약일	1차지급일	2차지급일	3차지급일	4차지급일
2	이은정	8	2021-02-25	2021-10-25	=EOMONTH(D2,$B2)		2023-10-31
3	천진희	4	2021-03-12	2021-07-12	2021-11-30	2022-03-31	2022-07-31
4	김치명	3	2021-03-25	2021-06-25	2021-09-30	2021-12-31	2022-03-31
5	백도심	8	2021-04-04	2021-12-04	2022-08-31	2023-04-30	2023-12-31
6	방경자	6	2021-04-12	2021-10-12	2022-04-30	2022-10-31	2023-04-30
7	김성민	3	2021-05-09	2021-08-09	2021-11-30	2022-02-28	2022-05-31
8	이지희	8	2021-05-21	2022-01-21	2022-09-30	2023-05-31	2024-01-31
9	김락현	9	2021-06-01	2022-03-01	2022-12-31	2023-09-30	2024-06-30
10	한상호	9	2021-06-08	2022-03-08	2022-12-31	2023-09-30	2024-06-30
11	강위만	10	2021-07-23	2022-05-23	2023-03-31	2024-01-31	2024-11-30
12	고재윤	8	2021-08-28	2022-04-28	2022-12-31	2023-08-31	2024-04-30
13	이승재	10	2021-10-04	2022-08-04	2023-06-30	2024-04-30	2025-02-28
14	김태형	3	2021-10-15	2022-01-15	2022-04-30	2022-07-31	2022-10-31
15	박혜연	6	2021-11-09	2022-05-09	2022-11-30	2023-05-31	2023-11-30
16	김선주	3	2021-11-10	2022-02-10	2022-05-31	2022-08-31	2022-11-30
17	이남주	10	2021-11-17	2022-09-17	2023-07-31	2024-05-31	2025-03-31
18	이연한	6	2021-11-24	2022-05-24	2022-11-30	2023-05-31	2023-11-30
19	정연민	6	2021-12-20	2022-06-20	2022-12-31	2023-06-30	2023-12-31

❶ 드래그
❷ 입력
❸ Ctrl + Enter

TIP [E2] 셀은 [D2] 셀로부터 '지급주기'인 [B2] 셀 이후의 말일 날짜를 구합니다. '3차지급일'인 [F2] 셀에서는 [E2] 셀을 참조해야 하고, '4차지급일'인 [G2] 셀에서는 [F2] 셀을 참조해야 하므로 [D2] 셀은 상대 참조로 작성했습니다. '지급주기'인 [B2] 셀의 B 열은 변경되지 않아야 하고, 행 번호는 변경되어야 하므로 열 고정 혼합 참조 **$B2**로 작성합니다.

효율 UP 능률 UP 기초 다지기   EDATE, EOMONTH 함수의 형식과 인수 알아보기

EDATE 함수는 지정한 날짜로부터 지정한 개월 수 이전이나 이후의 날짜를 구하며, **=EDATE(날짜, 개월 수)** 형식으로 사용합니다. EOMONTH 함수는 말일 날짜를 구하며, **=EOMONTH(날짜, 개월 수)** 형식으로 사용합니다. EDATE 함수와 EOMONTH 함수의 인수는 동일하므로 함께 알아보겠습니다.

날짜(Start_date)	기준 날짜
개월 수(Months)	기준 날짜로부터 더하거나 뺄 개월 수. 양수를 입력하면 더하고 음수를 입력하면 뺌

074 두 날짜 사이의 기간 계산하기

실습 파일 | **PART 02\CHAPTER 05\074_기간계산.xlsx**
완성 파일 | **PART 02\CHAPTER 05\074_기간계산_완성.xlsx**

DATEDIF 함수는 두 날짜 사이의 기간(연, 월, 일)을 모두 구할 수 있습니다. 참고로 함수 라이브러리에는 없기 때문에 함수식을 직접 입력해야 합니다. 실습 파일에서 '계약일'로부터 '기준일'까지 '계약기간'이 몇 년, 몇 개월, 며칠 남았는지 구해보겠습니다.

01 경과 연도 구하기 ❶ [C4:C20] 범위를 지정하고 ❷ **=DATEDIF(B4,$E$1,"Y")**를 입력한 후 ❸ Ctrl + Enter 를 누릅니다.

02 연도를 제외한 개월 수, 연도와 개월 수를 제외한 일자 구하기 ❶ [D4:D20] 범위를 지정하고 ❷ =DATEDIF(B4,$E$1,"YM")를 입력한 후 ❸ Ctrl + Enter 를 누릅니다. ❹ [E4:E20] 범위를 지정하고 ❺ =DATEDIF(B4,$E$1,"MD")를 입력한 후 ❻ Ctrl + Enter 를 누릅니다.

대리점	계약일	년	개월	일
				기준일: 2022-12-30
		계약기간		
강남	2020-10-26	2	2	=DATEDIF(B4,$E$1,"MD")
강동	2021-01-10	1	11	20
강서	2020-05-30	2	7	0
관악	2020-02-25	2	10	5
광진	2021-05-08	1	7	22
구로	2018-09-27	4	3	3
동대문	2019-01-09	3	11	21
동작	2019-11-16	3	1	14
마포	2019-11-12		1	18
서대문	2018-07-06		5	24
성북	2019-09-13		3	17
송파	2018-06-03		6	27
양천	2019-07-08			22
영등포	2021-02-28			2
용산	2021-04-16	1	8	14
은평	2021-12-31	0	11	29
종로	2021-03-28	1	9	2

❹ 드래그
❺ 입력
❻ Ctrl + Enter

❶ 드래그
❷ 입력
❸ Ctrl + Enter

효율 UP 능률 UP 기초 다지기   **DATEDIF 함수의 형식과 인수 알아보기**

DATEDIF 함수는 시작 날짜로부터 종료 날짜까지의 기간(지정한 결과 유형에 따라 다름)을 구하며, **=DATEDIF (시작 날짜, 종료 날짜, 결과 유형)** 형식으로 사용합니다. DATEDIF 함수의 인수를 자세히 알아보겠습니다.

시작 날짜(Start_date)	기간을 계산할 시작 날짜		
종료 날짜(End_date)	기간을 계산할 종료 날짜		
결과 유형(Return_type)	계산할 기간 유형으로는 다음 여섯 가지가 있으며, 대소문자 구분 없이 큰따옴표 안에 입력		
	유형	**결과**	
	Y	두 날짜 사이의 총 경과 연도 수	
	M	두 날짜 사이의 총 경과 개월 수	
	D	두 날짜 사이의 총 경과 일수	
	YM	경과 연도를 뺀 나머지 경과 개월 수	
	YD	경과 연도를 뺀 나머지 경과 일수	
	MD	경과 연도와 개월 수를 뺀 나머지 일수	

075 근무 시간 및 시간당 급여 계산하기

실습 파일 | PART 02\CHAPTER 05\075_시간계산.xlsx
완성 파일 | PART 02\CHAPTER 05\075_시간계산_완성.xlsx

시간 데이터에서 몇 시간 또는 몇 분을 더하거나 빼야 할 때 일반 숫자 데이터를 사용하면 안 됩니다. 반드시 TIME 함수의 인수로 시간과 분을 넣어서 계산해주어야 합니다. 실습 파일에서는 '퇴근시간'에서 '출근시간'과 '휴식시간'을 빼서 '근무시간'을 구하고, '총근무시간'에 '시급'을 곱해 '지급급여'까지 구해보겠습니다.

01 시간 계산하기 ❶ [E2:E14] 범위를 지정하고 ❷ =C2-B2-TIME(0,D2,0)를 입력한 후 ❸ Ctrl + Enter 를 누릅니다.

날짜	출근시간	퇴근시간	휴식시간(분)	근무시간
11-01(월)	9:00	18:30	60	=C2-B2-TIME(0,D2,0)
11-02(화)	10:00	19:45	30	9:15
11-03(수)	7:45	16:50	60	8:05
11-04(목)	8:50	18:40	60	8:50
11-05(금)	9:40	20:00	60	9:20
11-08(월)	9:00	18:30	60	8:30
11-09(화)	10:00	19:45	60	8:45
11-10(수)	7:48	16:50	30	8:32
11-11(목)	8:55	18:50	60	8:55
11-12(금)	9:20	20:20	120	9:00
11-15(월)	9:00	19:30	60	9:30
11-16(화)	10:00	19:55	60	8:55
11-17(수)	7:30	16:30	30	8:30
		총근무시간		18:37
		시급	₩	15,000
		지급급여		

❶ 드래그
❷ 입력
❸ Ctrl + Enter

TIP '출근시간'과 '퇴근시간'은 시간 데이터이고, '휴식시간'은 숫자로 입력되어 있습니다. '퇴근시간'인 [C2] 셀에서 '출근시간'인 [B2] 셀을 빼고, '휴식시간'을 시간으로 변환해서 추가로 빼야 합니다. 그러므로 TIME 함수에서 시와 초는 **0**으로 입력하고, 분에 해당하는 부분에는 [D2] 셀을 지정하여 빼줍니다.

02 시간 표시 형식 변경하기 ● [E2:E15] 범위를 지정하고 ❷ [홈] 탭-[표시 형식] 그룹-[표시 형식⏷]을 클릭합니다. ❸ [셀 서식] 대화상자의 [범주]에서 [사용자 지정]을 클릭하고 ❹ [형식]에 [h]시간 mm분을 입력한 후 ❺ [확인]을 클릭합니다.

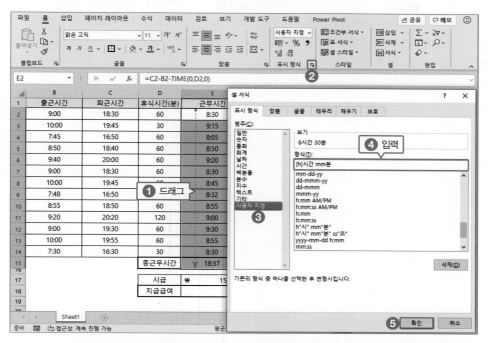

TIP [E15] 셀에는 함수식 **=SUM(E2:E14)**가 입력되어 있는데 '근무시간'의 합계를 구하면 24시간이 넘습니다. 기본 시간 표시 형식에서 시간은 24시간 안쪽만 표시됩니다. 사용자 지정 표시 형식에서 시간 부분을 [h]로 지정해주면 24시간을 넘어가는 시간을 표시할 수 있습니다.

03 시간당 급여 구하기 ● [E18] 셀을 클릭하고 **=E15*24*E17**을 입력한 후 ❷ Enter 를 누릅니다.

	B 출근시간	C 퇴근시간	D 휴식시간(분)	E 근무시간
2	9:00	18:30	60	8시간 30분
3	10:00	19:45	30	9시간 15분
4	7:45	16:50	60	8시간 05분
5	8:50	18:40	60	8시간 50분
6	9:40	20:00	60	9시간 20분
7	9:00	18:30	60	8시간 30분
8	10:00	19:45	60	8시간 45분
9	7:48	16:50	30	8시간 32분
10	8:55	18:50	60	8시간 55분
11	9:20	20:20	120	9시간 00분
12	9:00	19:30	60	9시간 30분
13	10:00	19:55	60	8시간 55분
14	7:30	16:30	30	8시간 30분
15			총근무시간	114시간 37분
16				
17			시급	₩ 15,000
18			지급급여	₩ 1,719,250
19				

● 입력 ❷ Enter

효율 UP 능률 UP 기초 다지기　　**엑셀의 시간 데이터 알아보기**

엑셀에서 시간 데이터가 입력된 셀의 표시 형식을 [일반]으로 지정하면 소숫값으로 표시됩니다. 엑셀은 하루 24시간을 숫자 1로 정의하고 시간은 0과 1 사이의 소숫값으로 나타냅니다. 예를 들어 셀에 **6:30**을 입력한 후 표시 형식을 [일반]으로 지정하면 **0.270833**으로 표시됩니다. 6시는 6을 24시간으로 나눈 값 **0.25**입니다. 1시간은 60분, 24시간은 1,440분이므로 30분은 30을 1,440분으로 나눈 **0.020833**입니다. 따라서 6시 30분은 숫자로 **0.25+0.020833**인 **0.270833**입니다. 이와 같이 엑셀의 시간 데이터는 24시간으로 나누어진 소숫값이기 때문에 시간 데이터에 일반 숫자를 곱해 값을 구하려면 시간에 24를 곱한 후 값을 곱해야 합니다.

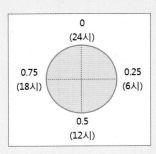

 효율 UP 능률 UP 기초 다지기　　**TIME 함수의 형식과 인수 알아보기**

TIME 함수는 숫자로 시, 분, 초를 지정하여 시간 데이터로 만들어주며, **=TIME(시, 분, 초)** 형식으로 사용합니다. TIME 함수의 인수를 자세히 알아보겠습니다.

시(Hour)	시간을 나타내는 0부터 23까지의 숫자를 지정할 수 있음(24를 지정하면 0시가 됨)
분(Minute)	분을 나타내는 0에서 59까지의 숫자를 지정할 수 있음(60을 지정하면 1시간으로 계산됨)
초(Second)	초를 나타내는 0에서 59까지의 숫자를 지정할 수 있음(60을 지정하면 1분으로 계산됨)

텍스트를 다루는 함수 활용하기

데이터 중 일부 문자에 대한 값을 추출해서 조건식을 만들거나 계산 작업을 해야 할 때 텍스트 함수를 사용합니다. 이번 CHAPTER에서는 실무에서 유용하게 사용할 수 있는 텍스트 함수를 알아보겠습니다.

076 텍스트에서 숫자 추출하여 계산하기

실습 파일 | PART 02\CHAPTER 06\076_텍스트추출.xlsx
완성 파일 | PART 02\CHAPTER 06\076_텍스트추출_완성.xlsx

셀 안에 문자와 숫자가 함께 입력되어 있으면 데이터가 문자로 간주되어 계산할 수 없습니다. 데이터 추출 위치에 따라 LEFT, MID, RIGHT 함수를 사용해 숫자 부분만 추출한 후 계산해보겠습니다. 추출할 문자의 위치나 개수가 불규칙하다면 문자의 길이를 구하는 LEN 함수를 함께 사용해 추출할 문자 개수를 지정합니다.

01 LEFT 함수로 문자만 추출하기 ❶ [D2:D19] 범위를 지정하고 ❷ =LEFT(C2,3)를 입력한 후 ❸ Ctrl + Enter 를 누릅니다.

	A	B	C	D	E	F	G	H	I	J	K
	내용	포장(Box)	거래금액	통화	금액	환전(KRW)		통화	환율		
2	TY-100ea		CNY460	=LEFT(C2,3)				USD	1,116.50		
3	TY-60ea		USD880	USD				JPY	1026.05		
4	SH-120ea		CNY1220	CNY				EUR	1,335.67		
5	SH-80ea		EUR1450	EUR				CNY	170.98		
6	EY-300ea		JPY820	JPY							
7	EY-500ea		USD2100	USD							
8	PM-200ea		EUR2080	EUR							
9	PM-40ea		JPY2500	JPY							
10	PM-20ea		USD550	USD	❶ 드래그						
11	NR-60ea		JPY1200	JPY							
12	NR-120ea		USD430	USD	❷ 입력						
13	NR-180ea		CNY790	CNY	❸ Ctrl + Enter						
14	SJ-500ea		JPY1140	JPY							
15	SJ-80ea		JPY1130	JPY							
16	SJ-100ea		EUR1690	EUR							
17	TH-120ea		CNY1450	CNY							
18	TH-300ea		EUR1300	EUR							
19	TH-100ea		USD380	USD							

TIP [C2] 셀의 텍스트에서 왼쪽부터 세 글자를 추출합니다.

02 RIGHT, LEN 함수로 숫자만 추출하기 ❶ [E2:E19] 범위를 지정하고 ❷ =RIGHT(C2, LEN(C2)-3)를 입력한 후 ❸ Ctrl + Enter 를 누릅니다.

TIP 문자 개수는 세 개이고, 숫자는 셀마다 개수가 다르므로 전체 문자 개수에서 문자 개수를 빼면 숫자 개수가 됩니다. 따라서 함수식 **=RIGHT(C2,LEN(C2)-3)**는 [C2] 셀의 텍스트에서 오른쪽 숫자를 추출합니다.

03 MID, LEN 함수로 숫자만 추출한 후 나누기 ❶ [B2:B19] 범위를 지정하고 ❷ =MID (A2,4,LEN(A2)-5)/20을 입력한 후 ❸ Ctrl + Enter 를 누릅니다.

TIP A열의 텍스트 중 가운데 숫자는 제품의 개수입니다. 예를 들어 가운데 숫자가 20이면 한 '포장(Box)'에 제품이 20개씩 들어 있으므로 제품 개수를 추출한 후 20으로 나누어야 합니다. 숫자 길이는 셀마다 다르지만 문자 개수는 다섯 개씩이므로 전체 문자 개수에서 문자 개수를 빼면 숫자 개수가 됩니다. 함수식 **=MID(A2,4,LEN(A2)-5)/20**은 [A2] 셀의 네 번째 글자부터 숫자를 추출한 후 20으로 나눕니다.

04 VLOOKUP 함수로 통화에 따른 환율을 곱해 환전 금액 구하기 ① [F2:F19] 범위를

지정하고 ② **=E2*VLOOKUP(D2,$H$2:$I$5,2,0)**를 입력한 후 ③ Ctrl + Enter 를 누릅니다.

	A	B	C	D	E	F	G	H	I	J	K
1	내용	포장(Box)	거래금액	통화	금액	환전(KRW)		통화	환율		
2	TY-100ea	5	CNY460	CNY	460	=E2*VLOOKUP(D2,$H$2:$I$5,2,0)		USD	1,116.50		
3	TY-60ea	3	USD880	USD	880	982,520		JPY	1026.05		
4	SH-120ea	6	CNY1220	CNY	1220	208,596		EUR	1,335.67		
5	SH-80ea	4	EUR1450	EUR	1450	1,936,722		CNY	170.98		
6	EY-300ea	15	JPY820	JPY	820	841,361					
7	EY-500ea	25	USD2100	USD	2100	2,344,650					
8	PM-200ea	10	EUR2080	EUR	2080	2,778,194					
9	PM-40ea	2	JPY2500	JPY	2500	2,565,125					
10	PM-20ea	1	USD550	USD	550	614,0	① 드래그				
11	NR-60ea	3	JPY1200	JPY	1200	1,231,26	② 입력				
12	NR-120ea	6	USD430	USD	430	480,09					
13	NR-180ea	9	CNY790	CNY	790	135,07	③ Ctrl + Enter				
14	SJ-500ea	25	JPY1140	JPY	1140	1,169,69					
15	SJ-80ea	4	JPY1130	JPY	1130	1,159,437					
16	SJ-100ea	5	EUR1690	EUR	1690	2,257,282					
17	TH-120ea	6	CNY1450	CNY	1450	247,921					
18	TH-300ea	15	EUR1300	EUR	1300	1,736,371					
19	TH-100ea	5	USD380	USD	380	424,270					

평균: 1,177,294 개수: 18 합계: 21,191,300

TIP [E2] 셀의 '금액'에 '환율'을 곱합니다. '환율'은 함수식 **VLOOKUP(D2,$H$2:$I$5,2,0)**로 가져옵니다. '통화'별 '환율' 범위는 변경되지 말아야 하므로 절대 참조인 **$H$2:$I$5**로 작성했고, 두 번째 열에서 정확하게 일치하는 것(**0**)을 찾아 가져옵니다.

효율 UP 능률 UP 기초 다지기   텍스트 함수의 형식과 인수 알아보기

LEFT 함수는 지정한 문자에서 지정한 개수만큼 왼쪽에서 문자를 추출하며, **=LEFT(문자, 개수)** 형식으로 사용합니다. RIGHT 함수는 지정한 문자에서 지정한 개수만큼 오른쪽에서 문자를 추출하며, **=RIGHT(문자, 개수)** 형식으로 사용합니다. MID 함수는 지정한 시작 위치부터 지정한 개수만큼 문자를 추출하며, **=MID(문자, 시작 위치, 개수)** 형식으로 사용합니다. LEN 함수는 지정한 문자의 길이를 구하며, **=LEN(문자)** 형식으로 사용합니다. LEFT, RIGHT, MID, LEN 함수의 인수를 자세히 알아보겠습니다.

문자(Text)	추출할 문자가 포함된 문자열 또는 문자가 들어 있는 셀 주소
개수(Num_chars)	추출할 문자의 개수. 생략하면 한 개 추출
시작 위치(Start_num)	MID 함수의 문자열에서 문자 추출을 시작할 위치 번호

077 전화번호에 하이픈(-) 추가하고 일부 문자 숨기기

실습 파일 | PART 02\CHAPTER 06\077_텍스트변환.xlsx
완성 파일 | PART 02\CHAPTER 06\077_텍스트변환_완성.xlsx

TEXT 함수는 셀 서식의 사용자 지정 서식 코드를 지정해 숫자 데이터를 문자로 변환하고, REPLACE 함수는 지정한 문자열의 일부 문자를 원하는 다른 문자로 변환합니다. 실습 파일에 서식 코드를 지정해 하이픈(-)을 추가해보고, TEXT 함수도 적용해 숫자 데이터를 문자 데이터로 만들어보겠습니다. 또한 REPLACE 함수를 사용해 전화번호의 중간 숫자를 별표(*)로 변환해봅니다.

01 전화번호 표시 형식 설정하기 ❶ [B2:B10] 범위를 지정하고 ❷ [홈] 탭-[표시 형식] 그룹-[표시 형식 🔽]을 클릭합니다. ❸ [셀 서식] 대화상자의 [범주]에서 [사용자 지정]을 클릭하고 ❹ [형식]에 **000-0000-0000**을 입력한 후 ❺ [확인]을 클릭합니다.

02 TEXT 함수로 전화번호 변환하기 ❶ [G2:G10] 범위를 지정하고 ❷ =TEXT(F2,"000–0000–0000")를 입력한 후 ❸ Ctrl + Enter 를 누릅니다.

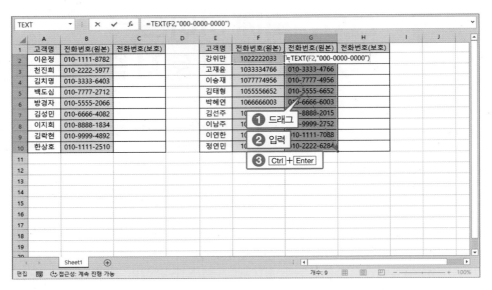

TIP [F2] 셀의 값을 서식 코드 **000–0000–0000**이 적용된 문자 데이터로 변환합니다.

03 REPLACE 함수로 전화번호의 중간 숫자 숨기기 ❶ [C2:C10] 범위를 지정하고 ❷ Ctrl 을 누른 채 [H2:H10] 범위를 지정합니다. ❸ =REPLACE(G2,5,4,"****")를 입력하고 ❹ Ctrl + Enter 를 누릅니다.

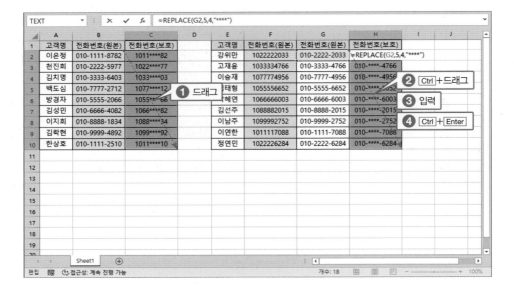

효율 UP 능률 UP 기초 다지기　TEXT 함수로 문자 변환한 후 복사해 값 붙여넣기

함수식 **=REPLACE(G2,5,4,"****")**는 [G2] 셀에서 문자의 다섯 번째 문자부터 네 개를 ****로 변환합니다. [G2] 셀은 상대 참조이므로 [C2:C10] 범위에는 [B2] 셀부터 [B10] 셀까지 참조되어 입력됩니다. 그런데 [B2:B10] 범위의 전화번호는 셀 서식에서 지정한 표시 형식일 뿐 실제는 하이픈(-)이 없이 입력된 숫자이므로 전화번호가 제대로 변환되지 않습니다. [B2:B10] 범위를 실제 하이픈(-)이 추가된 전화번호 문자로 바꾸려면 다음 순서를 따릅니다.

❶ [D2:D10] 범위를 지정하고 **=TEXT(B2, "000-0000-0000")**를 입력한 후 Ctrl + Enter 를 누릅니다.

❷ Ctrl + C 를 눌러 복사합니다.

❸ [B2] 셀을 클릭하고 [홈] 탭-[클립보드] 그룹-[붙여넣기]-[값 붙여넣기]-[값]을 클릭합니다.

❹ [D2:D10] 범위를 지정한 후 Delete 를 눌러 삭제합니다. [C2:C10] 범위에 중간 숫자가 숨겨진 형태로 보이는 전화번호를 확인할 수 있습니다.

효율 UP 능률 UP 기초 다지기　TEXT, REPLACE 함수의 형식과 인수 알아보기

TEXT 함수는 숫자, 날짜/시간 데이터를 사용자 지정 서식 코드를 적용한 형식의 문자 데이터로 변환하며, **=TEXT(값, 서식 코드)** 형식으로 사용합니다. TEXT 함수의 인수를 자세히 알아보겠습니다.

값(Value)	변환할 숫자나 날짜/시간 데이터. 수식이나 셀 주소를 입력할 수 있음
서식 코드(Format_text)	[셀 서식] 대화상자에서 [표시 형식]의 [사용자 지정]에 사용하는 서식 코드

REPLACE 함수는 문자열의 일부 문자를 다른 문자로 변환하며, 기존 문자에서 몇 번째 위치부터 몇 개를 어떤 문자로 바꿀지 지정합니다. REPLACE 함수는 **=REPLACE(기존 문자, 시작 위치, 문자 개수, 바꿀 문자)** 형식으로 사용합니다. REPLACE 함수의 인수를 자세히 알아보겠습니다.

기존 문자(Old_text)	바꿀 문자가 들어 있는 기존 문자열이나 셀 주소
시작 위치(Start_num)	기존 문자열에서 몇 번째 위치부터 바꿀 것인지 시작 위치 번호 지정
문자 개수(Num_chars)	시작 위치부터 몇 개의 문자를 바꿀 것인지 숫자로 지정
바꿀 문자(New_text)	대체할 새 문자

078 여러 셀의 텍스트를 한 셀에 연결하기

실습 파일 | PART 02\CHAPTER 06\078_텍스트연결.xlsx
완성 파일 | PART 02\CHAPTER 06\078_텍스트연결_완성.xlsx

간단히 한두 개의 텍스트를 연결할 때는 **&** 연산자를 사용하지만, 연결할 셀이 많거나 수식을 연결할 때는 CONCAT 함수나 TEXTJOIN 함수를 사용하면 간편합니다. 두 함수 모두 셀을 연결하는 기능이 있는데, TEXTJOIN 함수는 연결 구분 기호를 한번에 지정할 수 있고 범위 중 빈 셀을 무시할 수 있습니다.

01 CONCAT 함수로 날짜 연결하기 ❶ [F2] 셀을 클릭하고 기존 수식을 지우기 위해 Delete 를 누릅니다. ❷ **=CONCAT**을 입력한 후 ❸ Ctrl + A 를 눌러 [함수 인수] 대화상자를 불러옵니다. ❹ [Text1]에 **TEXT(B2,"yyyy-mm-dd")**를 입력하고 ❺ [Text2]에 **" ~ "**(큰따옴표, 공백, 물결표, 공백, 큰따옴표)를 입력한 후 ❻ [Text3]에 **TEXT(B19,"yyyy-mm-dd")**를 입력합니다. ❼ [확인]을 클릭합니다.

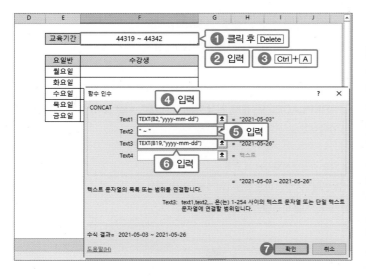

TIP [F2] 셀에 입력되어 있던 수식 **=B2&"** **~ "&B19**는 [B2] 셀의 값에 **" ~ "**를 연결하고, [B19] 셀의 값을 연결합니다. 날짜 데이터를 & 연산자로 연결하면 날짜 서식을 가져오지 못하고 날짜 데이터의 실제 값인 숫자가 표시됩니다. 각 날짜 셀에 날짜 서식 코드 **yyyy-mm-dd**를 적용하기 위해 CONCAT 함수 안에 TEXT 함수를 사용했습니다. CONCAT 함수를 사용하지 않고 **=TEXT(B2,"yyyy-mm-dd")&" ~ "&TEXT(B19,"yyyy-mm-dd")** 함수식을 입력해도 됩니다.

02 TEXT 함수로 신청일의 요일 문자 데이터 만들기 ❶ [C2:C19] 범위를 지정하고 ❷ =TEXT (B2,"aaaa")를 입력한 후 ❸ Ctrl + Enter 를 누릅니다.

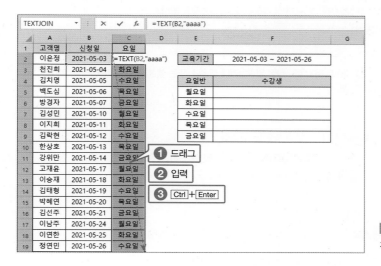

TIP [B2] 셀의 값에 서식 코드 **aaaa**를 적용한 문자를 가져옵니다.

03 TEXTJOIN, IF 함수를 사용해 요일별 고객명을 쉼표(,)로 연결하기 ❶ [F5] 셀에 = **TEXTJOIN**을 입력하고 ❷ Ctrl + A 를 눌러 [함수 인수] 대화상자를 불러옵니다. ❸ [Delimiter]에 ", "(큰따옴표, 쉼표, 공백, 큰따옴표)를 입력하고 ❹ [Ignore_empty]에 **TRUE**를 입력한 후 ❺ [Text1]에 **IF(요일=E5,고객명,"")**를 입력합니다. ❻ [확인]을 클릭하고 ❼ [F5] 셀의 채우기 핸들을 더블클릭합니다.

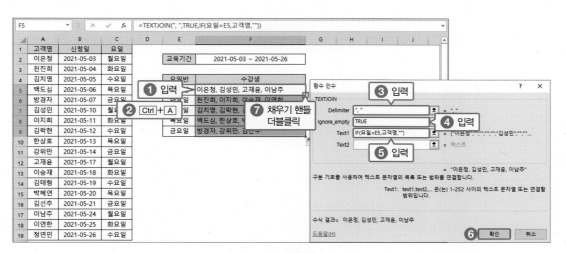

TIP [Delimiter]에서 문자 사이의 구분 기호는 쉼표와 공백(", ")을 사용합니다. [Ignore_empty]는 지정 목록에 빈 셀이 있으면 무시합니다. [Text1]은 [요일] 범위의 셀 값 중 [E5] 셀 값과 같은 셀은 그 행의 [고객명]을 입력하고, 같지 않으면 공백("")으로 처리합니다. 함수식을 간단하게 입력하려고 미리 [C2:C19] 범위는 [요일]로, [A2:A19] 범위는 [고객명]으로 이름을 정의해두었습니다.

🔍 **엑셀 2019** CONCAT 함수와 TEXTJOIN 함수는 엑셀 2019 이상 버전에서만 사용할 수 있습니다. 엑셀 2016 이하 버전에서는 CONCAT 함수 대신 CONCATENATE 함수를 사용합니다.

CONCAT 함수는 텍스트 문자열 목록이나 범위를 연결하며, **=CONCAT(문자1, 문자2, …)** 형식으로 사용합니다. CONCAT 함수의 인수를 자세히 알아보겠습니다.

문자1(Text1) 문자2(Text2) …	연결할 텍스트 문자열을 직접 입력하거나 셀 주소 또는 셀 범위 지정. Text254까지 지정할 수 있음

TEXTJOIN 함수는 지정한 구분 기호로 텍스트 문자열 목록이나 범위를 연결합니다. 목록이나 범위 내에 빈 셀이 있으면 무시할 수 있습니다. TEXTJOIN 함수는 **=TEXTJOIN(구분 기호, 빈 셀 무시 여부, 문자1, 문자2, …)** 형식으로 사용합니다. TEXTJOIN 함수의 인수를 자세히 알아보겠습니다.

구분 기호(Delimiter)	각 텍스트 사이에 삽입할 문자
빈 셀 무시 여부(Ignore_empty)	빈 셀을 무시할지 여부. TRUE는 빈 셀 무시, FALSE는 빈 셀 포함
문자1(Text1) 문자2(Text2) …	연결할 텍스트 문자열을 직접 입력하거나 셀 주소 또는 셀 범위 지정. Text252까지 지정할 수 있음

07

유효성 검사로 데이터 입력 규칙 설정하기

유효성 검사는 워크시트의 특정 범위에 입력할 데이터의 유형을 설정해두는 기능입니다. 유효성 검사를 활용하면 데이터를 더 편하게 입력할 수 있고 입력 오류도 방지할 수 있습니다. 데이터 종류별로 유효성 조건을 설정해두어 입력 오류를 방지해보겠습니다. 또한 이미 입력되어 있는 데이터 범위에도 유효성 검사를 설정해두고 잘못 입력된 데이터를 손쉽게 찾아보겠습니다.

079 데이터 종류별 입력 규칙 설정하고 잘못된 데이터 확인하기

실습 파일 | PART 02\CHAPTER 07\079_데이터유효성검사.xlsx
완성 파일 | PART 02\CHAPTER 07\079_데이터유효성검사_완성.xlsx

데이터 유효성 검사를 통해 데이터 종류별 제한 규칙을 설정해두면 규칙에 맞지 않는 데이터를 입력할 수 없습니다. 또한 데이터 유효성 검사를 활용하면 규칙을 설정하기 전에 이미 입력되어 있던 데이터의 위치를 표시하여 데이터를 수정하기도 편합니다. 실습 파일에서 텍스트, 날짜, 숫자에 대해 데이터 유효성 검사 규칙을 설정하고 잘못된 데이터가 있는지 표시해보겠습니다.

01 입력할 수 있는 텍스트 길이 설정하기 ❶ [B2:B22] 범위를 지정하고 ❷ [데이터] 탭-[데이터 도구] 그룹-[데이터 유효성 검사☑▾]를 클릭합니다. ❸ [데이터 유효성] 대화상자의 [제한 대상]은 [텍스트 길이]를 선택하고 ❹ [제한 방법]은 [=]를 선택합니다. ❺ [길이]에 **5**를 입력한 후 ❻ [확인]을 클릭합니다.

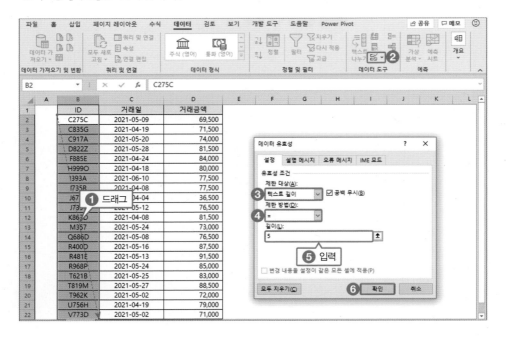

02 날짜 범위 설정하기 ❶ [C2:C22] 범위를 지정하고 ❷ [데이터] 탭–[데이터 도구] 그룹–[데이터 유효성 검사] 를 클릭합니다. ❸ [데이터 유효성] 대화상자의 [제한 대상]은 [날짜]를 선택합니다. ❹ [시작 날짜]에 **2021-04-01**을 입력하고 ❺ [끝 날짜]에 **2021-05-31**을 입력한 후 ❻ [확인]을 클릭합니다.

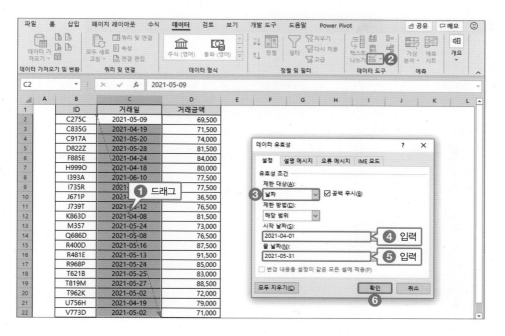

03 숫자 범위 설정하기 ❶ [D2:D22] 범위를 지정하고 ❷ [데이터] 탭–[데이터 도구] 그룹–[데이터 유효성 검사] 를 클릭합니다. ❸ [데이터 유효성] 대화상자의 [제한 대상]은 [정수]를, ❹ [제한 방법]은 [>=]를 선택합니다. ❺ [최소값]에 **50000**을 입력한 후 ❻ [확인]을 클릭합니다.

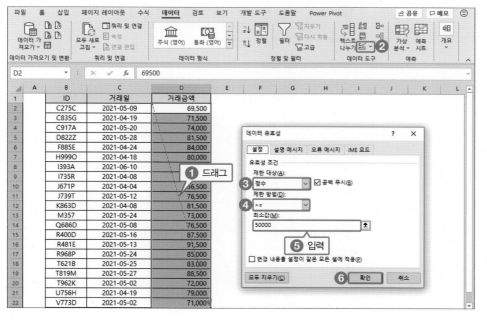

데이터 입력 & 편집

기초 함수 활용

통합 문서 관리 & 인쇄

서식 & 차트

중급 함수 활용

고급 함수 활용

데이터 관리 & 분석

04 잘못된 데이터 표시하기

❶ [데이터] 탭-[데이터 도구] 그룹-[데이터 유효성 검사]-[잘못된 데이터]를 클릭합니다. ❷ 표시된 [B13] 셀의 값을 **M357K**로 수정하고 ❸ [C8] 셀의 값을 **2021-05-10**으로 수정한 후 ❹ [D10] 셀의 값을 **86500**으로 수정합니다. 유효성 표시가 없어집니다.

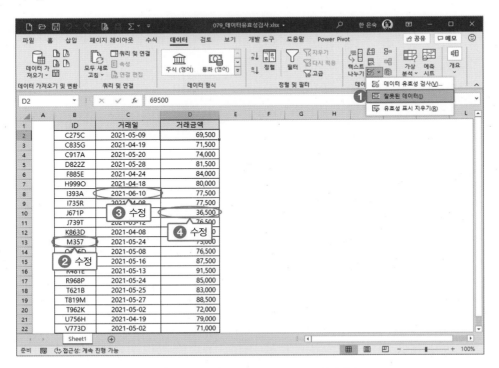

TIP 규칙에 맞지 않는 데이터를 입력하면 다음과 같이 경고 메시지가 표시됩니다.

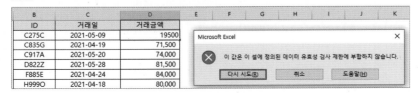

080 입력할 데이터 목록 설정하기

실습 파일 | PART 02\CHAPTER 07\080_유효성목록.xlsx
완성 파일 | PART 02\CHAPTER 07\080_유효성목록_완성.xlsx

입력할 특정 데이터 목록을 셀이나 셀 범위에서 선택하도록 설정할 수 있습니다. 지정할 목록이 짧으면 목록을 직접 입력하고, 지정할 목록이 길면 워크시트에 목록을 입력한 후 범위를 지정하거나 이름을 정의해 해당 이름을 연결합니다. 실습 파일에는 '사번'을 선택하면 해당 '사번'을 '직원명단'에서 찾아 '부서', '직위' 등의 항목이 자동으로 입력되는 함수식이 작성되어 있습니다. '증명서' 종류와 '사번'을 선택할 수 있도록 데이터 유효성을 설정해보겠습니다.

01 제목에 목록 지정하기 ❶ [E5] 셀을 클릭하고 ❷ [데이터] 탭-[데이터 도구] 그룹-[데이터 유효성 검사⊞▾]를 클릭합니다. ❸ [데이터 유효성] 대화상자의 [제한 대상]은 [목록]을 선택하고 ❹ [원본]에 **경력,재직**을 입력한 후 ❺ [확인]을 클릭합니다.

02 다른 시트의 목록 지정하기 ❶ [K2] 셀을 클릭하고 ❷ [데이터] 탭-[데이터 도구] 그룹-[데이터 유효성 검사 ▾]를 클릭합니다. ❸ [데이터 유효성] 대화상자의 [제한 대상]은 [목록]을 선택하고 ❹ [원본]에 **=사번**을 입력한 후 ❺ [확인]을 클릭합니다.

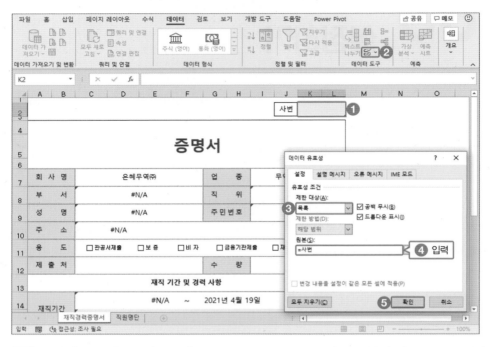

TIP '사번'은 [직원명단] 시트의 [A2:A22] 범위의 이름으로 정의되어 있습니다. 이렇게 이름을 지정할 때는 앞에 등호(=)를 입력해주어야 합니다.

03 셀에서 목록 선택하기 ❶ [E5] 셀을 클릭하고 ❷ 목록 단추 ▾를 클릭해 ❸ [재직]을 클릭합니다. ❹ [K2] 셀을 클릭하고 ❺ 목록 단추 ▾를 클릭해 ❻ [12489]를 클릭합니다.

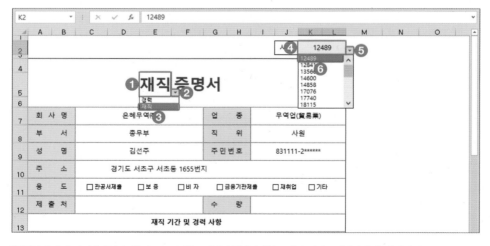

TIP '사번'에 따라 [직원명단] 시트로부터 '부서', '직위', '성명', '주민번호', '주소', '입사일'이 입력됩니다.

081 한 행에 입력 가능한 셀의 수 제한하기

실습 파일 | PART 02\CHAPTER 07\081_수식유효성.xlsx
완성 파일 | PART 02\CHAPTER 07\081_수식유효성_완성.xlsx

실습 파일에서 각 직원은 딱 한 주에만 세미나에 참석할 수 있습니다. 따라서 데이터 유효성 검사 조건으로 COUNTA 함수를 사용하여 한 행당 한 셀에만 문자가 입력되도록 수식을 설정하겠습니다. 또한 문자를 초과하여 입력하면 표시될 오류 메시지도 설정하겠습니다.

01 수식으로 입력 조건 지정하기 ❶ [D3:H17] 범위를 지정하고 ❷ [데이터] 탭-[데이터 도구] 그룹-[데이터 유효성 검사]를 클릭합니다. ❸ [데이터 유효성] 대화상자의 [제한 대상]은 [사용자 지정]을 선택하고 ❹ [수식]에 **=COUNTA($D$3:$H3)=1**을 입력합니다.

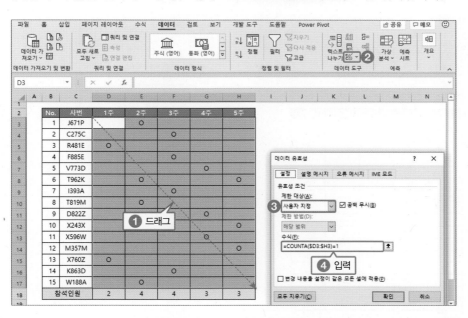

TIP COUNTA 함수는 데이터가 입력된 셀의 개수를 셉니다. 지정 범위 중 데이터 셀의 개수가 1인 경우를 조건으로 지정했습니다. 범위를 **$D3:$H3**으로 입력하면 열 범위는 고정되고, 행 번호는 상대 참조이므로 아래쪽으로 한 행씩 결과를 확인합니다. 만약 하나의 열 중 한 셀에만 데이터가 있어야 한다는 조건이라면 **D$3:D$17**로 입력합니다.

02 오류 메시지 설정하기 ① [데이터 유효성] 대화상자의 [오류 메시지] 탭을 클릭합니다. ② [제목]에 **참석 횟수 초과**를 입력하고 ③ [오류 메시지]에 **한 주만 참석할 수 있습니다.**를 입력한 후 ④ [확인]을 클릭합니다.

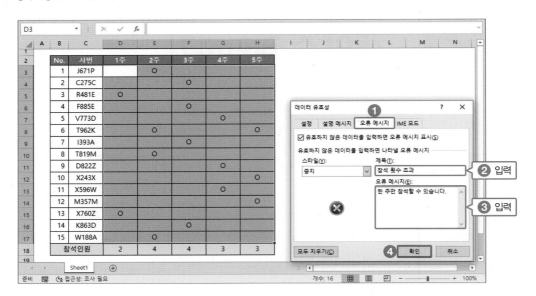

03 잘못된 데이터 확인하기 ① [데이터] 탭-[데이터 도구] 그룹-[데이터 유효성 검사▨]-[잘못된 데이터]를 클릭합니다. ② 표시된 셀 중 [E8] 셀을 클릭하고 Delete 를 누릅니다. ③ [데이터] 탭-[데이터 도구] 그룹-[데이터 유효성 검사▨]-[유효성 표시 지우기]를 클릭합니다.

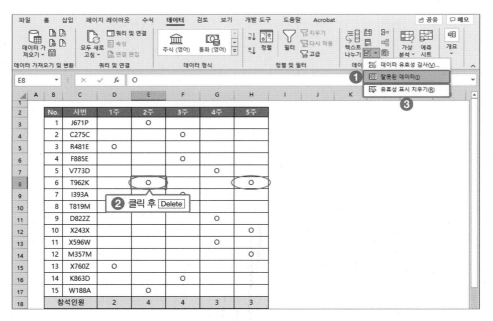

TIP 수식으로 설정한 유효성 규칙은 잘못된 데이터를 표시한 후에 데이터를 수정해도 유효성 표시가 자동으로 지워지지 않습니다. 유효성 표시를 지우려면 [데이터] 탭 – [데이터 도구] 그룹 – [데이터 유효성 검사▨] – [유효성 표시 지우기]를 클릭해야 합니다.

04 오류 메시지 확인하기 ❶ [E12] 셀에 **O**를 입력하고 ❷ Enter 를 누릅니다. 설정한 경고 메시지가 표시되면 ❸ [취소]를 클릭합니다.

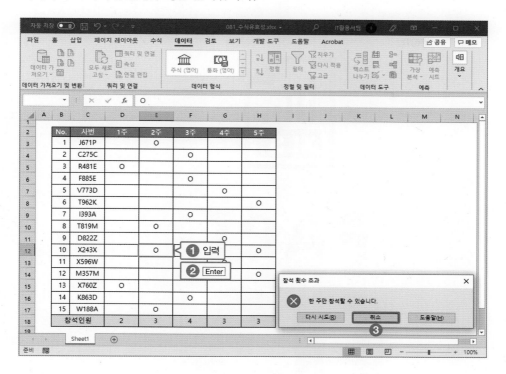

PART

03

함수 고급 활용 및
데이터 관리 분석

데이터
찾기/참조 영역 함수
활용하기

엑셀을 활용할 때는 많은 양의 데이터 목록으로부터 값을 찾아와 작업해야 하는
경우가 많습니다. 다른 데이터 표나 워크시트에 있는 데이터를 참조해 계산해야
하는 경우도 있는데, 이때 찾기/참조 영역 함수를 활용합니다. 이번 CHAPTER
에서는 자주 사용하는 찾기/참조 영역 함수를 살펴보겠습니다.

082 셀 값과 같은 이름의 데이터 목록에서 값 찾아오기

실습 파일 | PART 03\CHAPTER 01\082_LOOKUP함수.xlsx
완성 파일 | PART 03\CHAPTER 01\082_LOOKUP함수_완성.xlsx

LOOKUP 함수에는 배열형과 벡터형 구문이 있는데, 벡터형 구문을 주로 사용합니다. 벡터는 하나의 행 또는 하나의 열로 이루어진 범위를 말합니다. INDIRECT 함수는 셀의 문자를 셀 주소로 인식시켜주는 함수입니다. 두 함수를 사용하면 원하는 값을 쉽게 찾아올 수 있습니다.

01 선택 영역에서 첫 행을 이름으로 정의하기 ❶ [직원명단] 시트의 [A1:G22] 범위를 지정하고 ❷ [수식] 탭-[정의된 이름] 그룹-[선택 영역에서 만들기]를 클릭합니다. ❸ [선택 영역에서 이름 만들기] 대화상자에서 [오른쪽 열]의 체크를 해제하고 [첫 행]에만 체크된 상태로 ❹ [확인]을 클릭합니다.

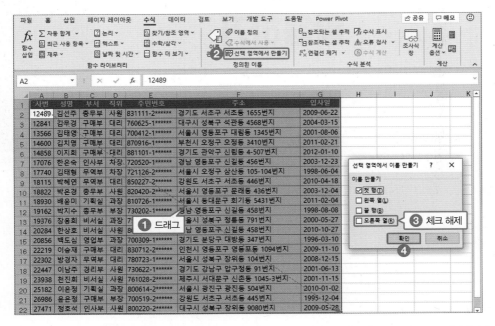

TIP 첫 행의 문자가 각 열의 이름으로 정의됩니다. 예를 들어 [A2:A22] 범위는 [사번]이라는 이름으로 정의됩니다.

02 사번으로 부서 정보 가져오기 ❶ [재직경력증명서] 시트 탭을 클릭합니다. ❷ [C8] 셀을 클릭하고 **=LOOKUP($K$2,사번,INDIRECT(A8))**를 입력한 후 Enter 를 누릅니다.

TIP [K2] 셀의 값을 [사번]이란 이름으로 정의된 범위에서 찾아, [A8] 셀의 값과 같은 이름으로 정의된 범위의 위치에서 값을 가져옵니다. 수식을 복사할 때 [K2] 셀은 변경되지 말아야 하므로 절대 참조 **$K$2**로 입력하고, [A8] 셀의 값은 붙여 넣어진 셀에 따라 변경되어야 하므로 상대 참조로 입력합니다.

03 함수식 복사하기 ❶ [C8] 셀을 클릭하고 Ctrl + C 를 눌러 복사합니다. ❷ [I8] 셀을 클릭하고 ❸ Ctrl 을 누른 채 [C9] 셀, ❹ [I9] 셀, ❺ [C10] 셀, ❻ [C14] 셀을 차례로 클릭합니다. [I8], [C9], [I9], [C10], [C14] 셀이 모두 함께 선택되어 있는 상태로 ❼ Ctrl + V 를 눌러 값을 붙여 넣습니다.

효율 UP 능률 UP 기초 다지기 **LOOKUP, INDIRECT 함수의 형식과 인수 알아보기**

LOOKUP 함수는 한 행 또는 한 열 범위에서 값을 찾아 결과 범위의 같은 위치에 있는 값을 가져오며, **=LOOK UP(찾는 값, 찾는 범위, 결과 범위)** 형식으로 사용합니다. LOOKUP 함수의 인수를 자세히 알아보겠습니다.

찾는 값(Lookup_value)	찾는 범위에서 찾을 값. 숫자, 텍스트, 논릿값. 이름이나 참조를 지정
찾는 범위(Lookup_vector)	찾는 값을 찾을 한 행이나 한 열로 이루어진 범위
결과 범위(Result_vector)	가져올 데이터가 있는 범위. 찾는 범위와 크기가 같아야 함

INDIRECT 함수는 셀의 문자열을 셀 주소로 반환하며, **=INDIRECT(참조 문자, 주소 형식)** 형식으로 사용합니다. INDIRECT 함수의 인수를 자세히 알아보겠습니다.

참조 문자(Ref_text)	셀 주소 또는 문자열 형태의 셀 주소가 정의된 이름
주소 형식(A1)	참조 문자가 어떤 주소 형식인지에 대한 논릿값. FALSE로 지정하면 R1C1 형식이고, TRUE 또는 생략하면 A1 형식

083 지정한 행과 열 교차 위치의 값 찾아오기

실습 파일 | PART 03\CHAPTER 01\083_INDEX_MATCH.xlsx
완성 파일 | PART 03\CHAPTER 01\083_INDEX_MATCH_완성.xlsx

데이터 입력 & 편집

기초 함수 활용

통합 문서 관리 & 인쇄

서식 & 차트

중급 함수 활용

고급 함수 활용

데이터 관리 & 분석

INDEX 함수는 데이터 범위에서 지정한 행과 열이 교차하는 위치의 값을 가져올 때 사용합니다. 행과 열은 몇 번째 행, 몇 번째 열인지 숫자로 지정합니다. MATCH 함수는 찾는 값이 지정한 범위에서 몇 번째 값인지 숫자로 돌려줍니다. INDEX 함수 안에서 찾는 값의 위치를 지정하기 위해 MATCH 함수를 사용합니다.

01 **범위에서 일치하는 위치의 값 가져오기** ❶ [J2] 셀에 **=MATCH(I2,회사,0)**를 입력한 후 Enter 를 누릅니다. ❷ [J3] 셀에 **=MATCH(I3,국가명,0)**를 입력한 후 Enter 를 누릅니다.

TIP [I2] 셀의 값을 [회사] 범위인 [B1:F1] 범위에서 정확히 일치하는 것을 찾아 몇 번째 위치에 있는지 숫자를 구합니다. [I3] 셀의 값을 [국가명] 범위인 [A2:A19] 범위에서 정확히 일치하는 것을 찾아 몇 번째 위치에 있는지 숫자를 구합니다. [회사]와 [국가명]이라는 이름은 실습 파일에 미리 정의되어 있습니다. 이름이 정의되어 있지 않은 경우 셀 범위 주소를 직접 입력합니다.

02 선택한 행, 열 위치의 값 가져오기   [I4] 셀에 **=INDEX(요금표,J3,J2)**를 입력하고 Enter 를 누릅니다.

		A			회사	B	C	D	E	F	G	H	I	J	K	L	M
1			국가명			K통신	D통신	H통신	L텔레콤	S텔레콤							

LOOKUP | × ✓ fx | =INDEX(요금표,J3,J2)

	국가명	K통신	D통신	H통신	L텔레콤	S텔레콤
2	호 주	1,086	1,086	1,044	555	528
3	미 국	282	288	276	120	156
4	캐 나 다	1,290	1,296	1,248	120	594
5	중 국	990	996	984	240	780
6	프 랑 스	948	942	912	396	402
7	독 일	948	942	912	396	402
8	홍 콩	978	978	948	240	498
9	이 탈 리 아	948	942	912	396	402
10	말 레 이 지 아	1,032	1,032	1,002	630	690
11	싱 가 폴	978	978	948	426	498
12	대 만	960	948	918	486	630
13	태 국	1,146	1,146	1,110	720	690
14	영 국	1,008	996	966	450	498
15	인 도 네 시 아	1,086	1,080	1,050	486	630
16	일 본	696	978	972	240	384
17	뉴 질 랜 드	1,062	1,056	1,020	540	528

회사	H통신	3
국가명	영국	13
요금	=INDEX(요금표,J3,J2)	

입력 후 Enter

TIP [요금표] 범위인 [B2:F19] 범위에서 [J3] 셀의 행 위치, [J2] 셀의 열 위치에 있는 값을 가져옵니다. [요금표]라는 이름은 실습 파일에 미리 정의되어 있습니다. 이름이 정의되어 있지 않은 경우 범위 주소를 직접 입력합니다. 행 번호와 열 번호를 [J3], [J2] 셀에 구하지 않고 INDEX 함수로 한번에 구하려면 함수식 **=INDEX(요금표,MATCH(J3,국가명,0),MATCH(J2,회사,0))**를 입력합니다.

효율 UP 능률 UP 기초 다지기   INDEX 함수와 MATCH 함수의 형식과 인수 알아보기

INDEX 함수는 범위 내에서 지정한 행 번호와 열 번호가 교차하는 위치의 값을 가져오며, **=INDEX(범위, 행 번호, 열 번호)** 형식으로 사용합니다. INDEX 함수의 인수를 자세히 알아보겠습니다.

범위(Array)	찾아올 값이 있는 셀 범위
행 번호(Row_num)	가져올 값이 있는 행 번호
열 번호(Column_num)	가져올 값이 있는 열 번호

MATCH 함수는 지정된 범위에서 값을 찾아 해당 값이 몇 번째 위치인지 번호를 구하며, **=MATCH(찾는 값, 범위, 일치 유형)** 형식으로 사용합니다. MATCH 함수의 인수를 자세히 알아보겠습니다.

찾는 값(Lookup_value)	범위에서 찾을 값	
범위(Lookup_array)	값을 찾을 범위	
일치 유형(Match_type)	찾는 방법을 지정하는 숫자로, 1, 0, -1 중에서 입력	

	유형	찾는 방법
	1	찾는 값보다 작거나 같은 값 중에서 최댓값을 찾음. 비슷하게 일치하는 값을 찾으면서 범위가 오름차순으로 되어 있는 경우 사용
	0	찾는 값과 같은 첫 번째 값을 찾음. 정확하게 일치하는 값을 찾을 때 사용하며, 범위는 내림차순/오름차순 상관없음
	-1	찾는 값보다 크거나 같은 값 중 최솟값을 찾음. 비슷하게 일치하는 값을 찾으면서 범위가 내림차순으로 되어 있는 경우 사용

084 두 개의 범위로부터 값 찾아오기

실습 파일 | PART 03\CHAPTER 01\084_다중범위VLOOKUP.xlsx
완성 파일 | PART 03\CHAPTER 01\084_다중범위VLOOKUP_완성.xlsx

VLOOKUP 함수는 찾는 범위를 하나씩만 지정할 수 있습니다. 만약 찾아오려는 값이 두 개의 범위에 있다면 IF 함수 안에서 VLOOKUP 함수를 두 개 작성해 값을 찾아올 수 있습니다.

01 시트별 데이터 범위의 이름 정의하기 ❶ [서울] 시트 탭을 클릭합니다. ❷ [A2:B8] 범위를 지정하고 ❸ 이름 상자에 **서울**을 입력한 후 Enter 를 누릅니다. ❹ [부산] 시트 탭을 클릭합니다. ❺ [A2:B6] 범위를 지정하고 ❻ 이름 상자에 **부산**을 입력한 후 Enter 를 누릅니다.

02 두 개의 범위에서 값 찾아오기
❶ [거래현황] 시트 탭을 클릭합니다. ❷ [D3] 셀에 **=IF**를 입력한 후 `Ctrl`+`A`를 눌러 [함수 인수] 대화상자를 불러옵니다. ❸ [Logical_test]에 **COUNTIF(서울,B3)**를 입력하고 ❹ [Value_if_true]에 **VLOOKUP(B3,서울,2,0)**를 입력한 후 ❺ [Value_if_false]에 **VLOOKUP(B3,부산,2,0)**를 입력합니다. ❻ [확인]을 클릭하고 ❼ [D3] 셀의 채우기 핸들 █을 더블클릭합니다.

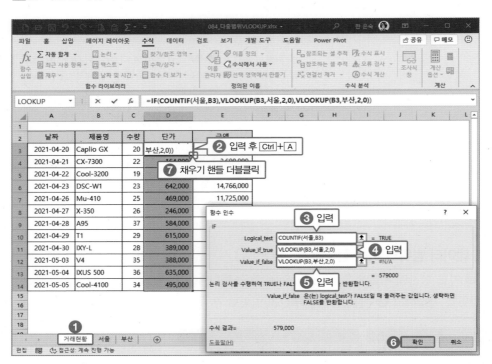

 효율 UP 능률 UP 기초 다지기   중첩 함수식 자세히 알아보기

02에서 입력한 중첩 함수식을 자세히 살펴보겠습니다. IF 함수의 [Logical_test]에서 COUNTIF 함수식의 결과가 1이면 [Value_if_true]의 결과를 반환하고, 0이면 [Value_if_false]의 결과를 반환합니다. 참고로 숫자 1은 논릿값 TRUE와 같고, 0은 논릿값 FALSE와 같습니다.

함수식	설명
COUNTIF(서울,B3)	[서울] 범위에서 [B3] 셀의 제품명이 몇 개 있는지 찾음
VLOOKUP(B3,서울,2,0)	COUNTIF 함수식의 결과가 1이면 제품명인 [B3] 셀의 값이 [서울] 범위에 있는 것이므로, [B3] 셀의 값을 [서울] 범위에서 찾아 두 번째 열에 있는 값을 가져옴
VLOOKUP(B3,부산,2,0)	COUNTIF 함수식의 결과가 0이면 제품명인 [B3] 셀의 값이 [부산] 범위에 있는 것이므로, [B3] 셀의 값을 [부산] 범위에서 찾아 두 번째 열에 있는 값을 가져옴

조건과 논리를
판단하는 함수
활용하기

논리 함수는 논릿값이 반환되는 조건식이나 수식을 인수로 다룹니다. 논리 함수 중 가장 많이 사용되는 IF 함수는 지정한 조건이 참인지 거짓인지에 따라 결과를 따로 지정할 수 있습니다. 여러 조건을 지정할 때는 AND, OR 함수를 중첩해 사용합니다. 조건과 결과가 여러 가지일 때는 IF 함수를 중첩하거나 IFS 함수를 사용합니다.

085 여러 조건에 따른 여러 결과 구하기

실습 파일 | PART 03\CHAPTER 02\085_IFS.xlsx
완성 파일 | PART 03\CHAPTER 02\085_IFS_완성.xlsx

IF와 IFS 함수는 조건이 참일 때와 거짓일 때 구할 값을 지정하는 함수입니다. 조건이 여러 개일 때는 IF 함수를 중첩해서 쓰거나 IFS 함수를 사용합니다. IF 함수는 64개까지 중첩할 수 있으며, IFS 함수는 IF 함수보다 읽기 쉽고 조건과 결과를 최대 127개까지 입력할 수 있습니다. 실습 파일에서 배송료는 금액이 5만 원 이상이면 무료, 3만 원 이상이면 2,500원, 나머지는 4,000원입니다. 적립금의 경우 일반은 1%, 실버는 2%, 골드는 3%, VIP는 5%를 적용합니다. 배송료는 IF 함수로 구하고, 조건이 더 많은 적립금은 IFS 함수로 구해보겠습니다.

01 중첩 IF 함수로 다중 조건 결과 구하기 ❶ [E2:E22] 범위를 지정하고 ❷ **=IF(D2>=50000,0,IF(D2>=30000,2500,4000))**를 입력한 후 Ctrl + Enter 를 누릅니다.

TIP IF 함수식의 첫 번째 조건은 [D2] 셀의 '금액'이 50,000 이상인지 확인하며, 참이면 0을 입력하고 거짓이면 두 번째 조건을 확인합니다. 두 번째 조건인 IF 함수식은 [D2] 셀의 '금액'이 30,000 이상인지 확인하며, 참이면 2,500이 입력되고 거짓이면 나머지는 모두 4,000이 입력됩니다.

02 IFS 함수로 다중 조건 결과 구하기 ❶ [F2:F22] 범위를 지정하고 ❷ =IFS를 입력한 후 Ctrl + A 를 눌러 [함수 인수] 대화상자를 불러옵니다. ❸ [Logical_test1]부터 [Value_if_true4]까지 네 세트의 조건과 결과를 다음과 같이 입력한 후 ❹ Ctrl 을 누른 채 [확인]을 클릭합니다.

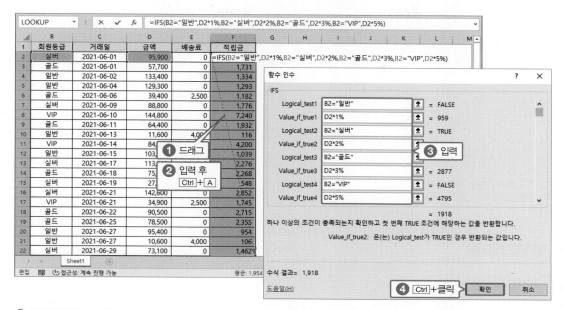

🔍 **엑셀 2019** IFS 함수는 엑셀 2019 버전부터 추가된 함수로, IF 함수보다 읽기 쉽고 조건과 결과를 최대 127개까지 입력할 수 있습니다. 2016 이하 버전에서는 IF 함수를 사용해 **=IF(B2="일반",D2*1%,IF(B2="실버",D2*2%,IF(B2="골드",D2*3%,D2*5%)))**와 같이 입력합니다.

 효율 UP 능률 UP 기초 다지기   **IFS 함수식의 인수, 조건 및 결과 자세히 알아보기**

02에서 입력한 IFS 함수식의 인수, 조건 및 결과를 자세히 살펴보겠습니다.

인수	조건 및 결과	설명
조건1(Logical_test1)	B2="일반"	첫 번째 조건으로 [B2] 셀의 '회원등급'이 '일반'인지 확인
결과1(Value_if_true1)	D2*1%	첫 번째 조건이 참이면 [D2] 셀의 '금액'에 1%를 곱함
조건2(Logical_test2)	B2="실버"	두 번째 조건으로 [B2] 셀의 '회원등급'이 '실버'인지 확인
결과2(Value_if_true2)	D2*2%	두 번째 조건이 참이면 [D2] 셀의 '금액'에 2%를 곱함
조건3(Logical_test3)	B2="골드"	세 번째 조건으로 [B2] 셀의 '회원등급'이 '골드'인지 확인
결과3(Value_if_true3)	D2*3%	세 번째 조건이 참이면 [D2] 셀의 '금액'에 3%를 곱함
조건4(Logical_test4)	B2="VIP"	네 번째 조건으로 [B2] 셀의 '회원등급'이 'VIP'인지 확인
결과4(Value_if_true4)	D2*5%	네 번째 조건이 참이면 [D2] 셀의 '금액'에 5%를 곱함

효율 UP 능률 UP 기초 다지기　**IFS 함수의 형식과 인수 알아보기**

IFS 함수는 하나 이상의 조건을 확인하고 조건이 참인 경우 결과를 반환하며, **=IFS(조건n, 결과n)** 형식으로 사용합니다. 최대 조건과 결과를 127개까지 지정할 수 있습니다. IFS 함수의 인수를 자세히 알아보겠습니다.

조건n(Logical_test n)	결과가 TRUE 또는 FALSE로 나오게 될 조건식이나 값
결과n(Value_if_true n)	위의 조건 결과가 TRUE인 경우 반환할 값

데이터 입력 & 편집

기초 함수 활용

통합문서 관리 & 인쇄

서식 & 차트

종합 함수 활용

고급 함수 활용

데이터 관리 & 분석

키워드 **IF, AND, OR 함수**

086 여러 조건이 모두 참일 때와 여러 조건 중 하나가 참일 때

실습 파일 | PART 03\CHAPTER 02\086_AND_OR.xlsx
완성 파일 | PART 03\CHAPTER 02\086_AND_OR_완성.xlsx

AND 함수는 여러 조건이 모두 참일 때 TRUE를 반환하고, OR 함수는 여러 조건 중 하나만 참이어도 TRUE를 반환합니다. 이 두 함수는 IF 함수 안에서 여러 조건을 지정할 때 또는 조건부 서식에서 여러 조건을 지정할 때 주로 사용됩니다. 값을 확인할 셀들이 연속된 범위라면 AND, OR 함수를 배열 수식으로 작성합니다.

01 AND, OR 조건이 결합된 조건식 입력하기 [거래현황] 시트의 '배송료'는 '거래일'이 '무료배송 이벤트' 기간에 포함되거나 '금액'이 5만 원 이상이면 무료이고, 나머지는 모두 3,000원입니다. ❶ [E2:E22] 범위를 지정하고 ❷ **=IF(OR(AND(C2>=\$H\$5,C2<=\$H\$6),D2>=50000),0,3000)**를 입력한 후 ❸ Ctrl + Enter 를 누릅니다.

	A	B	C	D	E	F	G	H	I	J	K	L
1	ID	회원등급	거래일	금액	배송료							
2	K863D	실버	2021-07-01	95,900	=IF(OR(AND(C2>=\$H\$5,C2<=\$H\$6),D2>=50000),0,3000)							
3	R481E	골드	2021-07-01	457,700	0							
4	I393A	일반	2021-07-02	133,400	0		무료배송 이벤트					
5	F885E	일반	2021-07-03	29,300	3,000		시작일	2021-07-05				
6	V773D	골드	2021-07-04	39,400	3,000		종료일	2021-07-20				
7	J739T	실버	2021-07-09	88,800	0							
8	C275C	VIP	2021-07-12	344,800	0							
9	T621B	골드	2021-07-12	554,400	0							
10	U756H	일반	2021-07-13	11,600	0							
11	J671P	VIP	2021-07-14	84,000	0		❶ 드래그					
12	R968P	일반	2021-07-15	103,900	0		❷ 입력					
13	T819M	실버	2021-07-19	27,400	0							
14	C835G	실버	2021-07-20	13,800	0		❸ Ctrl + Enter					
15	T962K	골드	2021-07-20	15,600	0							
16	C917A	실버	2021-07-21	142,600	0							
17	R400D	VIP	2021-07-21	34,900	3,000							
18	I735R	골드	2021-07-22	90,500	0							
19	Q686D	골드	2021-07-26	78,500	0							
20	D822Z	일반	2021-07-27	95,400	0							
21	M357	일반	2021-07-27	10,600	3,000							
22	H999O	실버	2021-07-29	73,100	0							

평균: 571 개수: 21 합계: 12,000

01에서 입력한 중첩 함수식을 자세히 살펴보겠습니다.

함수식	설명
AND(C2>=$H$5,C2<=$H$6)	'거래일'인 [C2] 셀이 '시작일'인 [H5] 셀 이상, '종료일'인 [H6] 셀 이하면 TRUE. [H5] 셀과 [H6] 셀은 수식 복사 시 변경되지 말아야 하므로 절대 참조로 작성
OR(AND(C2>=$H$5,C2<=$H$6),D2>=50000)	AND 조건식의 결과가 TRUE이거나 '금액'인 [D2] 셀이 50,000 이상이면 TRUE
IF(OR(AND(C2>=$H$5,C2<=$H$6),D2>=50000),0,3000)	OR 조건식의 결과가 TRUE이면 0, FALSE이면 3,000을 반환

02 **연속된 범위의 값이 모두 조건에 맞을 때 결과 입력하기** [제품테스트] 시트의 '결과1'은 '1~5차테스트'의 값이 모두 70 이상이면 적합으로 판정합니다. ❶ [제품테스트] 시트 탭을 클릭합니다. ❷ [G2] 셀에 **=IF(AND(B2:F2)=70),"적합","부적합")**를 입력한 후 ❸ Ctrl + Shift + Enter 를 누릅니다. ❹ [G2] 셀을 클릭하고 채우기 핸들⊞을 더블클릭합니다.

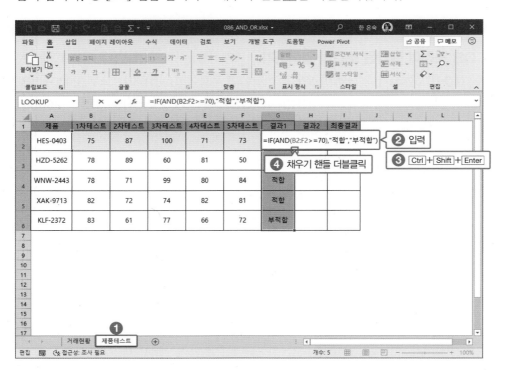

TIP AND 함수에서 하나의 셀이 아니라 배열을 사용했으므로 Ctrl + Shift + Enter 를 눌러 배열 수식으로 완성합니다. 엑셀 Microsoft 365 버전에서는 Enter 만 눌러도 배열 수식이 입력됩니다.

효율 UP 능률 UP 기초 다지기 **중첩 함수식 자세히 알아보기**

02에서 입력한 중첩 함수식을 자세히 살펴보겠습니다.

함수식	설명
AND(B2:F2>=70)	[B2:F2] 범위의 값이 모두 70 이상이면 TRUE
IF(AND(B2:F2>=70),"적합","부적합")	AND 조건식이 TRUE이면 적합을 입력하고, 아니면 부적합을 입력

03 연속된 범위의 값 중 하나만 조건에 맞으면 결과 입력하기 [제품테스트] 시트의 '결과 2'는 '1~5차테스트'의 값 중 하나만 90 이상이면 적합으로 판정합니다. ❶ [H2] 셀에 **=IF(OR(B2: F2>=90),"적합","부적합")**를 입력한 후 ❷ Ctrl + Shift + Enter 를 누릅니다. ❸ [H2] 셀을 클릭하고 채우기 핸들⊞을 더블클릭합니다.

LOOKUP		× ✓ ƒx	=IF(OR(B2:F2>=90),"적합","부적합")									
	A	B	C	D	E	F	G	H	I	J	K	L
1	제품	1차테스트	2차테스트	3차테스트	4차테스트	5차테스트	결과1	결과2	최종결과			
2	HES-0403	75	87	100	71	73	적합	=IF(OR(B2:F2>=90),"적합","부적합")		❶ 입력		
3	HZD-5262	78	89	60	81	50	부적합			❷ Ctrl + Shift + Enter		
4	WNW-2443	78	71	99	80	84	적합	적합		❸ 채우기 핸들 더블클릭		
5	XAK-9713	82	72	74	82	81	적합	부적합				
6	KLF-2372	83	61	77	66	72	부적합	부적합				
7												
8												
9												
10												

TIP OR 함수식에서 하나의 셀이 아니라 배열을 사용했으므로 Ctrl + Shift + Enter 를 눌러 배열 수식으로 완성합니다. 엑셀 Microsoft 365 버전에서는 Enter 만 눌러도 배열 수식이 입력됩니다.

 효율 UP 능률 UP 기초 다지기 **중첩 함수식 자세히 알아보기**

03에서 입력한 중첩 함수식을 자세히 살펴보겠습니다.

함수식	설명
OR(B2:F2>=90)	[B2:F2] 범위의 값 중 하나만 90 이상이면 TRUE
IF(OR(B2:F2>=90),"적합","부적합")	OR 조건식이 TRUE이면 적합을 입력하고, 아니면 부적합을 입력

04 연속된 두 셀의 값이 모두 조건에 맞으면 결과 입력하기 [제품테스트] 시트의 '최종결과'는 '결과1'과 '결과2'가 모두 적합이면 합격으로 판정합니다. ❶ [I2] 셀에 **=IF(AND(G2:H2="적합"),"합격"," ")**를 입력한 후 ❷ Ctrl + Shift + Enter 를 누릅니다. ❸ [I2] 셀을 클릭하고 채우기 핸들 ⬛을 더블클릭합니다.

LOOKUP	▾	× ✓ *fx*	=IF(AND(G2:H2="적합"),"합격","")								
	A	B	C	D	E	F	G	H	I	J	K	L
1	제품	1차테스트	2차테스트	3차테스트	4차테스트	5차테스트	결과1	결과2	최종결과			
2	HES-0403	75	87	100	71	73	적합	적합	=IF(AND(G2:H2="적합"),"합격","")			
3	HZD-5262	78	89	60	81	50	부적합	부적				
4	WNW-2443	78	71	99	80	84	적합	적합	합격			
5	XAK-9713	82	72	74	82	81	적합	부적합				
6	KLF-2372	83	61	77	66	72	부적합	부적합				

❶ 입력   ❷ Ctrl + Shift + Enter   ❸ 채우기 핸들 더블클릭

TIP AND 함수식에서 하나의 셀이 아니라 배열을 사용했으므로 Ctrl + Shift + Enter 를 눌러 배열 수식으로 완성합니다. 엑셀 Microsoft 365 버전에서는 Enter 만 눌러도 배열 수식이 입력됩니다.

효율 UP 능률 UP 기초 다지기   중첩 함수식 자세히 알아보기

04에서 입력한 중첩 함수식을 자세히 살펴보겠습니다.

함수식	설명
AND(G2:H2="적합")	[G2:H2] 범위의 값이 모두 적합이면 TRUE
IF(AND(G2:H2="적합"),"합격"," ")	AND 조건식이 TRUE이면 합격을 입력하고 아니면 빈 셀(" ")로 표시

효율 UP 능률 UP 기초 다지기   AND, OR 함수의 형식과 인수 알아보기

AND 함수는 지정한 조건이 모두 참일 때 TRUE를 반환하고, OR 함수는 지정한 조건 중 하나만 참이어도 TRUE를 반환합니다. 두 함수는 **=AND(조건1, 조건2, ⋯, 조건n)** 형식과 **=OR(조건1, 조건2, ⋯, 조건n)** 형식으로 사용합니다. 인수를 자세히 알아보겠습니다.

조건n(Logical n)   결과가 TRUE 또는 FALSE로 나오게 될 조건식이나 값 255개까지 지정 가능

087 오류인 값 대신 원하는 값 입력하기

실습 파일 | PART 03\CHAPTER 02\087_IFERROR.xlsx
완성 파일 | PART 03\CHAPTER 02\087_IFERROR_완성.xlsx

수식에서 참조한 셀의 값이 적합하지 않은 경우 수식의 결과에 오류가 발생합니다. 실습 파일에는 VLOOKUP 함수로 단가와 할인율이 구해져 있습니다. VLOOKUP 함수에서 참조한 범위에 찾는 값이 없을 경우 #N/A 오류가 표시됩니다. IFERROR 함수를 사용해 VOOKUP 함수의 결과가 오류일 때 다른 값을 입력하도록 수식을 수정해보겠습니다.

01 오류 표시된 단가 지정하기 오류 표시가 생긴 '단가'는 [제품정보] 시트의 '단가표'에 없는 제품이기 때문입니다. 오류가 생긴 '단가'에는 25,000원이 입력되도록 수정하겠습니다. ❶ [D2] 셀을 클릭하고 ❷ 수식 입력줄의 =(등호)와 VLOOKUP 사이에 **IFERROR(**를 입력합니다. ❸ 수식의 끝부분에는 **,25000)**를 입력한 후 Enter를 누릅니다. ❹ 다시 [D2] 셀을 클릭하고 채우기 핸들 📲을 더블클릭합니다.

	A	B	C	D	E	F	G	H
LOOKUP			× ✓ fx	=IFERROR(VLOOKUP(B2,단가표,2,0),25000)				
1	주문일	제품명	❷ 입력	단가	수량	❸ 입력 후 Enter		
2	12/03	파스 페이스 티	분당	0),25000)	32	3%	1,024,320	
3	12/03	태양 오렌지 주스	합정	19,000	95	5%	1,714,750	
4	12/03	삼화 콜라	합정	❹ 채우기 핸들 더블클릭			308,750	
5	12/03	태평양 포장 파래	여의도	26,000	3	#N/A	#N/A	
6	12/04	신성 쌀 튀김 과자	강남	9,000	30	3%	261,900	
7	12/04	태일 적포도주	합정	18,000	80	5%	1,368,000	
8	12/04	태일 적포도주	합정	18,000	5	#N/A	#N/A	
9	12/04	미왕 계피 캔디	종로	20,000	134	12%	2,358,400	
10	12/04	우미 코코넛 쿠키	종로	31,000	53	5%	1,560,850	
11	12/04	현진 커피 밀크	신사	21,000	70	5%	1,396,500	
12	12/04	미미 스카치 캔디	종로	13,000	15	#N/A	#N/A	
13	12/04	태양 오렌지 주스	신사	19,000	28	3%	516,040	
14	12/05	앨리스 포장육	분당	39,000	4	#N/A	#N/A	
15	12/05	알파 콘 플레이크	강남	#N/A	76	5%	#N/A	
16	12/05	우미 코코넛 쿠키	명동	31,000	37	3%	1,112,590	
17	12/05	알파 콘 플레이크	분당	#N/A	100	10%	#N/A	
18	12/05	미왕 계피 캔디	명동	20,000	50	5%	950,000	

매출현황   제품정보

편집   🔍 접근성: 조사 필요

TIP VLOOKUP 함수식의 결과가 오류일 때 25,000이 입력됩니다.

02 오류 표시된 할인율 지정하기 오류 표시가 생긴 '할인율'은 [제품정보] 시트의 '할인율표'에 없는 수량이기 때문입니다. 오류가 생긴 '할인율'에는 0%가 입력되도록 수정하겠습니다. ❶ [F2] 셀을 클릭하고 ❷ 수식 입력줄의 =(등호)와 VLOOKUP 사이에 **IFERROR(**를 입력합니다. ❸ 수식의 끝부분에는 **,0%)**를 입력한 후 Enter 를 누릅니다. ❹ 다시 [F2] 셀을 클릭하고 채우기 핸들 을 더블클릭합니다.

	A	B	C	D	E	F	G	H	I	J
1	주문일	제품명		단가	수량	할인율	매출			
2	12/03	파스 페이스 티	분당	33,000	32	표,2),0%)	1,024,320			
3	12/03	태양 오렌지 주스	합정	19,000		5%	1,714,750			
4	12/03	삼화 콜라	합정	5,000	65					
5	12/03	태평양 포장 파래	여의도	26,000	3	#N/A	#N/A			
6	12/04	신성 쌀 튀김 과자	강남	9,000	30	3%	261,900			
7	12/04	태일 적포도주	합정	18,000	80	5%	1,368,000			
8	12/04	태일 적포도주	합정	18,000	5	#N/A	#N/A			
9	12/04	미왕 계피 캔디	종로	20,000	134	12%	2,358,400			
10	12/04	우미 코코넛 쿠키	종로	31,000	53	5%	1,560,850			
11	12/04	현진 커피 밀크	신사	21,000	70	5%	1,396,500			
12	12/04	미미 스카치 캔디	종로	13,000	15	#N/A	#N/A			
13	12/04	태양 오렌지 주스	신사	19,000	28	3%	516,040			
14	12/05	앨리스 포장육	분당	39,000	4	#N/A	#N/A			
15	12/05	알파 콘 플레이크	강남	25,000	76	5%	1,805,000			
16	12/05	우미 코코넛 쿠키	명동	31,000	37	3%	1,112,590			
17	12/05	알파 콘 플레이크	분당	25,000	100	10%	2,250,000			
18	12/05	미왕 계피 캔디	명동	20,000	50	5%	950,000			

LOOKUP ‖ × ✓ fx =IFERROR(VLOOKUP(E2,할인율표,2,0%)

❸ 입력 후 Enter

❷ 입력

❶

❹ 채우기 핸들 더블클릭

매출현황 | 제품정보 ⊕

편집 | 접근성: 조사 필요 | 100%

TIP VLOOKUP 함수식의 결과가 오류일 때 0%가 입력됩니다.

효율 UP 능률 UP 기초 다지기 **IFERROR 함수의 형식과 인수 알아보기**

IFERROR 함수는 지정한 셀이나 값, 수식의 결과가 오류인 경우 대체할 값을 지정하며, **=IFERROR(값, 오류 대체할 값)** 형식으로 사용합니다. IFERROR 함수의 인수를 자세히 알아보겠습니다.

값(Value)	수식 또는 셀 참조
오류 대체할 값(Value_if_error)	위에서 지정한 값이 오류일 때 대신해 입력할 값이나 참조 또는 수식

정보 함수
활용하기

셀 값이나 수식의 결과에 대한 정보를 판단하여 작업해야 할 때는 정보 함수를 사용합니다. 정보 함수는 값의 유형을 검사하고, 그 결과에 따라 논릿값 TRUE 또는 FALSE를 반환합니다. 정보 함수는 단독으로 사용되는 경우보다는 다른 함수 안에서 셀 값의 정보를 판단하기 위한 조건식으로 사용되는 경우가 많습니다.

088 짝수일인지 홀수일인지에 따라 처리하기

실습 파일 | PART 03\CHAPTER 03\088_짝홀수확인.xlsx
완성 파일 | PART 03\CHAPTER 03\088_짝홀수확인_완성.xlsx

ISEVEN 함수는 숫자가 짝수인지 확인하고, ISODD 함수는 홀수인지 확인하여 TRUE 또는 FALSE 를 반환합니다. 숫자가 아니라 날짜가 짝수인지 홀수인지 확인하려면 DAY 함수로 날짜 데이터의 일자 부분만 가져와 확인하면 됩니다. 일자와 차량 번호의 짝수 · 홀수의 여부가 같은지 확인하여 차량 2부제 정보를 입력해보겠습니다. 5부제 정보는 MOD 함수를 사용해 요일 번호와 차량 번호 를 5로 나눈 나머지가 같은지 확인하여 구할 수 있습니다.

01 차량 2부제 정보 입력하기 ❶ [C3] 셀에 **=IF(ISODD(B3)=ISODD(DAY($D$1)),"","쉬 는차")**를 입력한 후 Enter 를 누릅니다. ❷ 다시 [C3] 셀을 클릭하고 채우기 핸들 을 더블클릭합 니다.

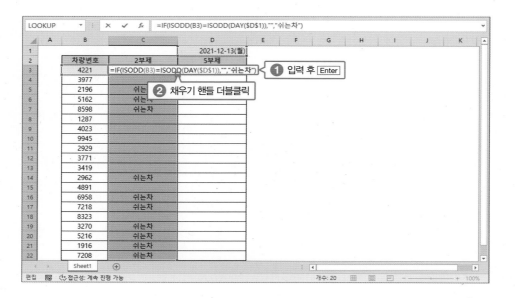

효율 UP 능률 UP 기초 다지기 **중첩 함수식 자세히 알아보기**

01에서 입력한 중첩 함수식을 자세히 살펴보겠습니다. 여기서 ISODD 함수 대신 ISEVEN 함수를 사용해도 됩니다.

함수식	설명
ISODD(B3)	[B3] 셀의 '차량번호'가 홀수이면 TRUE, 아니면 FALSE 반환
ISODD(DAY($D$1))	[D1] 셀에서 날짜의 일자가 홀수이면 TRUE, 아니면 FALSE 반환. 셀 복사 시 셀이 변경되지 않도록 절대 참조로 작성
IF(ISODD(B3)=ISODD(DAY($D$1)),"","쉬는차")	'차량번호'와 '일자'의 홀수 여부가 같으면 빈 셀("")로 입력하고, 아니면 **쉬는차** 입력

02 차량 5부제 정보 입력하기 ❶ [D3] 셀에 **=IF(MOD(B3,5)=MOD(WEEKDAY($D$1, 2),5),"쉬는차","")**를 입력한 후 Enter 를 누릅니다. ❷ 다시 [D3] 셀을 클릭하고 채우기 핸들을 더블클릭합니다.

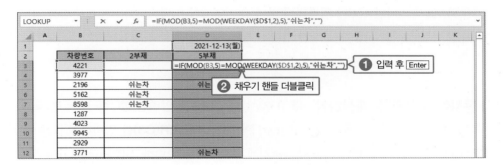

 효율 UP 능률 UP 기초 다지기 **중첩 함수식 자세히 알아보기**

02에서 입력한 중첩 함수식을 자세히 살펴보겠습니다. MOD 함수를 사용해 2로 나눈 나머지가 0인지 확인하면 짝수 여부를 확인할 수 있습니다.

함수식	설명
MOD(B3,5)	[B3] 셀의 '차량번호'를 5로 나눈 나머지. 결과는 1, 2, 3, 4, 0 중 하나가 됨
WEEKDAY($D$1,2)	[D1] 셀 날짜의 요일 번호를 1(월)~7(일) 순서로 구함. 셀 복사 시 셀이 변경되지 않도록 절대 참조로 작성
MOD(WEEKDAY($D$1,2),5)	요일 번호를 5로 나눈 나머지. 결과는 1, 2, 3, 4, 0 중 하나가 됨
IF(MOD(B3,5)=MOD(WEEKDAY($D$1,2),5),"쉬는차","")	'차량번호'를 5로 나눈 나머지와 요일 번호를 5로 나눈 나머지가 같으면 **쉬는차**를 입력하고, 아니면 빈 셀("") 입력

089 숫자인지 문자인지에 따라 처리하기

실습 파일 | PART 03\CHAPTER 03\089_숫자문자확인.xlsx
완성 파일 | PART 03\CHAPTER 03\089_숫자문자확인_완성.xlsx

ISNUMBER 함수는 지정한 값이 숫자인지 확인하고, ISTEXT 함수는 지정한 값이 문자인지 확인하여 TRUE 또는 FALSE를 반환합니다. IF 함수와 IFS 함수, 조건부 서식에서 데이터가 숫자인지 문자인지에 따라 판단하여 처리할 때 사용할 수 있습니다. 실습 파일에서는 '답' 목록에 있는 값이 숫자면 10을 곱하고, 문자 O이면 100이 입력되게 하며, X이면 0이 입력되도록 IFS 함수식을 작성하겠습니다. 또한 조건부 서식을 사용해 문자가 입력된 행에 채우기 색을 지정합니다.

01 숫자와 문자에 따라 점수 계산하기 ❶ [D3] 셀에 **=IFS**를 입력한 후 Ctrl + A 를 눌러 [함수 인수] 대화상자를 불러옵니다. ❷ [Logical_test1]에 **ISNUMBER(C3)**를 입력하고 [Value_if_true1]에 **C3*10**을 입력합니다. ❸ [Logical_test2]에 **C3="O"**를 입력하고 [Value_if_true2]에 **100**을 입력합니다. ❹ [Logical_test3]에 **C3="X"**를 입력하고 [Value_if_true3]에 **0**을 입력합니다. ❺ [확인]을 클릭하고 ❻ [D3] 셀의 채우기 핸들▣을 더블클릭합니다.

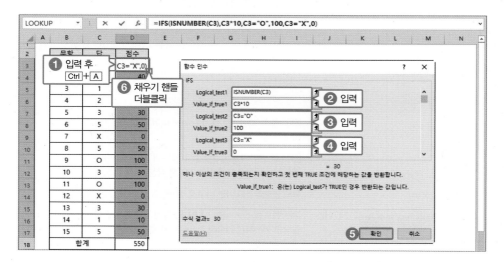

01의 중첩 함수식 **=IFS(ISNUMBER(C3),C3*10,C3="O",100,C3="X",0)**를 자세히 살펴보겠습니다.

함수식	설명
ISNUMBER(C3)	[C3] 셀의 값이 숫자인지 확인
C3*10	위의 조건이 참이면 [C3] 셀 값에 10을 곱함
C3="O"	[C3] 셀의 값이 대문자 O인지 확인
100	위의 조건이 참이면 100 입력
C3="X"	[C3] 셀의 값이 대문자 X인지 확인
0	위의 조건이 참이면 0 입력

02 문자가 있는 행에 채우기 색 지정하기 ❶ [B3:D17] 범위를 지정하고 ❷ [홈] 탭-[스타일] 그룹-[조건부 서식]-[새 규칙]을 클릭합니다. ❸ [새 서식 규칙] 대화상자의 [규칙 유형 선택]에서 [수식을 사용하여 서식을 지정할 셀 결정]을 클릭하고 ❹ 수식 입력란에 **=ISTEXT($C3)**를 입력합니다.

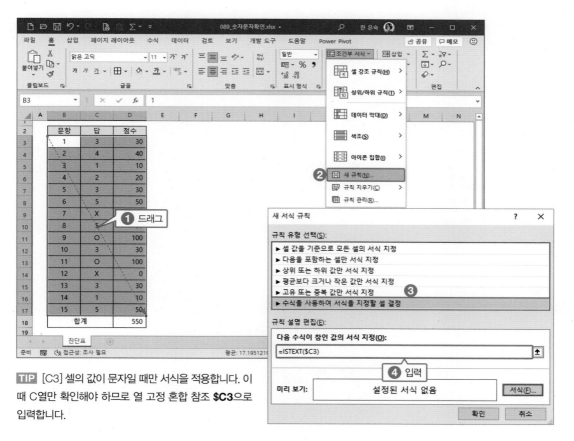

TIP [C3] 셀의 값이 문자일 때만 서식을 적용합니다. 이때 C열만 확인해야 하므로 열 고정 혼합 참조 **$C3**으로 입력합니다.

03 적용할 서식 지정하기 ❶ [새 서식 규칙] 대화상자의 [서식]을 클릭합니다. ❷ [셀 서식] 대화상자의 [채우기] 탭에서 채우기 색을 클릭합니다. ❸ [셀 서식] 대화상자의 [확인]을 클릭하고 ❹ [새 서식 규칙] 대화상자의 [확인]을 클릭합니다.

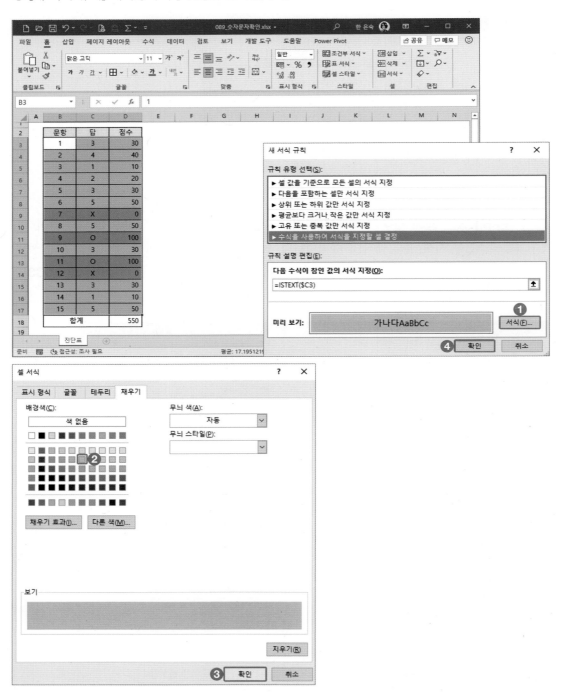

엑셀 데이터베이스 관리하기

행과 열로 구성된 엑셀 워크시트에 입력된 데이터 목록은 그 자체가 데이터베이스입니다. 엑셀의 데이터 관리 도구를 사용해 특정 조건에 맞는 레코드를 추출하거나 원하는 순서에 따라 정렬할 수 있으며, 데이터 그룹별로 값을 요약할 수도 있습니다.

090 사용자 지정 기준으로 데이터 정렬하기

실습 파일 | PART 03\CHAPTER 04\090_데이터정렬.xlsx
완성 파일 | PART 03\CHAPTER 04\090_데이터정렬_완성.xlsx

하나의 열을 기준으로 데이터를 정렬할 때는 해당 열의 셀에서 마우스 오른쪽 버튼을 클릭해 [정렬] 메뉴를 클릭하거나, [데이터] 탭-[정렬 및 필터] 그룹-[오름차순 정렬] 또는 [내림차순 정렬]을 클릭합니다. 여러 열, 여러 기준으로 정렬할 때는 [데이터] 탭-[정렬 및 필터] 그룹-[정렬]을 클릭하면 나타나는 [정렬] 대화상자에서 기준을 여러 개 추가하여 다양한 정렬 기준을 선택합니다.

1 선택한 셀 서식을 맨 위쪽으로 정렬하기

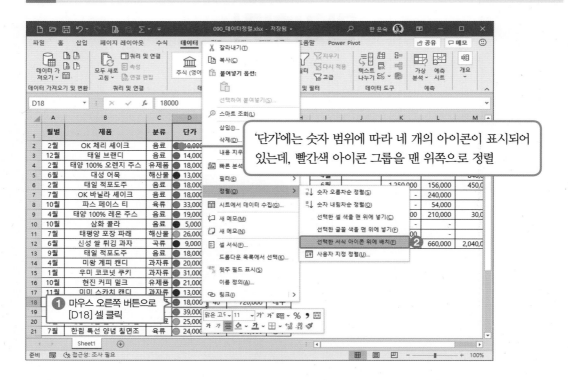

'단가'에는 숫자 범위에 따라 네 개의 아이콘이 표시되어 있는데, 빨간색 아이콘 그룹을 맨 위쪽으로 정렬

2 ▶ 사용자 지정 정렬 기준 추가하기

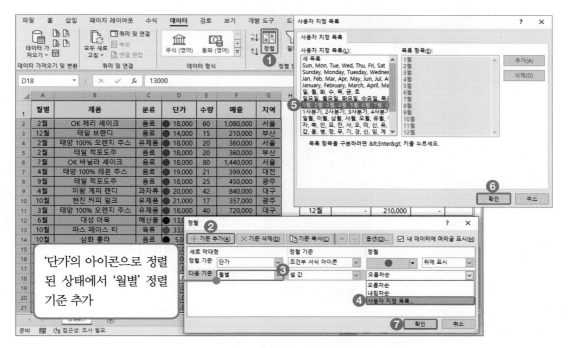

> '단가'의 아이콘으로 정렬
> 된 상태에서 '월별' 정렬
> 기준 추가

TIP '월별' 목록은 숫자와 문자가 섞인 문자 데이터이기 때문에 사용자 지정 목록으로 정렬하지 않으면 10월, 11월, 12월, 1월, …, 9월 순서로 정렬됩니다. '단가'보다 '월별'로 먼저 정렬하려면 [정렬] 대화상자에서 [월별] 기준을 클릭하고 [위로 이동⌃]을 클릭하거나 Ctrl + ↑를 누릅니다.

3 ▶ 왼쪽에서 오른쪽으로 정렬하기

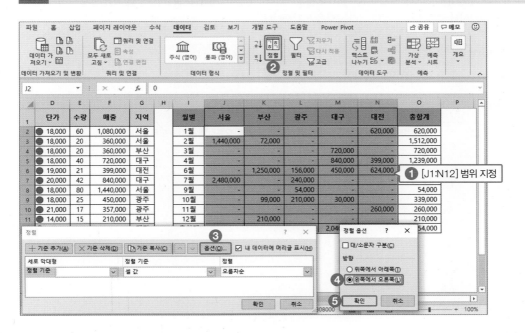

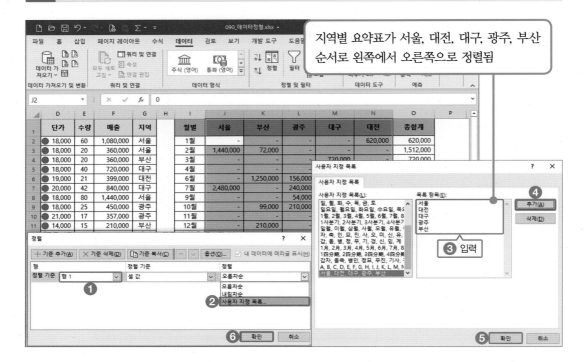

지역별 요약표가 서울, 대전, 대구, 광주, 부산 순서로 왼쪽에서 오른쪽으로 정렬됨

 효율 UP 능률 UP 기초 다지기   **데이터 종류별 정렬 순서 알아보기**

오름차순은 숫자＞문자＞논릿값＞오룻값＞빈 셀 순으로 정렬되고, 내림차순은 오룻값＞논릿값＞문자＞숫자＞빈 셀 순으로 정렬됩니다. 영문자는 오름차순으로 정렬 시 소문자가 우선순위를 갖습니다. 빈 셀은 항상 마지막에 정렬됩니다. 데이터 종류에 따른 정렬 순서는 다음과 같습니다.

데이터 종류	정렬 순서
숫자	가장 작은 음수에서 가장 큰 양수로 정렬
문자와 숫자가 섞인 경우	0 1 2 3 4 5 6 7 8 9 (공백) ! " # $ % & ( ) * , . / : ; ? @ [\ ] ^ _ ` {	} ~ + < = > A B C D E F G H I J K L M N O P Q R S T U V W X Y Z 순서로 정렬됨
논릿값/오룻값	논릿값은 TRUE보다 FALSE가 앞에 정렬되며, 오룻값의 순서는 모두 같음

091 자동 필터로 원하는 데이터 추출하고 계산하기

실습 파일 | PART 03\CHAPTER 04\091_자동필터.xlsx
완성 파일 | PART 03\CHAPTER 04\091_자동필터_완성.xlsx

자동 필터를 사용하면 조건에 맞는 데이터 목록만 표시되고 나머지 데이터는 숨겨집니다. 자동 필터가 적용된 데이터를 선택하면 숨겨진 데이터는 제외하고 선택되므로 복사, 삭제, 편집, 서식 지정, 차트 작성, 인쇄 등의 작업이 편리합니다. 또한 숨겨진 데이터를 제외하고 계산하는 SUBTOTAL 함수를 사용하면 필터가 적용된 데이터의 개수나 합계를 바로 확인할 수 있습니다.

01 데이터 건수와 합계 구하기 ❶ [E1] 셀에 **=SUBTOTAL(103,H4:H93)**를 입력한 후 Enter 를 누릅니다. ❷ [H1] 셀에 **=SUBTOTAL(109,H4:H93)**를 입력한 후 Enter 를 누릅니다. ❸ [A3] 셀을 클릭하고 ❹ [데이터] 탭-[정렬 및 필터] 그룹-[필터]를 클릭합니다.

거래일	ID	가입일	구분	거래처	지역	수량	합계
2021-01-01	A1020J	2013-12-19	일반		천안	26	4,938,454
2021-01-02	C3868S	2014-05-11	골드	대진상사	대전	24	9,026,457
2021-01-03	C7582Z	2015-09-10	실버	성준통상	수원	16	3,834,375
2021-01-04	C9794J	2014-10-25	일반	언더우드무역	서울	50	7,497,719
2021-01-05	D2678Q	2014-09-19	골드	신세기상사	서울	10	2,211,868
2021-01-06	D4546D	2014-05-10	일반	삼진상사	제주	39	2,246,517
2021-01-07	E1123V	2013-11-25	프리미엄	백두무역	대전	6	4,534,613
2021-01-08	E3911M	2013-11-04	실버	한일상사	부산	18	5,562,640
2021-01-09	E4274H	2015-05-22	골드	한빛유통	제주	38	8,648,175
2021-01-10	E7426K	2015-06-10	실버	원창무역	천안	43	2,116,276
2021-01-11	F2589D	2015-07-14	실버	정금상사	대전	45	1,001,947
2021-01-12	F2994V	2014-07-09	프리미엄	은하수유통	부산	19	1,051,142

건수 =SUBTOTAL(103,H4:H93)　　합계 =SUBTOTAL(109,H4:H93)

❶ 입력 후 Enter　　❷ 입력 후 Enter

TIP SUBTOTAL 함수에서 함수 번호 **103**은 COUNTA 함수로 계산하고, **109**는 SUM 함수로 계산하되 숨겨진 데이터는 무시하고 계산합니다. 즉, 자동 필터가 적용될 때마다 필터 결과에 대한 거래 '건수'와 '거래금액'의 '합계'가 변경됩니다.

02 문자를 조건으로 추출하기
'회사'에 '백화점'이나 '유통'이 포함된 데이터만 추출하겠습니다. ❶ [E3] 셀의 필터 단추▼를 클릭하고 ❷ [텍스트 필터]−[포함]을 클릭합니다. ❸ [사용자 지정 자동 필터] 대화상자의 첫 번째 입력란에 **유통**을 입력하고 ❹ [또는]을 클릭합니다. ❺ 두 번째 조건 목록에서 [포함]을 선택하고 ❻ 두 번째 입력란에 **백화점**을 입력한 후 ❼ [확인]을 클릭합니다.

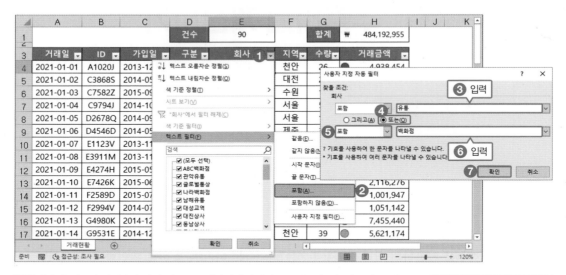

TIP [필터] 메뉴의 검색란에 직접 텍스트를 입력해서 필터링해도 됩니다. 만약 '유통'이나 '백화점'을 포함하는 회사명을 추출한 후에 '통상'을 포함하는 회사명을 추가로 필터링하려면 다시 [E3] 셀의 필터 단추▼를 클릭합니다. 검색란에 **통상**을 입력하고 [필터에 현재 선택 내용 추가]에 체크한 후 [확인]을 클릭합니다.

03 날짜를 조건으로 추출하기
추가로 1월을 제외한 거래 데이터만 추출하겠습니다. ❶ [A3] 셀의 필터 단추▼를 클릭합니다. ❷ [1월]의 체크를 해제한 후 ❸ [확인]을 클릭합니다.

04 숫자를 조건으로 추출하기 '수량'이 30 이상인 데이터만 추가로 추출하겠습니다. ❶ [G3] 셀의 필터 단추▼를 클릭하고 ❷ [숫자 필터]-[크거나 같음]을 클릭합니다. ❸ [사용자 지정 자동 필터] 대화상자의 첫 번째 입력란에 **30**을 입력한 후 ❹ [확인]을 클릭합니다.

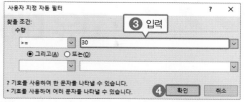

TIP 하나의 필드에 대한 필터를 해제하려면 필터 단추▼를 클릭하고 해당 필터의 해제 메뉴를 클릭합니다. 예를 들어 [수량] 필드의 필터를 해제하려면 [수량] 필드의 필터 단추▼를 클릭하고 ["수량"에서 필터 해제]를 클릭합니다. 전체 필터를 해제하려면 [데이터] 탭-[정렬 및 필터] 그룹-[지우기]를 클릭합니다. [데이터] 탭-[정렬 및 필터] 그룹-[필터]를 클릭하면 필터 단추▼가 모두 없어지면서 전체 필터도 해제됩니다. 자동 필터 선택 및 해제의 단축키는 Ctrl + Shift + L 입니다.

 효율 UP 능률 UP 기초 다지기 **SUBTOTAL 함수의 형식과 인수 알아보기**

SUBTOTAL 함수는 지정한 번호에 해당하는 함수로 지정한 참조 범위를 계산하며, **=SUBTOTAL(함수 번호, 참조)** 형식으로 사용합니다. SUBTOTAL 함수의 인수를 자세히 알아보겠습니다.

함수 번호 (Fuction_num)	어떤 함수를 사용할지 지정할 번호. 번호1은 숨겨진 값 포함, 번호2는 숨겨진 값 무시			
	번호1	**번호2**	**함수**	**계산**
	1	101	AVERAGE	평균
	2	102	COUNT	숫자 개수
	3	103	COUNTA	데이터 개수
	4	104	MAX	최댓값
	5	105	MIN	최솟값
	6	106	PRODUCT	곱
	7	107	STDEV	표본집단의 표준편차
	8	108	STDEVP	모집단의 표준편차
	9	109	SUM	합계
	10	110	VAR	표본집단의 분산
	11	111	VARP	모집단의 분산
참조n(Ref n)	계산할 셀이나 셀 범위. Ref1부터 Ref254까지 지정 가능			

092 필드 간 OR 조건과 중복/ 고유 데이터 추출하기

실습 파일 | PART 03\CHAPTER 04\092_고급필터.xlsx
완성 파일 | PART 03\CHAPTER 04\092_고급필터_완성.xlsx

자동 필터는 여러 필드에 필터링하면 필드 간 AND 조건으로 필터가 적용됩니다. 고급 필터는 별도의 셀에 조건을 입력하며, 자동 필터에서는 지정할 수 없는 함수식을 활용한 조건도 지정할 수 있습니다.

01 고급 필터로 레코드 추출하기 '등급'이 프리미엄이거나 '거래금액'이 8백만 원 이상인 레코드를 추출해보겠습니다. ❶ [J2] 셀에 **등급**, [J3] 셀에 **프리미엄**, [K2] 셀에 **거래금액**, [K4] 셀에 **>=8000000**을 입력합니다. ❷ [데이터] 탭-[정렬 및 필터] 그룹-[고급]을 클릭하고 ❸ [고급 필터] 대화상자에서 [다른 장소에 복사]를 클릭합니다. ❹ [목록 범위]에 **거래표**를 입력하고, [조건 범위]에 [J2:K4] 범위를 지정한 후 [복사 위치]에는 [J7:M7] 범위를 지정합니다. ❺ [확인]을 클릭합니다.

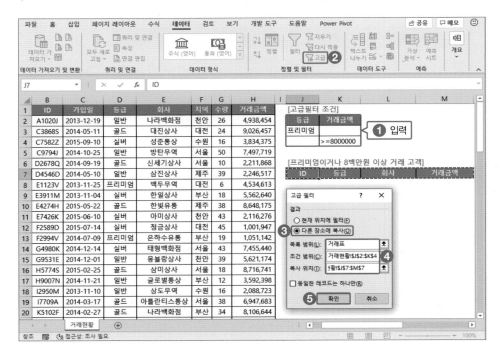

02 회사 목록 추출하기 ❶ [데이터] 탭-[정렬 및 필터] 그룹-[고급]을 클릭하고 ❷ [고급 필터] 대화상자에서 [다른 장소에 복사]를 클릭합니다. ❸ [목록 범위]에 [E1:E91] 범위를 지정하고, [조건 범위]는 기존 값을 삭제한 후 [복사 위치]에 [O7] 셀을 지정합니다. ❹ [동일한 레코드는 하나만]에 체크한 후 ❺ [확인]을 클릭합니다.

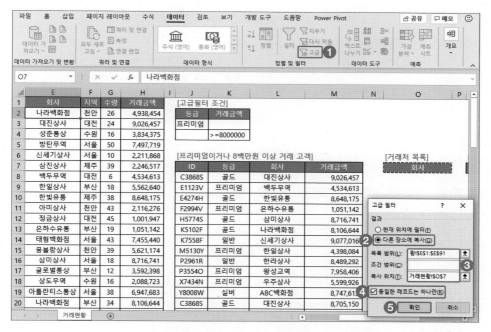

> **TIP** '회사' 목록 전체를 가져오는 것이므로 별도의 조건이 필요 없습니다. '회사' 목록에서 중복되는 값은 제외하고 회사명을 한 개씩만 가져와야 하므로 [동일한 레코드는 하나만]에 체크해야 합니다.

 효율 UP 능률 UP 기초 다지기 [고급 필터] 대화상자 알아보기

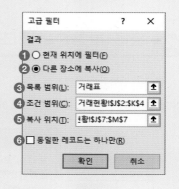

❶ **현재 위치에 필터 |** 자동 필터처럼 원본 데이터 목록에서 필터 결과를 제외한 행을 숨깁니다.

❷ **다른 장소에 복사 |** 필터 결과를 원본 데이터 목록 위치와 다른 곳에 추출합니다.

❸ **목록 범위 |** 원본 데이터 목록 범위입니다. 실습 파일에서 [거래표]라는 이름은 [A1:H91] 범위에 정의된 이름입니다. 이름이 정의되어 있지 않다면 입력란을 클릭하고 [A1:H91] 범위를 직접 드래그하여 지정해야 합니다.

❹ **조건 범위 |** 조건이 입력되어 있는 범위입니다. 입력란을 클릭하고 [J2:K4] 범위를 직접 드래그하면 지정됩니다.

❺ **복사 위치 |** 추출 결과가 복사될 위치입니다. 복사 위치에 필드명을 미리 입력해놓으면 그 필드들만 추출됩니다. 미리 필드명을 입력해놓지 않으면 모든 필드가 추출됩니다.

❻ **동일한 레코드는 하나만 |** 추출 결과에 중복 레코드가 있는 경우 중복 레코드 중 하나만 추출합니다.

03 3회 이상 중복 거래한 회사 목록 추출하기 ❶ [Q3] 셀에 **=COUNTIF($E$2:$E$91, E2)>=3**을 입력하고 ❷ [데이터] 탭–[정렬 및 필터] 그룹–[고급]을 클릭합니다. ❸ [고급 필터] 대화상자에서 [다른 장소에 복사]를 클릭합니다. ❹ [목록 범위]에 [E1:E91] 범위를 지정하고, [조건 범위]에 [Q2:Q3] 범위를 지정한 후 [복사 위치]에 [Q7] 셀을 지정합니다. ❺ [동일한 레코드는 하나만]에 체크한 후 ❻ [확인]을 클릭합니다.

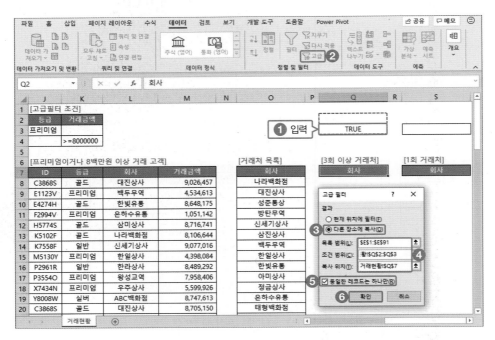

TIP '회사' 목록인 [E2:E91] 범위에서 [E2] 셀과 같은 회사가 세 개 이상인지 확인하여 추출합니다. '회사' 목록 범위는 **$E$2:$E$91**과 같이 절대 참조로 지정하고, '회사명'인 [E2] 셀은 상대 참조로 지정했기 때문에 아래 셀들의 다른 회사명들도 모두 확인합니다. 함수식을 조건으로 입력했다면 조건 범위에서 필드명 부분은 비워두고 빈 셀과 함께 조건식을 입력한 셀을 범위로 지정합니다.

효율 UP 능률 UP 기초 다지기   고급 필터 조건 작성 규칙 알아보기

❶ 조건 범위의 첫 행에는 필드명을 입력하고 그 아래 셀에는 조건을 입력합니다.

❷ 조건을 서로 같은 행에 입력하면 AND 조건으로 추출되고, 다른 행에 입력하면 OR 조건으로 추출됩니다.

연산 순서		설명	연산 순서		설명
등급	거래금액	'등급'이 프리미엄이거나 '거래금액'이 8백만 원 이상인 데이터 레코드 추출	등급	거래금액	'등급'이 프리미엄이고 '거래금액'이 8백만 원 이상인 데이터 레코드 추출
프리미엄			프리미엄	>=8000000	
	>=8000000				

04 1회만 거래한 회사 목록 추출하기 ❶ [S3] 셀에 **=COUNTIF($E$2:$E$91,E2)=1**을 입력합니다. ❷ [데이터] 탭-[정렬 및 필터] 그룹-[고급]을 클릭하고 ❸ [고급 필터] 대화상자에서 [다른 장소에 복사]를 클릭합니다. ❹ [목록 범위]에 [E1:E91] 범위를 지정하고, [조건 범위]에 [S2:S3] 범위를 지정한 후 [복사 위치]에 [S7] 셀을 지정합니다. ❺ [확인]을 클릭합니다.

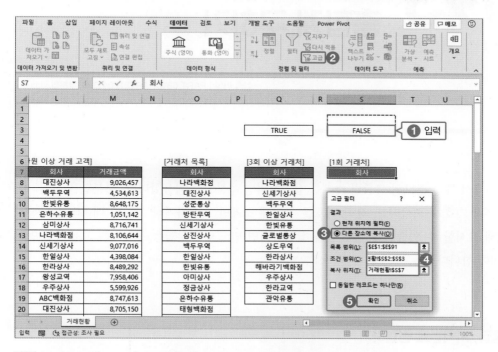

TIP '회사' 목록인 [E2:E91] 범위에서 [E2] 셀과 같은 회사가 한 개인지 확인하여 추출합니다.

093 데이터 그룹별 소계와 총합계 구하기

실습 파일 | PART 03\CHAPTER 04\093_부분합.xlsx
완성 파일 | PART 03\CHAPTER 04\093_부분합_완성.xlsx

데이터 목록에서 특정 필드의 그룹별 소계를 삽입하려면 부분합을 활용합니다. 부분합을 삽입하면 그룹별로 윤곽 기호가 표시되고, 윤곽 기호를 클릭해 소계만 표시하거나 그룹별 데이터를 확장하거나 축소해 표시할 수 있습니다. 부분합을 삽입하려면 반드시 부분합을 구하려는 그룹별로 먼저 정렬해두어야 합니다.

1 등급, 지역별로 정렬하기

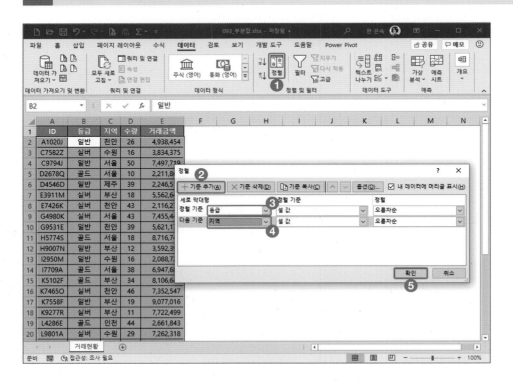

데이터 입력 & 편집

기초 함수 활용

통합 문서 관리 & 인쇄

서식 & 차트

중첩 함수 활용

고급 함수 활용

데이터 관리 & 분석

2 ▶ 등급별 부분합 삽입하기

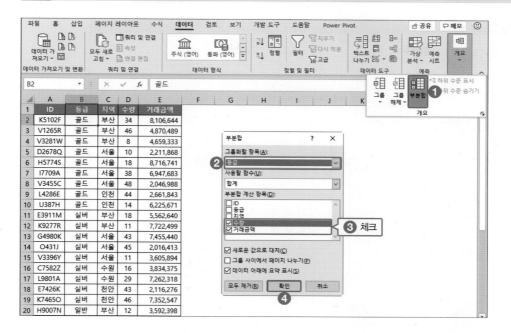

3 ▶ 지역별 부분합 추가하기

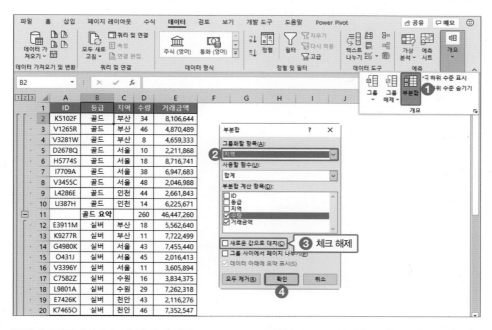

TIP [부분합] 대화상자의 [사용할 함수]에서 다른 함수를 선택할 수도 있습니다. 부분합 계산 항목에는 기존에 선택한 필드가 선택되어 있습니다. [새로운 값으로 대치]의 체크를 해제하지 않으면 기존에 삽입한 등급별 부분합이 없어집니다.

4 윤곽 기호 사용하기

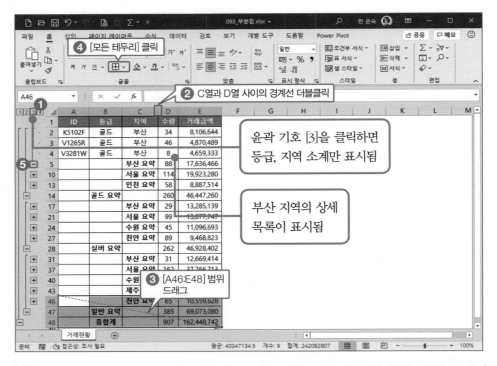

TIP 부분합을 제거하려면 다시 [데이터] 탭 – [개요] 그룹 – [부분합]을 클릭하고 [부분합] 대화상자에서 [모두 제거]를 클릭합니다.

CHAPTER

05

피벗 테이블로
데이터
요약 분석하기

피벗(Pivot)은 회전축 또는 중심점을 뜻합니다. 즉, 피벗 테이블은 특정 데이터 필
드를 중심으로 행과 열의 위치를 변경할 수 있고 다양한 형태로 변형하며 데이터
를 통합, 요약할 수 있는 표입니다. 사용자가 원하는 형태로 데이터를 손쉽게 변형
할 수 있으므로 역동적인 요약 보고서라 할 수 있습니다.

094 한 워크시트에 여러 형태의 피벗 테이블 작성하기

실습 파일 | **PART 03\CHAPTER 05\094_피벗테이블작성.xlsx**
완성 파일 | **PART 03\CHAPTER 05\094_피벗테이블작성_완성.xlsx**

많은 양의 데이터 목록을 집계, 요약하고 분석하는 데는 피벗 테이블이 최적의 도구입니다. 피벗 테이블에 필드를 어떻게 배치하느냐에 따라 다양한 형태의 요약 보고서를 만들 수 있습니다. 제품별, 고객별 거래 내역이 포함된 데이터 목록을 사용해 다양한 형태의 피벗 테이블을 작성해보겠습니다.

1 ▶ 고객별 금액 합계 피벗 테이블 삽입하기

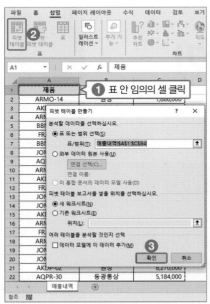
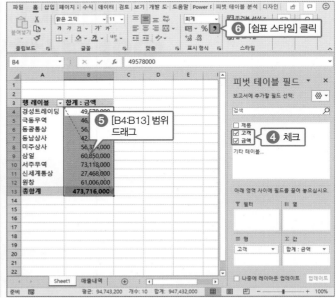

TIP [피벗 테이블 만들기] 대화상자에서 [표/범위]는 선택된 셀을 기준으로 자동 지정되며, 피벗 테이블을 배치할 위치로는 [새 워크시트]가 선택되어 있는 상태입니다.

2 ▶ 복사 후 제품별 금액 합계 피벗 테이블로 변경하기

TIP 필드를 선택한 것 외에 다른 작업을 하지 않았다면 첫 번째 피벗 테이블을 복사한 상태가 계속 유지되고 있으므로, 다른 셀을 클릭하고 Ctrl + V 를 누르면 첫 번째 피벗 테이블이 붙여 넣어집니다. 중간에 복사 상태가 해제되었다면 다시 기존에 작성된 피벗 테이블을 클릭해 Ctrl + C 를 눌러 복사하고 Ctrl + V 를 눌러 붙여 넣습니다.

3 ▶ 고객, 제품별 금액 합계 피벗 테이블로 변경하기

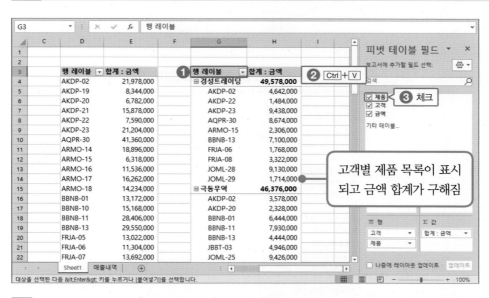

TIP 필드 목록이 텍스트라면 [피벗 테이블 필드] 작업 창의 [행] 영역으로 들어가고, 숫자라면 [값] 영역에 들어갑니다.

4 고객을 열 레이블에 표시한 피벗 테이블로 변경하기

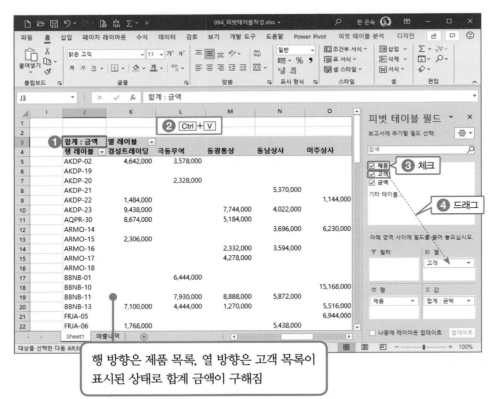

행 방향은 제품 목록, 열 방향은 고객 목록이
표시된 상태로 합계 금액이 구해짐

TIP 필드를 [필터]나 [열] 영역에 넣으려면 영역으로 직접 드래그해야 합니다.

 효율 UP 능률 UP 기초 다지기 **필드 순서 변경하는 방법 알아보기**

[행] 영역에 배치된 필드의 순서를 변경하려면 필드를 드래그합니다. 다음과 같이 [제품] 필드를 [고객] 필드 위로
드래그하면 피벗 테이블에서도 [제품] 필드가 [고객] 필드 위에 배치됩니다.

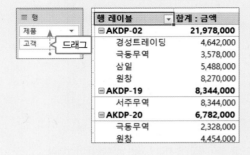

095 날짜 그룹 설정 및 피벗 테이블 디자인 지정하기

실습 파일 | PART 03\CHAPTER 05\095_필드그룹및디자인.xlsx
완성 파일 | PART 03\CHAPTER 05\095_필드그룹및디자인_완성.xlsx

날짜 데이터인 경우 필드를 피벗 테이블의 [행] 영역이나 [열] 영역에 배치하면 연, 분기, 월로 그룹화됩니다. 실습 파일의 [배송내역] 시트에는 2년간의 날짜별 데이터가 입력되어 있습니다. [날짜] 필드를 피벗 테이블의 [열] 영역에 배치한 후 연도와 분기를 표시하도록 설정하겠습니다. 또한 피벗 테이블 스타일과 보고서 레이아웃 등을 지정하여 피벗 테이블을 더 보기 편하게 디자인해보겠습니다.

1 날짜 필드 그룹화 설정하기

엑셀 2013 이하 버전이거나 [파일] 탭-[옵션]-[Excel 옵션] 대화상자의 [데이터]에서 [피벗 테이블에서 날짜/시간 열의 자동 그룹화 사용 안 함]에 체크되어 있으면 [날짜] 필드가 자동으로 그룹화되지 않습니다. 이때는 그룹화되지 않은 날짜 데이터 셀을 마우스 오른쪽 버튼으로 클릭해 [그룹]을 클릭하고, [그룹화] 대화상자의 [단위]에서 [월], [분기], [연] 등 그룹화하려는 단위를 클릭한 후 [확인]을 클릭합니다. 또한 날짜를 그룹화하지 않고 모든 날짜 항목을 표시하려면 날짜 데이터 셀을 마우스 오른쪽 버튼으로 클릭한 후 [그룹 해제]를 클릭합니다.

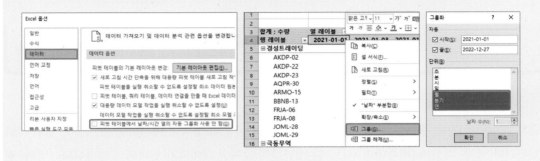

2 스타일 및 레이아웃 지정하기

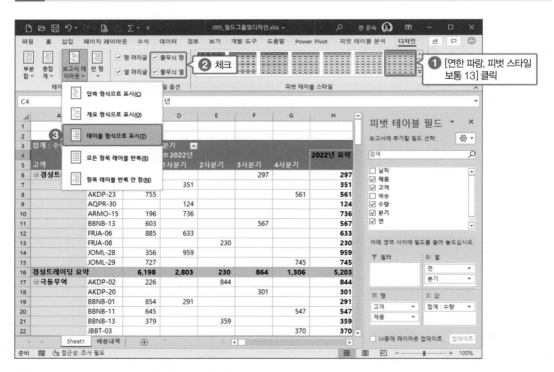

TIP 기본 보고서 레이아웃은 압축 형식입니다. 압축 형식은 한 열에 여러 필드를 표시하므로 A열에 '고객'과 '제품' 목록이 모두 표시됩니다. 테이블 형식으로 표시하면 A열에 '고객', B열에 '제품' 목록이 표시되며 아래쪽에 부분합이 표시됩니다. 개요 형식은 필드 열을 테이블 형식과 같이 나누면서 부분합을 위에 표시합니다.

3 레이블 셀 병합 및 빈 셀 표시하기

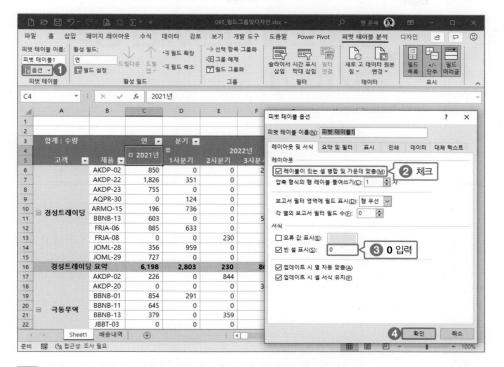

TIP 피벗 테이블 안에서는 일반적인 셀 병합, 삽입, 삭제 작업을 할 수 없습니다.

096 값 필드에 다른 계산 항목 추가하기

실습 파일 | PART 03\CHAPTER 05\096_값필드추가.xlsx
완성 파일 | PART 03\CHAPTER 05\096_값필드추가_완성.xlsx

[피벗 테이블 필드] 작업 창에서 숫자 데이터 필드를 선택하면 필드가 자동으로 [값] 영역에 배치되고 합계가 구해집니다. 문자 데이터 필드는 드래그하여 [값] 영역에 배치할 수 있고, 이때 개수가 구해집니다. 합계나 개수 외에 다른 함수로 계산하려면 [값] 영역에서 값 요약 기준을 변경하면 됩니다.

1   제품 개수 구하기

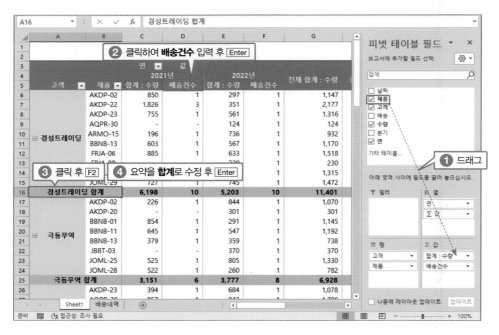

TIP 피벗 테이블의 필드명은 원하는 이름으로 자유롭게 변경할 수 있지만, 기존 필드명과 동일한 이름은 사용할 수 없습니다. 예를 들어 배송건수가 아니라 **배송**을 입력하면 필드 목록에 이미 사용된 이름이므로 '이미 사용 중인 필드 이름'이라는 메시지가 표시됩니다.

2 ▸ 합계를 평균으로 변경하기

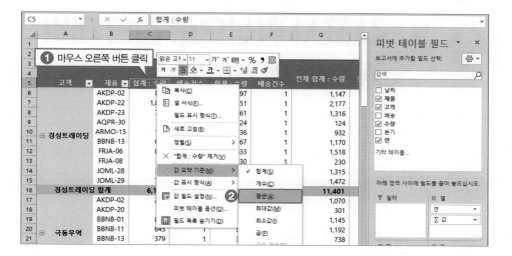

3 ▸ 수량 합계 추가하기

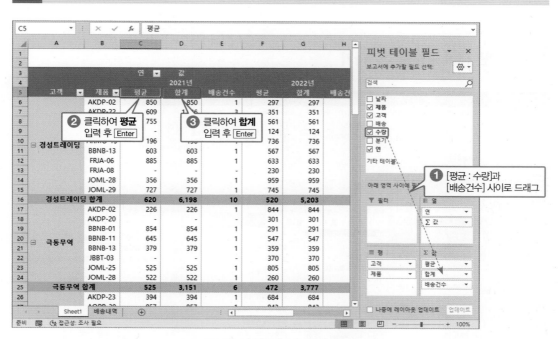

TIP [값] 영역의 필드를 제거하려면 [필드]를 작업 창 바깥으로 드래그하거나, [필드]를 클릭해 [필드 제거]를 클릭합니다.

097 값 표시 형식으로 전년 대비 증감률 추가하기

실습 파일 | PART 03\CHAPTER 05\097_값표시형식.xlsx
완성 파일 | PART 03\CHAPTER 05\097_값표시형식_완성.xlsx

피벗 테이블의 값 표시 형식을 활용하면 값 기준 필드와 기준 항목으로 계산된 다양한 필드를 추가할 수 있습니다. 값 표시 형식을 추가해 전년 대비 증감률을 표시해보겠습니다. 또한 조건부 서식을 사용해 데이터 막대도 표시해보겠습니다.

1 ▶ 전년 대비 증감률 추가하기

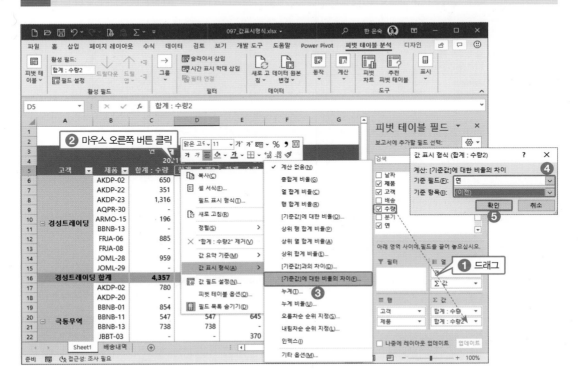

2 열 숨기기

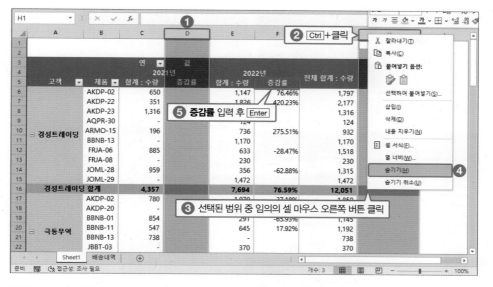

TIP 2021년 이전 데이터가 없으므로 2021년에는 증감률이 표시되지 않습니다.

TIP 피벗 테이블에서는 행을 삭제할 수 없으므로 표시하고 싶지 않은 행이나 열은 [숨기기]로 처리합니다.

3 제품별 증감률에 데이터 막대 표시하기

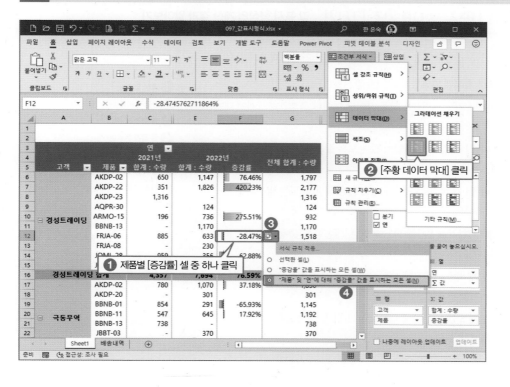

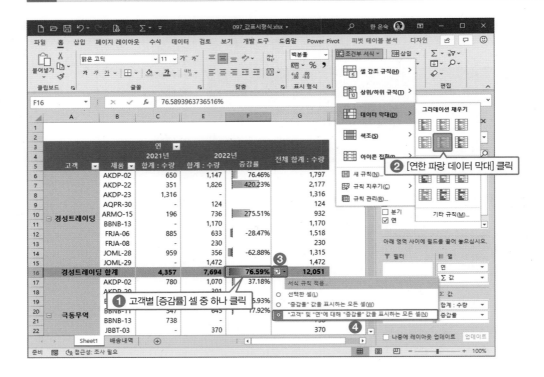

 효율 UP 능률 UP 기초 다지기 **값 표시 형식의 계산 결과 알아보기**

값 표시 형식에서 각 계산 옵션을 선택했을 때 계산 결과는 다음과 같습니다.

❶ 계산 없음 | 필드에 입력된 대로 값을 표시합니다.

❷ 총합계 비율 | 피벗 테이블의 모든 값이나 데이터 요소의 총합계에 대한 백분율로 값을 표시합니다.

❸ 열 합계 비율 | 각 열 또는 계열에 있는 모든 값을 해당 열 또는 계열의 합계에 대한 백분율로 표시합니다.

❹ 행 합계 비율 | 각 행 또는 범주에 있는 값을 해당 행 또는 범주의 합계에 대한 백분율로 표시합니다.

❺ [기준값]에 대한 비율 | 기준 필드에 있는 기준 항목 값에 대한 백분율로 값을 표시합니다.

❻ 상위 행 합계 비율 | '(항목에 대한 값)/(행의 상위 항목에 대한 값)'으로 계산해 값을 표시합니다.

❼ 상위 열 합계 비율 | '(항목에 대한 값)/(열의 상위 항목에 대한 값)'으로 계산해 값을 표시합니다.

❶ 계산 없음(N)
❷ 총합계 비율(G)
❸ 열 합계 비율(C)
❹ 행 합계 비율(R)
❺ [기준값]에 대한 비율(O)...
❻ 상위 행 합계 비율(P)
❼ 상위 열 합계 비율(A)
❽ 상위 합계 비율(E)...
❾ [기준값]과의 차이(D)...
❿ [기준값]에 대한 비율의 차이(F)...
⓫ 누계(T)...
⓬ 누계 비율(U)...
⓭ 오름차순 순위 지정(S)...
⓮ 내림차순 순위 지정(L)...
⓯ 인덱스(I)

기타 옵션(M)...

❽ 상위 합계 비율 | '(항목에 대한 값)/(선택한 기준 필드의 상위 항목에 대한 값)'으로 계산해 값을 표시합니다.

❾ [기준값]과의 차이 | 기준 필드에 있는 기준 항목에 대한 값과의 차이로 값을 표시합니다.

❿ [기준값]에 대한 비율의 차이 | 기준 필드에 있는 기준 항목에 대한 값과의 백분율 차이로 값을 표시합니다.

⓫ 누계 | 기준 필드에 있는 연속 항목에 대한 값을 누계로 표시합니다.

⓬ 누계 비율 | 기준 필드에 있는 누계로 표시되는 연속 항목에 대한 값을 백분율로 계산합니다.

⓭ 오름차순 순위 지정 | 특정 필드에서 선택한 값의 순위를 오름차순으로 표시합니다. 예를 들어 필드의 가장 작은 항목을 1로 표시하고 그보다 큰 값은 각각 더 높은 순위의 값을 사용해 표시합니다.

⓮ 내림차순 순위 지정 | 특정 필드에서 선택한 값의 순위를 내림차순으로 표시합니다. 예를 들어 필드의 가장 큰 항목을 1로 표시하고 그보다 작은 값은 각각 더 높은 순위의 값을 사용해 표시합니다.

⓯ 인덱스 | '((셀에 있는 값)×(총합계의 총합))/((행 총합계)×(열 총합계))'로 계산해 값을 표시합니다.

데이터 입력 & 편집

기초 함수 활용

통합 문서 관리 & 인쇄

서식 & 차트

중급 함수 활용

고급 함수 활용

데이터 관리 & 분석

098 피벗 테이블 보고서 필터링하기

실습 파일 | PART 03\CHAPTER 05\098_보고서필터.xlsx
완성 파일 | PART 03\CHAPTER 05\098_보고서필터_완성.xlsx

피벗 테이블 필드 영역 중 [필터] 영역은 피벗 테이블의 바깥쪽에 따로 배치됩니다. [필터] 영역에 배치한 필드에서 데이터 항목을 선택하면 해당 항목에 해당되는 피벗 테이블만 따로 표시되기 때문에 보고서 필터라고도 합니다. 또한 보고서 필터의 항목별로 별도의 시트에 피벗 테이블을 분리해서 삽입할 수 있습니다.

1 ▶ [필터] 영역에 배송 필드 추가하고 고객 필드 축소하기

2 보고서 필터 적용하기

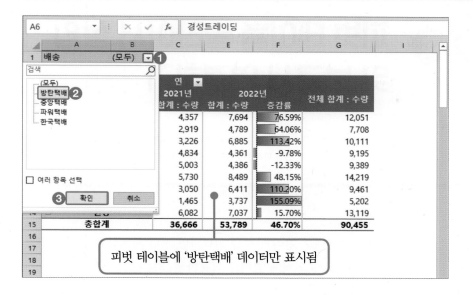

피벗 테이블에 '방탄택배' 데이터만 표시됨

3 배송 업체별로 피벗 테이블 시트 분리하기

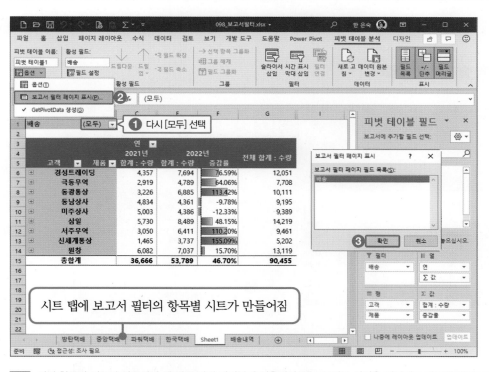

시트 탭에 보고서 필터의 항목별 시트가 만들어짐

TIP 필터 항목별 시트가 만들어질 때 기존 피벗 테이블에 적용되어 있는 조건부 서식은 제외되고 만들어지므로 각 시트에 조건부 서식을 다시 지정해야 합니다. 조건부 서식을 다시 지정하는 방법은 286쪽의 '097 값 표시 형식으로 전년 대비 증감률 추가하기'의 **03~04**를 참고합니다.

099 피벗 테이블 슬라이서 삽입 및 보고서 연결하기

실습 파일 | PART 03\CHAPTER 05\099_슬라이서.xlsx
완성 파일 | PART 03\CHAPTER 05\099_슬라이서_완성.xlsx

[피벗 테이블 필드] 작업 창에서 배치한 필터로 여러 항목을 선택하면 어떤 항목들로 필터를 적용한 것인지 표시되지 않습니다. 피벗 테이블 보고서에 필터를 적용할 수 있는 또 다른 방법은 슬라이서를 사용하는 것입니다. 슬라이서는 필터를 적용할 항목을 화면에 표시해주고 어떤 항목으로 필터를 적용한 것인지 바로 확인할 수 있습니다. 또한 피벗 테이블이 두 개 이상이라면 슬라이서로 두 피벗 테이블을 연결하여 필터를 적용할 수도 있습니다.

1 지역 슬라이서 삽입하기

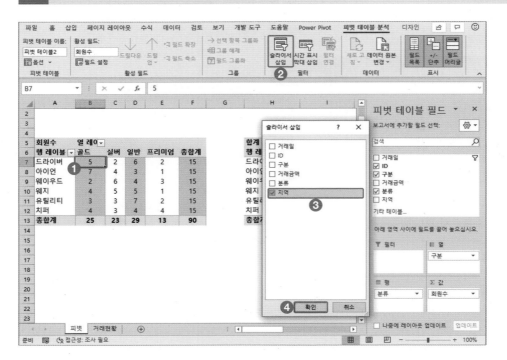

2 슬라이서 스타일 지정 및 보고서 연결하기

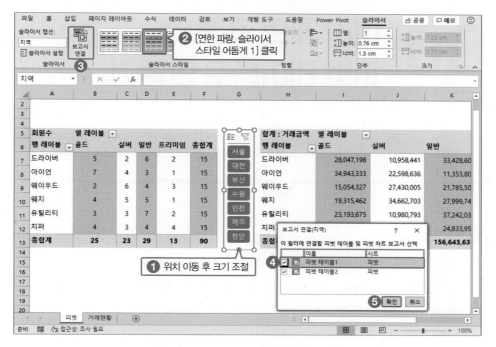

TIP 슬라이서를 삽입할 때 선택했던 피벗 테이블이 [피벗 테이블2]였으므로 이미 체크되어 있습니다.

3 슬라이서로 보고서 필터 적용하기

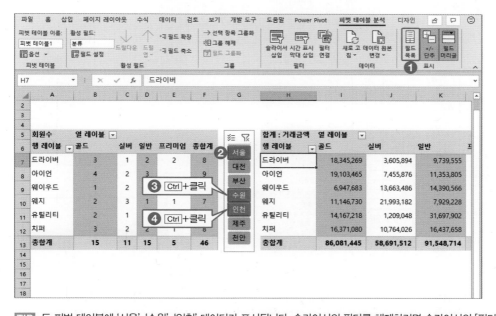

TIP 두 피벗 테이블에 '서울', '수원', '인천' 데이터가 표시됩니다. 슬라이서의 필터를 해제하려면 슬라이서의 [필터 지우기 ⌦]를 클릭합니다.

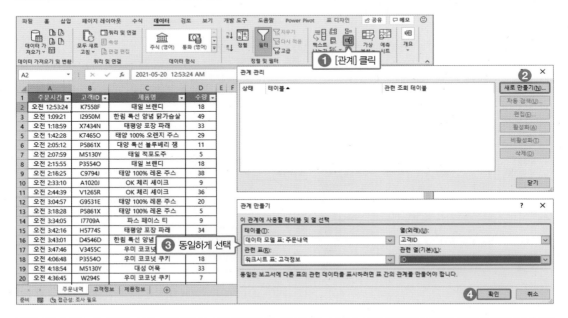

100 여러 개의 표를 피벗 테이블로 만들기

실습 파일 | PART 03\CHAPTER 05\100_통합피벗.xlsx
완성 파일 | PART 03\CHAPTER 05\100_통합피벗_완성.xlsx

떨어져 있는 표라도 서로 연관된 데이터로 구성되어 있다면 데이터 관계를 설정한 후 피벗 테이블로 만들 수 있습니다. 데이터 관계를 설정하려면 표 범위가 엑셀 표로 정의되어 있어야 합니다. 또한 표 간 관계를 설정할 수 있는 공통된 데이터 열이 있어야 합니다. 실습 파일에서 각 표의 관계를 설정한 후 피벗 테이블로 만들어보겠습니다.

1 데이터 관계 설정하기

TIP [관계 만들기] 대화상자의 [테이블]은 두 표를 연결할 때 기준이 되는 표이며, 피벗 테이블로 집계할 표를 선택합니다. [관련 표]는 기준 표, 즉 [테이블]에 추가할 수 있는 관련 데이터를 가지고 있는 표입니다. [열]과 [관련 열]은 두 표를 연결할 키 열입니다. 키 열의 이름은 달라도 상관없습니다.

2 ▶ 데이터 관계 추가 설정하기

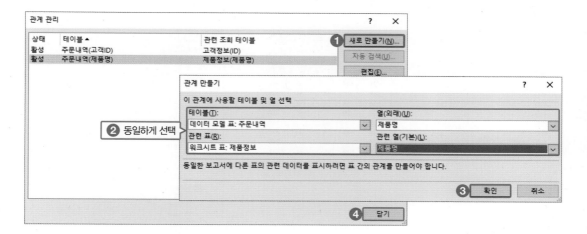

3 ▶ 피벗 테이블 삽입하기

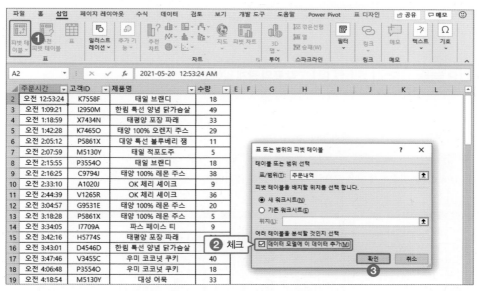

🔍 **엑셀 2013** 엑셀 2013 버전은 [피벗 테이블 만들기] 대화상자에서 [외부 데이터 원본 사용]의 [연결 선택]을 클릭하고, [기존 연결] 대화상자의 [테이블] 탭에서 [통합 문서 데이터 모델의 테이블(ThisDataModel)]에 체크한 후 [열기]를 클릭합니다.

🔍 **엑셀 2016** 엑셀 2016 버전은 [피벗 테이블 만들기] 대화상자에서 [이 통합 문서의 데이터 모델 사용]에 체크합니다.

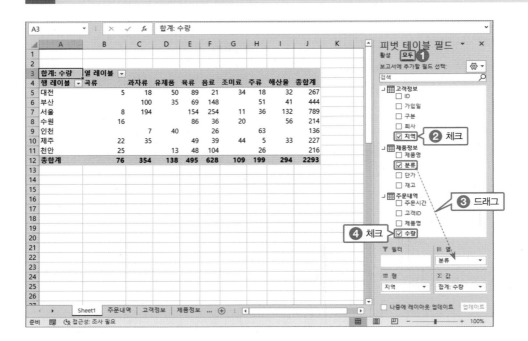

 효율 UP 능률 UP 기초 다지기 **각 표의 관계 알아보기**

[주문내역] 시트에는 '주문시간'별로 '고객ID', '제품명', '주문수량'이 입력되어 있습니다. [고객정보] 시트에는 [주문내역] 시트의 '고객ID'에 해당하는 고객의 '회원등급', '회사', '지역' 등의 정보가 입력되어 있습니다. [제품정보] 시트에는 [주문내역] 시트의 '제품명'에 해당하는 제품의 '분류', '단가', '재고' 등이 입력되어 있습니다. '고객ID', '제품명' 등은 VLOOKUP 함수에서 찾을 값으로 지정하여 다른 데이터를 추출할 수 있는 값입니다.

	A	B	C	D
1	주문시간	고객ID	제품명	수량
2	오전 12:53:24	K7558F	태일 브랜디	18
3	오전 1:09:21	I2950M	한림 특선 양념 닭가슴살	49
4	오전 1:18:59	X7434N	태양풍 포장 파래	33
5	오전 1:42:28	K7465O	태양 100% 오렌지 주스	29
6	오전 2:05:12	P5861X	대양 특선 블루베리 잼	11
7	오전 2:07:59	M5130Y	태일 적포도주	5
8	오전 2:15:55	P3554O	태일 브랜디	18
9	오전 2:16:25	C9794J	태양 100% 레몬 주스	38
10	오전 2:33:10	A1020J	OK 체리 세이크	9
11	오전 2:44:39	V1265R	OK 체리 세이크	36
12	오전 3:04:57	G9531E	태양 100% 레몬 주스	20
13	오전 3:18:28	P5861X	태양 100% 레몬 주스	5
14	오전 3:34:05	I7709A	파스 페이스 티	9
15	오전 3:42:16	H5774S	태평양 포장 파래	34
16	오전 3:43:01	D4546D	한림 특선 양념 닭가슴살	12
88	오후 10:43:45	X8890R	신성 쌀 튀김 과자	8
89	오후 11:06:46	K7558F	OK 바닐라 세이크	35
90	오후 11:20:40	W294S	태일 적포도주	23
91	오후 11:46:19	U3336A	한림 특선 양념 칠면조	48

	A	B	C	D	E
1	ID	가입일	구분	회사	지역
2	A1020J	2013-12-19	일반	나라백화점	천안
3	C3868S	2014-05-11	골드	대진상사	대전
4	C7582Z	2015-09-10	실버	성준통상	수원
5	C9794J	2014-10-25	실버	언더우드무역	서울
6	D2678Q	2014-09-19	골드	신세기상사	서울
7	D4546D	2014-05-10	일반	삼진상사	제주
8	E1123V	2013-11-25	VIP	백두무역	대전
9	E3911M	2013-11-04	일반	한일상사	서울
10	E4274H	2015-05-22	골드	한빛유통	제주
11	E7426K	2015-06-10	실버	원창무역	천안
12	F2589D	2015-07-14	실버	정금상사	대전
13	F2994V	2014-07-09	VIP	은하수유통	부산
14	G4980K	2014-12-14	실버	관악유통	서울
15	G9531E	2014-12-01	일반	동불광상사	천안
16	H5774S	2015-02-25	골드	삼미상사	서울
17	H9007N	2014-11-21	일반	글로벌통상	부산
43	Y3727C	2014-04-08	실버	한라교역	천안
44	Y8008W	2015-11-21	실버	ABC백화점	서울
45	Y9226H	2014-08-18	골드	도원상사	서울
46	P8093Z	2016-04-26	골드	남해유통	수원
47					

	A	B	C	D
1	제품명	분류	단가	재고
2	OK 체리 세이크	음료	18,000	110
3	태일 브랜디	주류	14,000	143
4	태양 100% 오렌지 주스	음료	18,000	185
5	대성 어묵	해산물	13,000	140
6	OK 바닐라 세이크	음료	18,000	110
7	파스 페이스 티	음료	33,000	110
8	태양 100% 레몬 주스	음료	19,000	187
9	삼화 콜라	음료	5,000	78
10	태평양 포장 파래	해산물	26,000	80
11	신성 쌀 튀김 과자	곡류	9,000	106
12	태일 적포도주	주류	18,000	60
13	미왕 계피 캔디	과자류	20,000	95
14	우미 코코넛 쿠키	과자류	31,000	171
15	현진 커피 밀크	유제품	21,000	145
16	미미 스카치 캔디	과자류	13,000	97
17	엘리스 포장육	육류	39,000	59
18	대양 특선 블루베리 잼	조미료	25,000	125
19	한림 특선 양념 칠면조	육류	35,000	143
20	한림 특선 양념 닭가슴살	육류	25,000	156
21				
22				

범위를 표로 설정하려면 표 안의 셀을 클릭한 후 [삽입] 탭-[표] 그룹-[표]를 클릭하고 [표 만들기] 대화상자에서 [확인]을 클릭합니다. 각 시트의 데이터 범위는 표로 설정한 후 [표 디자인] 탭-[속성] 그룹에서 표 이름을 각각 [주문내역], [고객정보], [제품정보]로 등록해놓은 상태입니다.